PATRICK DEWAYNE

GELD GEHT AUCH GRÜN & NACHHALTIG

Langfristig & verlässlich
klimafreundlich investieren

Inhalts-
verzeichnis

—

Vorbe-
merkung
des Autors

»An den Frieden denken heißt, an die Kinder denken« (Michail Gorbatschow)

Als Vater von drei Kindern machen mich die Bilder, die uns aus den Kriegsgebieten der Ukraine erreichen, fassungslos. Und sie bestätigen einmal mehr: Wir leben in einer Zeit, in der die Gewissheiten von gestern nicht mehr gelten. Viele Standards verändern sich, »ungeschriebene Gesetze« müssen neu geschrieben werden. Das mag irritieren und beunruhigen. Doch die langfristigen Ziele sind dabei klar gesteckt.

Neue Bündnisse und Allianzen müssen verhandelt und geschlossen werden, für mehr Sicherheit und Frieden in der Welt und gleichwohl für den Schutz unseres Klimas. Ressourcen müssen geschont werden. Der Begriff der Nachhaltigkeit beinhaltet somit neben der ökologischen auch eine sicherheitspolitische Komponente – diese ist in der digitalisierten Welt von entscheidender Bedeutung.

Auch wenn wir in Europa eine neue Sicherheitsarchitektur errichten und mehr Geld in unsere eigene Verteidigung investieren müssen, so sind doch die größten Herausforderungen, vor denen wir als Menschen und Gesellschaften weltweit stehen, andere: Da sind die klimatischen Veränderungen unseres Planeten und die damit verbunden Konsequenzen, oder die Abhängigkeit Deutschlands von russischen Rohstoffen, von Gas, Öl und Kohle ... Beides industrielle Achillesfersen. Auch und gerade deshalb brauchen wir mehr Tempo und schnellere Verfahren beim so überfälligen Umbau des Industriestandortes Deutschland. Um die künftige Energiethematik sinnvoll und verlässlich zu gestalten, bedarf es gemeinsamer europäischer Lösungen.

Ich werde immer wieder gefragt, wie ich zur Investition in Rüstungsunternehmen stehe. Bereits vor der Eskalation des aktuellen Konflikts war meine Haltung eindeutig: nein. Wenn es um die

Diversifikation von Anlageportfolios geht, die neben Anleihen, Aktien und Tagesgeldkonten auch Rohstoffe beinhalten sollten, komme ich beim Thema Agrarprodukte ebenfalls an meine ethisch-moralischen Grenzen. Wenn steigende Weizen- und Reispreise mit einer zunehmend angespannten Versorgungslage in ärmeren Regionen der Welt einhergehen, haben mögliche Gewinne einen üblen Beigeschmack.

Einmal mehr möchte ich euch dafür sensibilisieren, dass jede eurer Anlageentscheidungen auch im Sinne eurer klimatischen, ethischen und sicherheitspolitischen Grundsätze gefällt werden sollte. Das muss nicht weniger lukrativ sein, erfordert nur etwas mehr Aufmerksamkeit. Vielleicht investierst du zum Beispiel lieber in Cybersicherheitsunternehmen als direkt in Rüstungskonzerne – schließlich werden Konflikte zwischen den Staaten mittlerweile auch digital ausgetragen.

Aktuell beobachten wir historisch hohe Inflationsraten, ein wachsendes Armuts- und Hungerrisiko. Trotzdem agiert die Europäische Zentralbank zaghaft und leitete die Zinswende nicht ein, im Gegensatz zur US-Notenbank FED. Diese hat mit der Anhebung der US-Leitzinsen im Rahmen der Erwartungen des Marktes die Finanzmärkte beruhigt.

Die sich auseinanderentwickelnden Zinskurven der Notenbanken haben zur Konsequenz, dass Notierungen der verschiedenen Anlageklassen weiterhin stärker schwanken können als ihre historischen Durchschnittswerte. Börsenkurse spiegeln sensibel unterschiedlichste Entwicklungen wider, weshalb deine Finanzbildung, starke Nerven und ein regelmäßiges Investieren wichtige Eckpfeiler (d)einer erfolgreichen Geldanlage sind.

Mit solchen Erkenntnissen und den sich daraus ergebenden Schlussfolgerungen beschäftigt sich dieses Buch. Wir müssen unseren Blick schärfen – für den Umgang mit Geld, mit politischen Entwicklungen und dem Klima.

Es bedarf der Stärkung, Standardisierung und Finanzierung von Klimaprojekten, Eigenheimsanierungen und dem Ausbau der erneuerbaren Energien. Mit Zielsetzungen wie »kürzeren Genehmigungsverfahren für den Ausbau von Windkrafträdern« und »Projektierung einer gesamteuropäischen Energieversorgung«, damit wir unser Ziel der CO_2-Neutralität in Europa bis 2050 erreichen können.

Was du dabei beachten solltest und was du selbst alles tun kannst, liest du auf den folgenden Seiten.

»Wenn die Macht der Liebe über die Liebe zur Macht siegt, wird die Welt Frieden finden.« (Jimi Hendrix)

Viel Erfolg, Spaß & Freude beim Lesen meines Buches.

Patrick Dewayne im Frühling 2022

Vorwort

Jede spannende Geschichte lebt letztlich von einer Frage: Was passiert als Nächstes? Für mich sind Ökologie, Ökonomie und die Wall Street wie ein in Echtzeit geschriebener Roman, der nie endet. Eine unendliche Geschichte mit ständig neuen Kapiteln.

Patrick Dewayne hat mit *Geld geht auch grün & nachhaltig* ein Buch geschrieben, das die Transformation der Industrie, der Wirtschaft und der Finanzwelt zu mehr Nachhaltigkeit und Klimaneutralität auf eine leicht verständliche und einleuchtende Art und Weise beleuchtet.

Wir alle sind dabei in dieser »Geschichte«, auch diejenigen, die sie nicht lesen oder vielleicht sogar zu meiden versuchen. Wir selbst sind die Autor*innen und Akteur*innen dieser »never ending story«. Wie das Narrativ verläuft, liegt in unseren eigenen Händen. Ein Geschenk, das ich in meinen dreißig Jahren an der Wall Street und der Berichterstattung achten und schätzen gelernt habe.

Ein Geschenk, das Chancen ermöglicht, Verantwortung verlangt und die Hoffnung aufrechterhält. Für mich ist es der Motor meines Schaffens.

Was Geld schwierig macht, ist nicht der finanzielle, sondern der emotionale Aspekt, oder wie Franz Josef Strauß einst sagte: »Geld ist geil wie ein Bock und scheu wie ein Reh.« Wer Angst und Gier im Griff hat, der braucht die Geldanlage nicht zu fürchten. Genau wie Patrick Dewayne bin ich Familienvater und blicke positiv nach vorne, weil sich immer mehr Menschen gemeinsam auf den Weg zu mehr Innovationen, Verantwortungsbewusstsein und Verbindlichkeit machen, um Ökonomie und Ökologie in einer befruchtenden Symbiose zu ermöglichen und zu leben.

Der Reiz, Börsianer*innen danach zu fragen, wohin der DAX wohl laufen wird und was als Nächstes passiert, mag groß sein. Trotzdem ist es die falsche Frage, weil niemand die Zukunft kennt. Viel wichtiger ist, dass wir uns selbst und unser Finanzleben besser kennenlernen. Wer bin ich, wo will ich hin und wie erreiche ich mein Ziel, sind die entscheidenden Fragen. Was an der Börse passiert, liegt außerhalb meiner Kontrolle. Mich selbst kann ich jederzeit kontrollieren. Ich folge diesem Prinzip schon lange und habe so die notwendige innere Ruhe und den Abstand gefunden, um die Wellen der Wall Street stressbefreit und entspannt zu surfen. Zudem ist mir als Börsianer klar, dass Geld nicht mit Geld, sondern mit uns Menschen beginnt, genauso wie die wahren Werte mit Aktien und Geldanlage nichts zu tun haben. In diesem Sinne wünsche ich beim Lesen dieses wunderbaren Buches viel Freude.

Herzlichst
Markus Koch
Finanzjournalist & Börsenexperte

I. Einleitung

Willkommen zurück ...

... in deinem Portemonnaie! Diesmal mit einem Buch, das dich dazu inspirieren und dabei unterstützen möchte, dein Geld »grüner« anzulegen und damit nicht nur in zukunftsträchtige Branchen und Unternehmen zu investieren, sondern allem voran deinen Teil dazu beizutragen, dass auch die nachfolgenden Generationen lebenswerte Bedingungen auf unserem Planeten vorfinden.

Es gibt viele Faktoren, die beim Schutz unserer Lebensräume eine wichtige Rolle spielen, und ich bin überzeugt davon, dass der gezielte und bewusste Umgang mit Geld jedes und jeder Einzelnen von uns sowie die Entscheidungen bei der Geldanlage von großer Bedeutung sind.

Es geht um klimafreundliche Anlagestrategien, aber auch um die Anschaffung umweltfreundlicher Autos oder Lastenräder und den Ausbau des ÖPNV, um umweltbewusste Ernährung, umweltfreundliche Gebäudesanierung, ökologische Energiegewinnung und die Frage, welche Nationen und Konzepte bei den Herausforderungen unserer Zeit künftig die Nase vorn haben werden.

Ein wohldosiertes und verantwortungsvolles Engagement in Form von Investments wirkt sich nicht nur positiv auf unsere Umwelt aus, sondern ist bei der richtigen Streuung und einem gezielten Einsatz auch ein Gewinn für deine persönliche Geldanlage und auch für deine Altersvorsorge.

Diese Kombination, Gutes zu tun und dabei eine überdurchschnittliche Rendite zu erzielen, klingt wie ein Traum, ist aber für eine täglich wachsende Zahl von Menschen bereits Realität. Wenn du möchtest, arbeiten wir daran, dass du bald dazugehörst. Denn damit auch du von dieser in doppelter Hinsicht nachhaltigen Entwicklung profitieren kannst, habe ich dieses Buch geschrieben. Und solltest du noch keine Ahnung haben, wie das Ganze bei dir funktionieren soll, lass dir ganz ehrlich gesagt sein: Als ich anfing, mich mit dem Thema der nachhaltigen Geldanlage und meinem ganz eigenen CO_2-Fußabdruck zu beschäftigen, ging es mir genauso wie dir heute.

Der Finanzcoach goes green

Meine ersten Schritte in Richtung Nachhaltigkeit waren noch etwas zaghaft. Ich war willig und wild entschlossen, aber fühlte mich noch nicht fundiert informiert. Vielem war ich bereits begegnet, aber es gab definitiv noch Luft nach oben, um so richtig loslegen zu können. Durch meine wirtschaftsjournalistische Tätigkeit in den vergangenen Jahren war ich immer wieder mit unterschiedlichen »grünen« Themen in Kontakt gekommen, und mein eigener Ehrgeiz, diese zu vertiefen, war beim Herantasten an die Details entfacht. Anfangs fühlte ich mich im Informationsdschungel etwas verloren mit meinen guten Vorsätzen und den unzähligen Expert*innen und deren Tipps & Tricks für ein grüneres Leben. Viele von euch werden dieses Gefühl kennen.

Dennoch spürte ich, wie mich meine Arbeit an den Themen mehr und mehr motivierte, weiterzumachen und mich schließlich so richtig reinzufuchsen. Ich begann, genauer hinzusehen und mich Stück für Stück an einzelne Bereiche heranzuarbeiten. Damit begann ein wunderbarer Prozess, der weiter und weiter an Fahrt aufnahm – und der bis heute ungebremst anhält.

Denn wenn man einmal damit anfängt, hört die Entwicklung tatsächlich niemals auf. Es gibt immer etwas zu tun, was das eigene Leben noch nachhaltiger macht, man hat also tausend Möglichkeiten und kann sich für die Stellschrauben entscheiden, die einem am wichtigsten sind oder die am besten zum eigenen Lebensumfeld und der jeweiligen finanziellen Situation passen.

Um dir erst einmal einen guten Überblick über Chancen, Möglichkeiten und Fakten zu den unterschiedlichsten Themenkomplexen im ökologischen Kosmos der Geldanlage zu geben und dich über aktuelle gesellschaftliche Diskurse und Entwicklungen zu informieren, habe ich in diesem Buch eine große Bandbreite relevanter Themen aufgegriffen.

Vom E-Auto über Kryptowährungen und Gebäudesanierung, von Photovoltaik über CO_2-Preise bis hin zu fairen und grünen Lieferketten ist einiges hier nachzulesen.

Außerdem gebe ich praktische Tipps im Umgang mit Schulden, um die viele in der schwierigen Zeit der Coronakrise und den damit verbundenen Umständen nicht herumgekommen sind.

Grün denken – grün handeln – grün investieren

Mein Ziel ist, dass du am Ende der Lektüre eine Vorstellung davon hast, wo wir beim Thema Nachhaltigkeit politisch und gesellschaftlich aktuell stehen, welche Herausforderungen und Aufgabenstellungen es zu bewältigen gibt und was du tun kannst, um ein aktiver, profitierender Teil dieser Bewegung zu sein. Denn es hat eine Vielzahl von Vorteilen für uns alle, wenn du mittendrin bist, statt an der Seitenlinie zu stehen und dem disruptiven Wandel der kommenden Jahre einfach nur zuzusehen.

Wenn du mein erstes Buch, *Geld kann jeder & du jetzt auch*, gelesen hast, weißt du ja: Es ist gut, sich über ein Thema Gedanken zu machen, besser, darüber zu sprechen, und das Ins-Handeln-Kommen ist die Königsdisziplin!

Durch die Auseinandersetzung mit der Klimabewegung Fridays for Future auf den Straßen der Welt bin ich selbst zum überzeugten Aktivisten für die klimafreundliche Geldanlage geworden. Quasi »Finance for Future«, sprich klimafreundliche Finanzen zur Sicherung des Wohlstandes von morgen und zum Schutz unseres Planeten.

So mancher Verzicht, hier und da ein Umdenken, eine Veränderung unserer Verhaltens- und Lebensweisen, vor allem aber die Notwendigkeit von Innovationen, um die richtigen Schritte zu gehen und die Weichen für eine bessere Zukunft zu stellen, sind unumgänglich, um dieses hehre Ziel zu erreichen: ein klima-gerechtes Leben für den Großteil aller Menschen.

All das bedarf eines Kraftaktes der Zivilgesellschaft, der Poli-tik und aller Unternehmen – und das so wirkungsvoll wie mög-lich auf einer globalen Bühne. Jedes noch so kleine Mosaikstück ist wichtig. Und Gott sei Dank liegt ja nicht alles in deiner oder meiner Hand – auch unsere neue Bundesregierung hat sich mit einem klaren Signal, ja einem klaren Auftrag dem Klimaschutz verpflichtet.

Warum Finanzbildung grüner wird

In dem Augenblick, da ich diese Zeilen tippe, ist die neue Regie-rung noch frisch und die Bewältigung der größten und wichtigsten Aufgaben der Ampelkoalition noch nicht in Gang.

Vorerst scheinen keine Steuererhöhungen geplant, wohl aber sogenannte Super-Abschreibungsprogramme für Unternehmen, die in klimafreundliche Innovationen investieren. Diesen Vor-schlag hatte die FDP in die Sondierungsgespräche mit der SPD und den Grünen eingebracht, um Anreize für die Privatwirtschaft bei Klimaschutzinvestitionen zu schaffen. Die Finanzierung dieser Abschreibungen ist nicht ganz klar, könnte aber beispielsweise be-deuten, dass Unternehmen weniger Steuern bezahlen, wenn sie im Gegenzug Investitionen in den Klimaschutz tätigen.

Auch soll der Kohleausstieg bis 2030 vollzogen werden und jedes Gewerbegebäude mit Photovoltaikanlagen versehen sein. Für pri-vate Immobilien soll es keine Pflicht zum Errichten einer solchen Anlage geben, und es werden wohl noch einige Gaskraftwerke ans Netz gehen müssen, um den steigenden Energiebedarf als Brücken-technologie zu decken. Diese können später mit Wasserstoff statt mit Gas betrieben werden, auch hier steht die Ampel künftig auf Grün. Spannend ist der Diskurs um die Atomkraft, die von man-chen als Übergangstechnologie wieder ins Spiel gebracht wird.

Ein paar dieser Vorhaben klingen wie der sprichwörtliche »alte Wein in neuen Schläuchen«, gab es doch bereits Anfang der 2000er-Jahre die Förderung von Photovoltaik und Windkraft. Damals existierten zwar Förderungen und Subventionen für viele der Technologien, aber ein wichtiger Punkt wurde, auch von den Unternehmen, außer Acht gelassen: Es wurde kein Markt dafür geschaffen. Dadurch ging, neben viel Know-how, auch einiges an Patenten verloren oder wurde stattdessen in China produziert und weiterentwickelt – und das zu einem Bruchteil der hiesigen Kosten. Diesmal jedoch plant die Politik nicht die Förderung »aus der Gießkanne«, sondern will und muss für Unternehmen verbindliche Rahmenbedingungen schaffen.

Für den Erfolg grüner Technologien bedarf es nicht nur deren staatlicher Förderung, sondern auch der Bildung eines Marktes; und diese Entwicklung muss durch die entsprechenden Gesetzgebungen und Regeln politisch flankiert sein. Gute Beispiele dafür sind die Einführung der Gurtpflicht und des Katalysators. Künftig benötigen wir dieses Vorgehen auch beim Bau von Gebäuden und Fabriken sowie der Herstellung von Gütern, Fahrzeugen und Lebensmitteln. Bei all diesen Gedankenspielen und Überlegungen ist eine sozialverträgliche Gestaltung besonders wichtig.

Denn nicht alle können sich ein neues E-Auto leisten, künftig ganz auf den Pkw verzichten oder sich Fleisch vom Biohof leisten; und auch nicht alle möchten vegan leben. Was nützen ein höherer CO_2-Preis und höhere Kraftstoffpreise, wenn für Geringverdiener und Menschen, die auf das Auto angewiesen sind, kein sozialer und finanzieller Ausgleich vorgenommen wird? Die Maßnahmen für den Klimaschutz und dessen anfangs sehr hohe Kosten belasten dann gerade die, die es sich am wenigsten leisten können. So wird der zu Recht initiierte und so bitter nötige Klimaschutz niemals die Akzeptanz und damit das Eigenengagement in der Bevölkerung bekommen, die für ein erfolgreiches Umsteuern essenziell sind.

Ich plädiere deshalb für einen Ausgleich zwischen denen in unserer Gesellschaft, die finanziell mehr leisten können, und denen, die es nicht können. Und wer mehr zum Erreichen der Klimaziele beiträgt, darf dann auch finanziell davon profitieren, beispielsweise durch ein »Klimageld«.

Soziale Härten müssen durch Besserverdienende abgefedert werden. Gleichzeitig bedarf es bei der Umwandlung von Öl- und Gasheizungen zu alternativen Wärmepumpen einer besonderen Förderung durch den Staat. Bei deren Finanzierung wird die KfW, die Kreditanstalt für Wiederaufbau, eine besondere Rolle spielen sowie die Umwidmung so manches Coronahilfsfonds-Anteils in andere, zukunftsgeleitete Bahnen. Auch dazu bezieht dieses Buch Stellung und zeigt Möglichkeiten auf, wie du dich davor wappnen kannst, von höheren Kosten überrascht zu werden. Außerdem gibt es Anregungen, wie du in vielerlei Hinsicht von einer klimafreundlichen Entwicklung profitieren kannst. Wir beginnen bei der E-Mobilität und wandern dann über klimaneutrale Anlageformen zu Haus- und Wohnungsbesitz, bei dem sich natürlich Fragen zu Sanierungen und Förderungen stellen.

In meinem Talkformat *Vom Investieren zum Sinnvestieren* haben übrigens mehrere Expert*innen bestätigt, dass wir in Europa bereits jetzt über alle juristischen und technologischen Grundvoraussetzungen verfügen, um nicht wie geplant erst im Jahr 2050 klimaneutral zu wirtschaften, sondern bereits heute. Dieses Wissen schürt einen gewissen Optimismus, den ich an dieser Stelle gerne mit dir teilen möchte. Ich hoffe, der Funke springt über und ermutigt dich dazu, tiefer in die wirklich spannenden Bereiche klimaneutrale Finanzen sowie nachhaltiges Investieren einzusteigen.

Das Buch

Geld geht auch grün & nachhaltig soll euch Fakten an die Hand geben. Diese Fakten möchte ich sammeln, näher beleuchten und erklären, damit ihr bestmöglich damit arbeiten könnt. Denn nur wenn man Begebenheiten und Zusammenhänge gut versteht, kann man sie auch für sich nutzen. Hierzu tauchen wir – wie auch in *Geld kann jeder & du jetzt auch* – am Beispiel realer Menschen und Probleme in die jeweiligen Themenbereiche ein und setzen uns gemeinsam mit unseren Protagonist*innen mit der jeweiligen Fragestellung auseinander.

Wir werden Situationen analysieren, Vor- und Nachteile gegenüberstellen und Fazits ziehen, und ich werde meine ganz eigene persönliche und langjährige Erfahrung als Finanzexperte mit dir teilen. Natürlich habe auch ich die Weisheit nicht mit Löffeln gefressen, aber über die Jahre erarbeitet man sich – wie in jeder Branche – ein Gespür dafür, wie man Elemente der eigenen Arbeitsbereiche herunterbricht, leichter verständlich macht und Außenstehenden dabei hilft, sie einzuordnen. Es geht mir ganz besonders um Lebensnähe und Anwendbarkeit. Am Ende der Lektüre dieses Buches sollst du viele der hier zusammengetragenen Fakten und Eckdaten für dich konkret nutzen und anwenden können. Und im besten Fall hast du dann die ersten Schritte in Richtung grünes Investieren sogar schon gemacht. Also, los gehts!

II. Grüne Ziele für mehr grünes Geld

Der Finanzregenbogen der klimafreundlichen Geldanlage

Vielleicht ist dir bereits aufgefallen, dass der Regenbogen in und auf meinem Buch immer wieder als Symbol auftaucht, eventuell hast du dich auch schon nach seiner Bedeutung gefragt. Er hat nämlich eine, sogar eine für mich ganz essenzielle:

Allgemein kennt der Regenbogen als Symbol vielfältigste Auslegungen. Im biblischen Kontext soll er ein Zeichen Gottes an Noah gewesen sein, dafür, dass die Flut vorüber war und nach vierzig Tagen und vierzig Nächten Sintflut endlich alles wieder gut werden sollte. Laut der irischen Mythologie findet man am Ende des Regenbogens einen Kessel voll Gold. Und im Kontext unserer Zeit ist der Regenbogen ein Statement für eine facettenreiche, vielfältige und von der Demokratie überzeugte Gesellschaft.

Und was hat das alles mit nachhaltigen Finanzen zu tun?

Eine ganze Menge! Denn beim Thema Geldanlage vollzieht sich in unserer Gesellschaft gerade nichts Geringeres als ein Paradigmenwechsel. Immer mehr Menschen wollen auf unterschiedlichste Art und Weise ihren Beitrag zu einer grüneren Zukunft leisten und aktiv etwas zur Erhaltung unserer Lebensbedingungen beitragen. Hierfür steht der Finanzregenbogen. Er steht für die Vielfalt der Möglichkeiten, die uns allen zu Gebote stehen, einen neuen Freiheitsgedanken zu entwickeln, der über alle Generationen hinweg auf den Pariser Klimazielen und der Einhaltung des 1,5-Grad-Ziels basiert.

Es geht darum, Möglichkeiten aufzuzeigen und dich anhand der Erlebnisse meiner Protagonist*innen mit auf eine Reise zu nehmen, die dein Handeln und dein Verständnis schärfen und dich in deinem Engagement für den Klimaschutz sensibilisieren und bestärken soll.

Mit den unterschiedlichen Farben und Symbolen sind konkrete Fragestellungen verknüpft: Wie sieht beispielsweise die Mobilität von morgen aus? Wie sollte in Zukunft das Wohnen gestaltet werden? Welche Möglichkeiten der Mitbestimmung haben Arbeitnehmer*innen und Anteilseigner*innen in Unternehmen?

Genau wie in meinem Erstlingswerk, *Geld kann jeder & du jetzt auch*, begleiten wir einige reale Personen dabei, wie sie ihr Leben grüner planen und gestalten und die Nachhaltigkeit in ihre Lebenswirklichkeit einbauen.

Finanzregenbogen nach Patrick Dewayne

Lila: Paul – FDP-Mitglied und Kläger gegen das Klimaschutzgesetz
Blau: Steffi – Freelancerin, plant einen E-Auto-Kauf
Grün: Liam & Leyla – planen eine Familie und eine grüne Gebäudesanierung
Gelb: Mia – setzt auf grüne Honorarberatung
Orange: Tanya – Start-up-Gründerin in der Lebensmittelbranche
Rot: Kathrin – finanzaffin, hofft auf grüne Krypto-Investments

Rot: Kathrin (50), verheiratet, 2 Kinder, Chief Marketing Officer bei einem Autozulieferer

Kathrin begegnet uns hier wieder, sie war schon im Vorgängerbuch *Geld kann jeder & du jetzt auch* Teil meiner »Finanzbildungsfamilie«.

Kathrin ist eine finanzaffine Frau. Sie ist beruflich sehr erfolgreich und managt gemeinsam mit ihrem Mann die Familie und das mittlerweile recht ansehnliche, vornehmlich auf Immobilien und Aktien basierende Familienvermögen. Aufgrund der zunehmenden Preissteigerungen und der Inflation in der jüngsten Vergangenheit hielt sie nach Alternativen Ausschau und begann, sich intensiver mit dem Thema und der Assetklasse der Kryptowährungen zu beschäftigen.

Bei ihrer Recherche stieß sie schnell auf die Handelsplattform BISON der Börse Stuttgart – eine einfache, niedrigschwellige Möglichkeit, Bitcoin, Bitcoin Cash, Ethereum, Litecoin und Ripple zu handeln. Leider eben auch nur diese und keine weiteren der insgesamt fast 12.000 anderen sogenannten Kryptowährungen.

Um das Ganze erst einmal spielerisch auszuprobieren, begann Kathrin im Jahr 2015 mit einigen kleineren Bitcoin-Positionen. Sie kaufte damals lediglich einen »Probe-Bitcoin«, wie sie ihn nannte. Damals lag der Preis für einen Bitcoin bei rund 350 US$. Das entspricht einem Bruchteil des heutigen Preises.[1] Ganz sicher, ob es sich bei ihrem Handelspartner um einen seriösen Anbieter handelt, war sie nicht. Zudem stellte Kathrin fest, dass der Besitz einer Kryptowährung trotz neuerlicher Rekorde beim Bitcoin im Oktober 2021 eigentlich nicht mit ihrem recht ausgeprägten Umweltbewusstsein vereinbar war. Die enorme Menge an Energie, die beim sogenannten Mining oder Schürfen benötigt wird, steht im klaren Widerspruch zu Kathrins Überzeugung, den Planeten für ihre und alle anderen Kinder dieser Erde zu bewahren.

Neben dem schlechten Abschneiden in Sachen Klimatauglichkeit trugen auch negative Kommentare von gewichtigen Finanzinstitutionen und Finanzplayern zu Turbulenzen am Kryptomarkt bei. Die chinesische Regierung hat alle nicht-chinesischen Kryptowährungsgeschäfte der Jahre 2020 und 2021 für illegal erklärt.[2] Auch skeptische Analysen der US-Finanzministerin Janet Yellen zum Nutzen des Bitcoin, der von ihr mit illegalen Finanzierungen von kriminellen Geschäften im Darknet in Zusammenhang gebracht wurde und ihrer Meinung nach eine ineffiziente, weil Ressourcen aufbrauchende Transaktionsart ist, hatten die Internetdevise volatil bleiben lassen. Alles Aspekte, die die risikobewusste Kathrin zur Vorsicht anhielten.

Kathrins Aufgabenstellung

Im Verlauf des Buches werden wir Kathrin weiter folgen, um herauszufinden, wo die Probleme und Schwierigkeiten beim Kryptohandel liegen und welche klimafreundlichen Lösungen und

---

[1] Allzeithoch 68.763 US$, 10. November 2021
[2] https://www.spiegel.de/wirtschaft/service/kryptowaehrungen-china-erklaert-saemtliche-finanztransaktionen-mit-bitcoin-fuer-illegal-a-a7930106-9a4e-4b4e-a838-d23c6b6f6795

ressourcenschonenden Kryptogeschwister schon als Alternativen in den Startlöchern stehen.

Orange: Tanya (26), ledig, Co-Gründerin von Foodya

Tanya hat mit ihrem Kollegen Rufus (28) vor knapp einem Jahr die Firma Foodya gegründet. Das Unternehmen hat sich auf Fleischersatzprodukte und vegane Nahrungsergänzungsmittel aus dem asiatischen Raum spezialisiert und ist ein wahres Herzensprojekt der beiden.

Rufus absolvierte während seines Studiums der Ökotrophologie, einer Kombination aus Ernährungswissenschaft und Haushaltswissenschaft, zwei Auslandssemester. Eines an der University of California, Davis, in den USA und das andere in Kobe, Japan.

Tanya hatte bereits nach dem Abitur die Chance, ein Praktikum bei Beyond Meat zu machen und sich mit der Thematik möglicher Fleischalternativen intensiver auseinanderzusetzen.

Beide vereint ihr Bewusstsein um das Thema Tierwohl und den menschgemachten Klimawandel, denn bei der Fleischproduktion entstehen klimaschädliche Treibhausgase wie Methan – daran wollen Tanya und Rufus aktiv etwas ändern.

Weil beide zudem sehr sportlich sind und Fitness betreiben, wobei Ernährung ja eine entscheidende Rolle spielt, nahmen sie auch vegane Nahrungsergänzungsmittel in ihre Produktpalette auf. Ihr Netzwerk hatte sie immer wieder darauf hingewiesen, dass die Menge und die Zahl der Mahlzeiten vergleichsweise hoch sein müssen, um den täglichen Energiebedarf ohne Fleisch decken zu können. Ihr Fokus liegt demnach auf Produkten, die Spurenelemente (Jod, Zink, Eisen etc.), Vitamine (B_{12}, D, A) und Aminosäuren enthalten.

Ihr rundum stimmiges Konzept und ihr überzeugender Businessplan bescherten dem Start-up bereits ein paar Seed-Investoren, die für rund 500.000 € Anteile an Foodya erwarben.

Aufgrund der sich verändernden Lieferketten, die in der Pandemie immer wieder belastet worden waren, haben sich Tanya und

Rufus entschieden, sich einen zweiten Pool an lieferkettengesetz-konformen Zulieferern aufzubauen, um weiter erfolgreich zu expandieren und die steigende Nachfrage optimal bedienen zu können. Gleichzeitig wollen sie die UN-Leitprinzipien für Wirtschaft und Menschenrechte als Grundlage ihrer Unternehmensführung etablieren, denn unter die aktuelle Fassung des Lieferkettengesetzes fallen sie zwar nicht, aber sie wollen sich gleich »richtig« positionieren. Der eigene Anspruch, aber auch die Haltung der überwiegenden Zahl ihrer Kund*innen spielen da gleichermaßen eine entscheidende Rolle.

Tanyas & Rufus' Aufgabenstellung

Wir werden beide auf ihrer Reise zu mehr Klimafreundlichkeit im Job und bei der Erfüllung der Lieferkettenparameter des Lieferkettengesetzes[3] begleiten und beleuchten, welche Herausforderungen es in diesem Zusammenhang gibt, wie beide es schaffen, sogar bei der teilweisen Neuausrichtung der Firma den CO_2-Fußabdruck zu reduzieren, und mit welchen Umstrukturierungen und Kosten das verbunden ist.

Gelb: Mia – setzt auf grüne Honorarberatung

Mia hat sich nach ihrem Studium der Interkulturellen BWL dazu entschieden, erst einmal »etwas Praktisches« zu machen, und begonnen, bei einem Unternehmen zu arbeiten, das sich auf Marktforschung, politische Umfragen und Statistik spezialisiert hat. Momentan arbeitet sie viel am Rechner im Homeoffice. Wenn ihr der Job weiterhin gefällt, kann sie sich sogar vorstellen, im Bereich Statistik ihre Masterarbeit dranzuhängen.

Durch den Job verdient Mia zum ersten Mal regelmäßig Geld und hat sich die Tipps und Tricks der vergangenen Monate zu Herzen genommen. Sie hat damit begonnen, einen thesaurierenden MSCI-World-ETF-Sparplan zu besparen.

---

[3] https://www.bmz.de/de/entwicklungspolitik/lieferkettengesetz, Stand 25. Oktober 2021

Aufgrund der positiven Entwicklungen an den Börsen hat sich diese Entscheidung bereits jetzt für sie ausgezahlt, wenngleich sie den Fokus künftig um ergänzende Produkte und eine grüne Anlagestrategie erweitern möchte.

Da sie in diesem Bereich noch Lücken hat, empfahl ich ihr, zu einer Honorarberatungsfirma zu gehen, um sich spezifischer zu informieren und sich im Bereich steueroptimierte Geldanlage und in Sachen Nettoverträge[4] konkret beraten zu lassen.

Ich habe ihr erste Unterstützung angeboten und natürlich mein erstes Buch ans Herz gelegt, sie hatte also einen sehr guten Einstieg in die Thematik der Geldanlage. Lediglich bei der konkreten Anlage, beim »Was sollte und kann ich als Nächstes tun«-Schritt, sprach ich mich für eine Honorarberatungsfirma aus, bei der sie sich Rat einholen sollte. Das Konzept der Honorarberatung ist deshalb so sinnvoll, weil es offen und transparent die Kosten der Beratung darlegt, leicht zu verstehen ist und keine versteckten Provisionen oder Gebühren bereithält. Mia hatte vorab mehrere Angebote verglichen und zwei Termine vereinbart, da sie im persönlichen Gespräch auch noch mal ein Gefühl für die Berater*innen entwickeln wollte.

Mias Aufgabenstellung

Mia hat durch ihren neuen Job monatlich mehr Geld zur Verfügung, als sie aktuell für ihre Lebenshaltungskosten etc. benötigt. Nach unseren Gesprächen entschied sie sich dafür, rund 10 % ihres Nettoeinkommens monatlich zu sparen – und zwar möglichst klimafreundlich und nachhaltig.

Da Mia dazu tendiert, sich umfangreich informieren zu lassen und dann direkt loszulegen, führt sie ihr Weg zur Honorarberatung. Ihr Ziel: einmal umfänglich informiert werden und dann mittel- und langfristig investieren – und das gerne getreu dem Credo »Geld geht auch grün & nachhaltig«.

---

[4] Form der Geldanlage, die ohne Provisionszahlungen direkt »netto« nahezu abzugsfrei vorgenommen wird.

Im Kapitel IX zum Thema »Honorarberatung« greife ich die entsprechenden Schritte auch noch genauer auf und ordne sie wie gewohnt ein. Hast du schon mal darüber nachgedacht, für eine Beratung Geld zu bezahlen, statt dich im Internet oder bei der Bank zu informieren? Diese Wahl hat viele Vorteile.

Grün: Liam (35) & Leyla (32) planen eine Familie und eine grüne Gebäudesanierung

Liam und Leyla, die lange auf der Suche nach einer geeigneten Immobilie waren, haben mittlerweile etwas Passendes gefunden – und das durch einen lustigen Zufall: Sie liefen eines Tages am Feldrand ihres Städtchens an einem frei stehenden Haus vorbei, das schon etwas in die Jahre gekommen war, und begannen sich vorzustellen, wie es wohl wäre, wenn ihnen mal so ein Haus gehören würde und sie eine Familie gründen würden.

Ihnen fiel auf, dass trotz der herbstlichen Jahreszeit und der frühen Dunkelheit kein Licht im Haus leuchtete. Sie sahen sich das Ganze also etwas genauer an. Als sie feststellten, dass das Haus offensichtlich unbewohnt war, nahm das Kopfkino weiter an Fahrt auf – wir alle kennen wohl diese Momente des Reinsteigerns! Also recherchierten die beiden und fanden heraus, dass die Besitzer des Hauses, eine Erbengemeinschaft, das Haus gerne an eine junge Familie verkaufen wollten, zu einem fairen Preis. Manchmal muss man einfach Glück haben … Liam und Leyla kauften das Haus und bauten es aus – samt einem zweiten Geschoss, mit genug Platz für Arbeits- und Kinderzimmer.

Knapp zwei Jahre ist das nun her. Mit ein paar Fachleuten aus meinem Netzwerk, einem befreundeten Architekten und einer Notarin, habe ich die beiden damals unterstützen können. Bei einem Kaffee neulich auf ihrer wunderschönen Terrasse eröffneten sie mir, dass sie das Haus auch zukunftstauglich machen wollen. Dafür nehmen sie noch mal Geld in die Hand. Auf dem Plan stehen eine neue Heizung mit Solartherme und zur Stromerzeugung eine Photovoltaikanlage auf dem Dach. Das liegt glücklicherweise in Richtung Südosten und bietet die besten Voraussetzungen.

Die beiden haben von besonders günstigen Krediten der KfW gehört und einer Bezuschussung durch die Regierung, damit die Kosten nicht durch die sprichwörtliche Decke gehen. Meine Empfehlung war ein Energieberater, der sich mit ihnen über die genauen Pläne unterhält und dann mit ihnen eine Aufstellung ihrer klimaneutralen Wünsche erarbeitet. Die im Januar 2022 beschlossene Unterbrechung der Förderungen seitens Minister Habeck hat ihren Wunsch nach einer grünen Sanierung zeitlich verzögert.

Liams & Leylas Aufgabenstellung

Beauftragung eines Energieberaters, um die Parameter der Maßnahmen zum Kauf der neuen Heizung und der Photovoltaikanlage sowie die Einsparungen zu konkretisieren, die Kosten und Zuschüsse aufzuzeigen und sie transparent zu machen.

Parallel dazu werden mögliche künftige Sanierungsmaßnahmen wie beispielsweise Dachsanierung, Gebäudedämmung, neue Fenster etc. geprüft, in einem mittelfristig laufenden Sanierungsplan festgehalten und die jeweiligen Kosten- und Energieeinsparungen beziffert.

Im Kapitel V werfen wir darauf einen konkreteren Blick.

Bestimmt findest du hier auch ein paar Zusatzinformationen, die bei möglichen eigenen Planungen in Sachen Immobilienerwerb oder -sanierung für dich eine Rolle spielen.

Blau: Steffi – Freelancerin, plant einen E-Auto-Kauf

Meine Freundin Steffi hat eine bewegte und abwechslungsreiche Zeit hinter sich – und sie hatte, entgegen vielen anderen ihrer Freund*innen und Bekannten, wirklich Glück in puncto Job.

Als Grafikdesignerin mit hervorragenden Kommunikations- und PC-Fertigkeiten hatte sie sich vor der Pandemie einen treuen Kundenstamm aufbauen können. Daher lief es ab Mai 2020 wirklich super für sie. Da immer mehr Kund*innen auch im Homeoffice arbeiten und Projekte, die vorher offline betreut werden mussten, dann online zu realisieren waren, hatte sie im sprichwörtlichen Sinne Glück im Unglück.

Privat war sie mit dem Homeschooling genauso stark gefordert wie andere auch, denn welches Elternteil beherrscht schon noch Latein, den Aufbau der Zelle oder die binomischen Formeln? Erstaunlicherweise jedoch kam ihr Sohn sehr gut mit dem Distanzunterricht zurecht – natürlich auch dank der mentalen Unterstützung seiner Eltern.

Er bekam ein abgelegtes Notebook seiner Mutter, die sich aufgrund der Verbesserung ihrer Jobsituation ein neues leasen konnte.

Nun hat Steffi einen freien Mitarbeiter, mit dem sie gemeinsam eine etwas größere Bandbreite an IT-Dienstleistungen anbietet. Und unter anderem weil Kund*innen sie in persönlichen Gesprächen wieder frühzeitig in Projekte einbinden wollen, fährt sie wieder häufiger zu Besprechungsterminen vor Ort. Da Steffi reflektiert mit dem Thema Umweltschutz umgeht, aber die Gebrauchtwagenpreise aufgrund des Chipmangels und der damit verbundenen langen Lieferzeit für Neuwagen aktuell durch die Decke gehen, hat sie sich dafür entschieden, ihrem grünen Herzen zu folgen und sich ein E-Auto anzuschaffen. Durch den Mix aus hohem Wiederverkaufswert ihres drei Jahre alten Gebrauchtwagens und den vielen Zuschüssen für ein E-Auto scheint dieser Wechsel für sie sehr lohnend. Aber ist er das auch? Wie verhält sich das eigentlich mit der Dienstwagenregel und den weiteren Zuschüssen?

Steffis Aufgabenstellung
Steffi braucht ein E-Auto. Aber was für eins? Ein vollelektrisches Fahrzeug, ein Hybridfahrzeug und, falls ein solches, welches genau? Und wie ist das Ganze vom Staat gefördert? Wo beantragt man diese Förderung und wie läuft dann eigentlich die Aufladung zu Hause bzw. – noch spannender – bei ihren Kund*innen?

Steffi muss herausfinden, ob es, gemessen an ihrem Nutzungsverhalten, genügend Ladestationen für das Fahrzeug gibt – in der Nähe ihrer Wohnung, beim Einkaufen, auf dem Weg zu ihren Kund*innen, bei ihren Kund*innen selbst. Darüber hinaus hat sie gehört, dass nicht alle Autos die gleichen Ladesäulen brauchen. Eine Menge Details und

Fragen, die es vor dem eigentlichen Kauf des neuen Autos zu bedenken und zu klären gibt. In Kapitel XI schauen wir genauer hin, wie sich das Ganze für Steffi entwickelt, und tragen ein paar Punkte zusammen, auf die du achten solltest, wenn du planst, dir in den nächsten sechs bis zwölf Monaten ein neues E-Auto anzuschaffen.

Lila: Paul – FDP-Politiker und Kläger gegen das Klimaschutzgesetz

Als zu Beginn 2021 das Klimaschutzgesetz der GroKo vom Bundesgerichtshof in Karlsruhe in Teilen gekippt wurde, gab es viel Jubel. Die Begründung: Durch die Verschiebung der Reduktion der CO_2-Emissionen in die Jahre nach 2030 würden die Freiheitsrechte der jungen Generation massiv eingeschränkt.

Paul, ein junger FDP-Politiker aus Hessen und einer der Kläger gegen eben dieses Gesetz, jubelte mit. Vor allem diese Begründung bestätigte ihn darin, das Richtige mit angestoßen zu haben auf dem Weg in eine klimafreundlichere Zukunft.

Zur Erläuterung hier ein kleiner Auszug aus der Begründung des BGH:[5]

Die zum Teil noch sehr jungen Beschwerdeführenden sind durch die angegriffenen Bestimmungen aber in ihren Freiheitsrechten verletzt. Die Vorschriften verschieben hohe Emissionsminderungslasten unumkehrbar auf Zeiträume nach 2030. Dass Treibhausgasemissionen gemindert werden müssen, folgt auch aus dem Grundgesetz. Das verfassungsrechtliche Klimaschutzziel des Art. 20a GG ist dahingehend konkretisiert, den Anstieg der globalen Durchschnittstemperatur dem sogenannten Paris-Ziel entsprechend auf deutlich unter 2 °C und möglichst auf 1,5 °C gegenüber dem vorindustriellen Niveau zu begrenzen. Um das zu erreichen, müssen die nach

---

[5] https://www.bundesverfassungsgericht.de/SharedDocs/Pressemitteilungen/DE/2021/bvg21-031.html

2030 noch erforderlichen Minderungen dann immer drin-
gender und kurzfristiger erbracht werden. Von diesen künf-
tigen Emissionsminderungspflichten ist praktisch jegliche
Freiheit potenziell betroffen, weil noch nahezu alle Bereiche
menschlichen Lebens mit der Emission von Treibhaus-
gasen verbunden und damit nach 2030 von drastischen Ein-
schränkungen bedroht sind.

Schlicht und ergreifend kann und darf es also nicht sein, dass die
uns nachfolgenden Generationen die Suppe auslöffeln, die wir uns
alle gemeinsam über Jahrzehnte hinweg mit der Verbrennung von
fossilen Energieträgern eingebrockt haben.

Um die Klimaschutzziele des Pariser Abkommens zu erreichen,
bedarf es größerer gemeinsamer Anstrengungen.

Paul weiß ganz genau, dass die Arbeit für ihn und seine Mitstreiter*innen erst begonnen hat, denn es geht jetzt um konkrete
Maßnahmen und die Anpassung von Gesetzestexten im noch jungen
neuen Bundestag. Als Teil eines Beratungsteams steht er seinem MdB
sehr nah und kann konkrete Konzepte und Entwürfe erarbeiten, die
in den entsprechenden Gremien besprochen und diskutiert werden.

Pauls Aufgabenstellung

Paul hat durch sein politisches Engagement die Möglichkeit, aktiv
daran mitzuarbeiten, dass der Klimaschutz auf Europa- und auch
auf Bundesebene in konkrete Maßnahmen mündet. Er kann dabei
helfen, dass diese Maßnahmen juristisch einwandfrei und moralisch nachvollziehbar sind und Nachhaltigkeitseffekte für alle bieten, ohne die Sozialverträglichkeit für finanzielle Härtefälle aus
den Augen zu verlieren.

Beim Kampf für die Klimagerechtigkeit sollen so viele Menschen wie möglich mitgenommen werden, ohne dass sie finanziell auf der langen Wegstrecke sprichwörtlich »verhungern«. Wie
das gelingen kann und welche Maßnahmen und Anreize es dafür
braucht, erläutere ich an Pauls Beispiel im Kapitel XI.

III. Nach der Pandemie ist mitten im Kampf gegen den Klimawandel

Eine ganz persönliche
Klimawandel-Bestandsaufnahme

Wir alle, auch die unter uns, die die Dinge in der Regel sachlich und selbstreflektiert angehen, sind immer wieder mit dem Umstand konfrontiert, reagieren zu müssen, statt agieren zu können. In der aktuellen Situation beispielsweise auf sich immer wieder kurzfristig ändernde Lagen im Ukraine-Krieg oder unabsehbare Entwicklungen in der Pandemie.

Das ist nicht gerade der Moment, in dem man weitere Hiobsbotschaften gut wegstecken kann, man reagiert genervt und will davon für den Moment am liebsten nichts hören und nichts wissen.

Das Jahr 2021 hat uns mal wieder in aller Deutlichkeit spüren lassen, dass der globale Klimawandel real ist und keine Fake News. Dabei schien es noch kurz vorher so, als machte er eine kleine Pause, zumindest in Deutschland. Weit gefehlt, denn wie Expert*innen beteuern, sind Extremwettersituationen, wie wir sie bei den Hochwassern in West- und Süddeutschland dieses Jahr gesehen haben, eine Folge davon und können zwischen 1,2- bis 9-mal häufiger auftreten, so Philipp Reutter vom Institut für Physik der Atmosphäre an der Uni Mainz. Der Klimawandel führt dazu, dass mehr Energie in der aufgeheizten globalen Atmosphäre vorhanden ist, dadurch der Jetstream, der uns in Mitteleuropa normalerweise aus Westen konstant wechselnde Wetterlagen bringt, dramatisch abgeschwächt wird und Wetterlagen deutlich länger dort verweilen, wo sie gerade sind.[6] Im Frühjahr und Sommer waren das vor allem Tiefdruckgebiete mit ergiebigen Regenfällen und all ihren negativen Konsequenzen.

Das damit verbundene Leid und den Schmerz kann man nur erahnen, bestimmt aber nicht quantifizieren, also messbar machen.

---

[6] Siehe: https://www.deutschlandfunkkultur.de/nach-der-flutkatastrophe-im-ahrtal-leben-mit-dem-risiko-100.html

Was aber messbar ist und genauestens analysiert wird, sind die Kosten, die eine solche Katastrophe verursacht. Diese lassen die Rufe nach geeigneten Maßnahmen und Konsequenzen dann häufig immer lauter werden.

Aus Solidarität und Mitgefühl kommt vonseiten der Politik und der Klimaaktivist*innen oft die Forderung nach gesamtgesellschaftlichen Elementarschadensversicherungen. Diese Versicherungen werden pauschal und nicht individuell abgeschlossen, also ohne das Miteinbeziehen individueller Risiken wie der Lage des Hauses oder einer Bewertung der geografischen oder pedologischen Begebenheiten wie der Bodenbeschaffenheit etc.

Aber wäre das die Lösung des Problems? Wäre das nicht von Nachteil für diejenigen von uns, deren Zuhause sich nicht in möglichen Risikogebieten befindet?

Mit pauschalen Versicherungslösungen, die eine Verteilung potenzieller Kosten auf die Allgemeinheit bedeuten, nähmen wir bei der Vergabe von Bauland und passivem Schutz gegen Überflutung den nötigen Druck von den Bundesländern, Landkreisen und Gemeinden. Wir sollten für künftige Folgen des Klimawandels und von Starkwetterereignissen die Prävention stärker berücksichtigen und eben nicht an Stellen Häuser und Infrastruktur errichten, die besonders gefährdet sind.

Ein Kompromiss wäre ein Mix aus Schutzmaßnahmen vor Extremwetterereignissen – also guten Entscheidungen, wie wir bauen, wo wir bauen und wie wir beispielsweise mit der Renaturierung von Flussbetten umgehen – und dem Aufbau eines »Klimawandelfolgen-Hilfsfonds«. Durch ihn würden bei künftigen Überflutungen Menschen schnell und unbürokratisch finanziell unterstützt.

Gleichzeitig sollten wir auch an individuellen Versicherungsverträgen festhalten und sie mit entsprechenden Prämien ausstatten, damit man als »Häuslebauer« sein Haus nicht zu leichtfertig in gefährdete Gebiete baut und zu hohe Risiken eingeht. Das wäre ein fairer Ansatz, besonders bei der Ausweisung von Neubaugebieten.

Ja, in Deutschland gab es immer wieder Fluten. Es brannten auch schon die Moore und Wälder. Nicht zuletzt durch die Waldbrände in der Türkei, Griechenland und Italien wurden uns die Folgen des Klimawandels in Europa im Jahr 2021 sehr konkret verdeutlicht.

Klimaschutz kostet Geld, egal ob aktiv oder passiv. Kein Klimaschutz kostet mehr Geld und noch dazu Leben. Für mich gibt es also ein klares Zwischenziel: Wir, als Individuen und als Gesellschaft, müssen die Existenz des Klimawandels erkennen und annehmen. Nur so können wir uns ihm stellen.

Die globale soziale Bewegung Fridays for Future mit ihren bekanntesten Gesichtern, der Schwedin Greta Thunberg und der Deutschen Luisa Neubauer, schien zu Beginn für viele vor allem ein Medienhype zu sein. Jedoch wurde schnell klar, dass das Kernziel dieser Bewegung, die Bekämpfung des globalen Klimawandels, für alle von uns ein essenzielles Thema sein sollte.

Und über die Frage der Bekämpfung hinaus stellt sich in unserem Kontext die Frage: Wie schaffen wir es, uns darauf vorzubereiten, was der Klimawandel für uns Menschen, für unsere Gesellschaften und unsere Unternehmen bedeutet?

Wie sieht unsere gemeinsame finanzielle Zukunft aus? Braucht es ein »Finance for Future«? Und wie können wir zusammen Einfluss nehmen und den Wandel zu einer klimafreundlicheren Gesellschaft mit klimafreundlichen Fabriken und Unternehmen sowie einer nachhaltigen, auch für die nachfolgenden Generationen fairen Lebenshaltung gestalten?

»Finance for Future« – im Einklang mit der Umwelt agieren, sozial & ethisch korrekt wirtschaften

Die gute Nachricht schon mal vorweg: Es gibt auch in Deutschland Unternehmen, die global agieren, ein globales Kunden-, Liefer- und Produktionsnetzwerk haben und bereits heute viel ökologischer und klimaschonender unterwegs sind, als uns bewusst ist.

Leider trifft das noch nicht in ausreichendem Maße auf die sogenannte Old Economy zu. Unternehmen in der Automobilindustrie beispielsweise propagieren zwar den Wandel vom Verbrennungsmotor zum E-Auto, teilweise auch zur Wasserstoff-Brennstoffzellen-Technologie, aber eine Bewegung mit Siebenmeilenstiefeln sieht wirklich anders aus – von der verheerenden Umwelt- und Ökobilanz von Zementproduzenten gar nicht zu sprechen. Diese großen Umweltsünder, die es hier beim Thema CO_2-Ausstoß gibt, sind ein wahrer Schlag ins Gesicht der umweltbewussten Anleger*innen.

Der Weg in Richtung einer ökologischeren Ökonomie, den deutsche und internationale Industrieunternehmen eingeschlagen haben, ist bereits erkennbar – allerdings bewegt sich so manches Unternehmen leider im Schneckentempo.

Woran ich das festmache? Beispielsweise an einer Studie des Umweltbundesamtes (UBA) aus dem Jahr 2021, in der es heißt, dass nur ungefähr die Hälfte der DAX-40-Unternehmen öffentlich über die Risiken des Klimawandels berichten.

Beim Blick auf die 100 größten Unternehmen Deutschlands fällt auf, dass es um die Resilienz gegenüber möglichen negativen Klimafolgen und die Anpassung der Unternehmensstrategie an höhere Umweltstandards durch die Politik noch immer schlecht bestellt ist.

Der Optimismus in den Führungsetagen ist groß und die Problematik der kontinuierlichen Verschlechterung von Produktions-, Herstellungs- und Lieferbedingungen wird von vielen Managementetagen noch immer ignoriert – und das, obwohl in den Jahren 2018 und 2019 auch in Deutschland Dürre und Trockenheit zu Lieferengpässen geführt haben, vor allem durch ausgetrocknete See- und Transportwege. Ich berichtete damals selbst von der Börse darüber.

Um für Investor*innen transparenter zu machen, wie stark und wahrscheinlich Umwelteinflüsse auf Unternehmensentwicklungen und deren Umsätze und Erträge wirklich sind, schlägt das Umweltbundesamt vor, Umwelt- und Klimaschutz stärker in der Berichtspflicht von Unternehmen zu verankern. Durch eine solch transparente Kommunikation hätten investierende Banken und Fonds durch klimaschutzorientierte Investitions- und Anlageentscheidungen einen indirekten und mittelbaren Einfluss auf klimafreundlichere Geschäftsentwicklungen und Managemententscheidungen.

Besser für das Klima und den Planeten und somit auch für uns Menschen. Wenn das dann noch – und das sagen die aktuellen Prognosen – mit der Steigerung der Renditen und Erträge unserer Anlagen in Aktien einhergeht, erwirken wir durch unsere Anlageentscheidungen indirekt auch eine Anpassung der Ausrichtung der Unternehmen hin zu mehr Klimaschutz.

Einflussnahme auf die Ausrichtung von Unternehmen durch Engagement

Zunächst möchte ich dich auf einen kleinen »Teekessel« hinweisen, also ein Wort mit mehreren Bedeutungen. Das Wort *Engagement*.

Du kennst es bestimmt mit der Bedeutung, sich intensiv einzubringen und für eine Person oder eine Angelegenheit einzusetzen. Als Schauspieler, als der ich ja auch arbeite, habe ich ebenfalls »Engagements«, also vertragliche Anstellungen für einen bestimmten Zeitraum. In Bezug auf den Kapital- und Finanzmarkt beziehungsweise auf Unternehmen, deren Unternehmenskultur und -führung spricht man dann von Engagement, wenn sich beispielsweise eine Fondsgesellschaft, auch Kapitalverwaltungsgesellschaft (KVG), proaktiv in Prozesse der strategischen und ökologischen Ausrichtung eines Unternehmens »einmischt« (Impact Investing). Das muss nicht zwangsläufig durch Vorschriften geschehen, sondern kann auch mit Denkanstößen, Sensibilisierung und dem Initiieren von Veränderungen verbunden sein.

Natürlich wollen Aktienunternehmen ihre Kapitalgeber im Hinblick auf mögliche Investitionen positiv stimmen, um sowohl das operative Geschäft als auch ihre Innovationen und Entwicklungen auch künftig finanziert zu wissen. Sie tun gut daran, ihre Attraktivität für Anleger*innen und Investor*innen, auch institutionelle, mittel- bis langfristig beizubehalten und sogar zu erhöhen.

Die Interaktion zwischen KVGs und den Aktienunternehmen findet nicht selten auf den Hauptversammlungen statt. Als Anteilseigner*in hat man dort ein Rederecht und kann Kritik äußern, Anregungen geben oder, sofern man größere Anteile hält, ganz aktiv die Arbeit des Vorstandes beeinflussen. Du fragst dich, wie das wohl geht?

Ein Vorstand muss in regelmäßigen Abständen »entlastet« werden, das bedeutet, seine Arbeit wird bewertet und beurteilt. Sind die Aktienbesitzer*innen mit der Arbeit des Vorstandes zufrieden und trauen ihm zu, auch in Zukunft gute unternehmerische Entscheidungen zu treffen, wird der Vorstand bei der »HV« von der Mitgliederversammlung entlastet. Bei Kritik kann diese Entlastung verweigert werden. Dann tragen die Anteilseigner*innen ihre Kritik vor und diskutieren die einzelnen Punkte in der jeweils notwendigen Intensität und Härte aus.

Beispiele, von denen du im Zusammenhang mit der Einflussnahme über die Hauptversammlung bestimmt gehört hast, waren der »Dieselskandal« des Autokonzerns Volkswagen und der Kohleausstieg des Energiekonzerns RWE.

Bei Letzterem mahnten vor allem die größeren Anteilseigner*innen an, dass das Essener Unternehmen die Klimaneutralität nicht schnell genug vorantreibe. Beispielsweise sei eine Entschädigungszahlung von sage und schreibe 2,6 Milliarden €, die das Unternehmen vom Staat für die Abschaltung der Kohlekraftwerke erhielt, in eine höhere Dividende, also eine Gewinnbeteiligung der Aktionär*innen geflossen statt in die Beschleunigung des Unternehmenswandels hin zu ökologischerem Wirtschaften.

Der norwegische Staatsfonds schmiss die RWE-Aktien kurzerhand aus seinem Portfolio und auch die DEKA-Bank kritisierte in

Person von Vanessa Golz auf der virtuellen HV von RWE am 28. April 2021 den CO_2-Ausstoß von 69 Millionen Tonnen im Jahr 2020 als »viel zu hoch«.

Um dir mal ein Gefühl für diesen enormen Ausstoß von 69 Millionen Tonnen CO_2 zu geben: RWE produziert 79 % seines Stroms auch heute noch durch Kohle, Gas und Uran, also Atomkraftwerke, und emittiert dadurch so viel klimaschädliche Treibhausgase.

Die übrigen Fondsgesellschaften, die in RWE investiert sind, erhöhen also den Druck weiter und streben einen Ausstieg aus fossilen Brennstoffen deutlich vor 2038 an. Wenn es nach Greenpeace ginge, geschähe das bereits bis 2030.

In einer Gesellschaft, in der die ESG-Kriterien – Environment, Social and Governance, also Umweltstandards, Unternehmensführung und Unternehmensverantwortung – eine immer zentralere Rolle im Bewusstsein von Arbeitnehmer*innen und auch sogenannten Kleinanleger*innen spielen, ist es die logische Konsequenz, dass Aktiengesellschaften auf deren Wünsche, Anregungen und Forderungen eingehen und diese bei ihren Ausrichtungs- und Entwicklungsentscheidungen berücksichtigen.

Nicht zuletzt spielt in diesem Entwicklungsprozess auch die Presse eine große Rolle. Sie hat einen großen Einfluss darauf, wohin die Reise eines Unternehmens geht – denn Meldungen darüber, dass sich ein Unternehmen beispielsweise gesellschaftlich relevanten und anerkannten Umweltforderungen verschließt, sind keine Berichte, die ein Unternehmen über sich lesen möchte. Die Beunruhigung, die solche Meldungen beim Vorstand und dem Management einer AG auslösen können, erkennen wir am Beispiel RWE und den Reaktionen des ehemaligen Vorsitzenden Rolf Martin Schmitz.

Einordnung
Dieses Buch arbeitet von Zeit zu Zeit mit den sogenannten PaTricks. Das sind etwas konkretere Kommentare und Erläuterungen, die

nicht rein auf Fakten beruhen, sondern teilweise meine persönliche Einschätzung wiedergeben und dir Denkanstöße und Sichtweisen vermitteln können.

Wie du siehst, stecken Unternehmen und KVGs nicht, wie oft gemunkelt wird, gemeinhin unter einer gemeinsamen »turbokapitalistischen Decke der Verschwiegenheit und des gemeinsamen Absahnens«, sondern überall arbeiten Menschen wie du und ich, die überwiegend verstanden haben, dass sich die Art unserer Wertschöpfung und der Ertragserzielung verändern muss.

Wollen wir unseren Kindern und Enkel*innen gute ökologische und ökonomische Voraussetzungen hinterlassen, um zu arbeiten, zu leben und zu existieren, dann ist es eine Notwendigkeit, das 1,5-Grad-Ziel der Pariser Klimakonferenz und die daraus resultierenden Konsequenzen anzuerkennen und umzusetzen. Schaffen wir das nicht, warten unzählige negative Auswirkungen. Die Folgen wären verheerend. Eine davon wäre die Zahl der Klimaflüchtlinge. Sie würde kontinuierlich weiter steigen und zu Migrationsbewegungen bisher ungekannten Ausmaßes führen.

All das bei gleichzeitig steigenden Weltbevölkerungszahlen, vor allem auf dem afrikanischen und auf dem asiatischen Kontinent. Bis 2050 wird es ca. 11 Milliarden Menschen auf der Erde geben, so die Prognose von Prof. Dr. Dr. Lauster vom Fraunhofer-Institut INT im Rahmen meines Talkformats *Vom Investieren zum Sinnvestieren.*

Die Fragen lauten deshalb schon heute:
- Wie können wir den ökologischen Umbau unserer Gesellschaft und unserer Unternehmen gestalten, aber auch finanzieren?
- Wie überzeugen wir Skeptiker*innen von der Gefahr des menschengemachten Klimawandels?
- Wie überzeugen wir tendenziell nationalistisch denkende Mitbürger*innen davon, mitzumachen beim Wandel hin zu einer innovativen, gebildeten und ökologisch sensiblen internationalen Gemeinschaft?

Ich bin überzeugt davon, dass wir nicht drum herumkommen, uns zu verändern – obwohl das sehr viel Geld, menschliche Ressourcen und Engagement fordern wird. Es ist die logische Konsequenz hin zu einer ökosozialen Marktwirtschaft.

Wie sich durch Corona die finanziellen Ungerechtigkeiten vergrößert haben

Leider ist die Zeit des Covid-19-Ausnahmezustands noch immer nicht ganz vorüber; dennoch möchte ich ein kleines Zwischenfazit zu den bisherigen Auswirkungen und Folgen der Coronapandemie in Deutschland in den Bereichen Finanzen, Schulden, Arbeitsmarktsituation und Status quo der Wirtschaft ziehen. Denn die Schere zwischen denen, die in Deutschland besonders unter den Folgen der Krise leiden, und den finanziellen Profiteur*innen hat sich weiter geöffnet.

Mehr als 1,4 Millionen neue Depotverträge wurden seit Beginn der Krise abgeschlossen. Die Börsen haben sich rasant von ihrem Fall ins Bodenlose erholt und alle, die genug Wissen, vor allem aber Geld hatten, um an der Börse zu investieren, konnten von dieser Entwicklung stark profitieren. Die Ersparnisse und das Sparvermögen der Deutschen sind absolut von ca. 5,2 Billionen € im Jahr 2019 bis auf etwa 7,1 Billionen € Mitte des Jahres 2021 angewachsen.

Bei genauerem Hinsehen, so schreibt die Bundesbank, haben sich folgende Entwicklungen ergeben (Auszug[7]):

Bargeld und Einlagen auf der Bank   2019 ca. 2,60 Bio. €
2021 ca. 2,86 Bio. €

Schuldverschreibungen   2019 ca. 121,4 Mrd. €
2021 ca. 112,8 Mrd. €

---

[7] https://www.bundesbank.de/resource/blob/869536/130697a3ccafbafe877bb6344
171c0d8/mL/2021-07-16-geldvermoegen-anlage-data.pdf

Aktien und Anteilsrechte	2019 ca. 706,1 Mrd. €
	2021 ca. 866,1 Mrd. €
Anteile an Investmentfonds	2019 ca. 680,2 Mrd. €
	2021 ca. 790,7 Mrd. €

Zwischenfazit: Aus meiner Perspektive mit drei schulpflichtigen Kindern und einer Ehefrau, die Gymnasiallehrerin ist, kann ich sagen, dass es nicht nur beim Grad der Schulbildung in unserem Land gravierende Unterschiede gibt, sondern auch beim Thema Finanzbildung. Aus beidem resultiert eine nicht von der Hand zu weisende Ungleichheit, was Chancen und Perspektiven angeht.

Die eigene finanzielle Situation ist unter anderem signifikant abhängig vom eigenen grundlegenden Zugang zu Wissen und Vermögen. Deshalb an dieser Stelle mein wiederholter Ratschlag: Finanzbildung! Eignet euch die Basics an! Dafür gibt es viele Möglichkeiten, eine davon ist mein erstes Buch *Geld kann jeder & du jetzt auch*, in dem du alle grundlegenden Infos zu den wichtigsten Bereichen des Alltagsfinanzlebens geballt und kompakt zusammengefasst findest. So kannst auch du von deinem angeeigneten Finanzwissen unmittelbar profitieren und für dich den Weg zur rentablen und nachhaltigen Geldanlage finden.

Wie durch ein Brennglas – Corona beschleunigt die Entwicklungen

Im März wurde durch den Ausruf des ersten Lockdowns in der Geschichte der Bundesrepublik die ganze Wucht der Coronapandemie deutlich. Um die Bevölkerung vor Ansteckung zu schützen und weil zu Beginn der Pandemie die Entwicklung eines Impfstoffes noch in weiter Ferne lag, mussten Maßnahmen her, die auch bereits bei der Spanischen Grippe (1918–1920) und der Hongkong-Grippe (1968–1970) sowie anderen Pandemien angewandt wurden. Masken über Mund und Nase tragen, bestimmte Hygieneregeln beachten, alles Dinge, die wir heute im Schlaf können. Erinnerst du dich, wo du warst, als der erste deutsche Coronafall öffentlich wurde?

Ein Mitarbeiter der Firma Webasto wird am 27. Januar 2020 im Münchener Tropeninstitut eingehend untersucht. Zu diesem Zeitpunkt denkt er, er habe sich bei einer chinesischen Kollegin mit einer Grippe angesteckt – der Name Covid-19 sagt den meisten Menschen zu diesem Zeitpunkt noch nichts und auch die verstörenden Bilder aus dem chinesischen Wuhan, dem Ursprungsort dieser weltweiten Pandemie, gehen zunächst nur sehr vereinzelt in die Welt hinaus.

Die weiteren Untersuchungen dienten in erster Linie dazu, die Gefahr einer Ansteckung seiner Kolleg*innen und seiner Familie auszuschließen. Das Problem beim deutschen »Patienten null« war nämlich, dass er, wie auch seine chinesische Kollegin, kaum wahrnehmbare Symptome hatte. Genau dies ließ allerdings bei den Ärzt*innen im Tropeninstitut sämtliche Alarmglocken schrillen. Hinzu kam der Umstand, dass sich die infizierte Webasto-Mitarbeiterin in Deutschland mit unzähligen Kolleg*innen zu Meetings getroffen hatte.

Es dauerte verhältnismäßig lange, bis erkannt wurde, dass das Virus auch relativ symptomfrei weitergegeben werden konnte. Leider führte genau dieser Umstand zu den entsprechenden Folgen in Deutschland und der Welt – wir denken an Ischgl und die Fastnachtszeit, in der der Landkreis Heinsberg traurige Berühmtheit erlangte.

Lockdownmaßnahmen und die Folgen für die Wirtschaft

Als die schrecklichen Bilder aus Wuhan um die Welt gingen und die internationalen Börsen auf Talfahrt schickten, stand ich in meiner gewohnten Korrespondentenposition für *Der Aktionär TV* und *WeLT* an der Frankfurter Wertpapierbörse. Das professionelle Einordnen der Ängste, die an den Finanz- und Kapitalmärkten herrschten, war oberste Priorität für uns als Wirtschaftsjournalist*innen und Börsenkorrespondent*innen, parallel zur gleichzeitigen persönlichen Fassungslosigkeit über die schnellen und panikartigen Verkäufe, die sich durch alle Assetklassen zogen.

Aktien, Anleihen, Gold, Öl, Kryptowährungen … im Februar und März 2020 war völlig gleich, welche Investitionen man getätigt hatte, um ein diverses Portfolio aufzubauen, in allen Assetklassen gab es Verluste und Ausverkauf.

In meinem ersten Buch habe ich mich bereits eingehender mit den unterschiedlichen Strategien und Reaktionen befasst, denn nicht alle Anlagen verloren im gleichen Ausmaß. Zur Erinnerung: Der DAX und der DOW verloren gut 35 %, nachdem sie noch im Februar neue Höchststände markiert hatten. Öl brach gar um knapp 65 % ein und wurde später, im März und April, sogar mit negativen Vorzeichen gehandelt. Einzig die Immobilienpreise stiegen weiter.

Trotz aller Krisen, die ich in all den Jahren an der Börse erlebt hatte, wie dem Platzen der Dotcom-Blase 2001, der Subprime- und Lehmankrise 2007, der Griechenlandkrise 2011 und der Euro-Staats- und -Finanzkrise 2012, waren die Folgen der Pandemie an den Börsen und Finanzmärkten für mich erschütternd. Die Größenordnung der in kürzester Zeit vernichteten Vermögenswerte, Milliardenbeträge über alle Anlageklassen, war unglaublich.

Die Tiefststände an den weltweiten Börsen wurden Mitte März 2020 erreicht, abgesehen vom zwei Monate früher betroffenen China. Dort wurde auf das Gesamtjahr gerechnet immerhin noch ein BIP von +2,27 % erzielt (BRD −4,6 %). In dieser Zeit ging es mir wie sicher vielen von euch auch: Für meine Tätigkeit als Soloselbstständiger, die ich neben dem Journalismus noch ausübe, hagelte es bis auf weiteres Absagen. Moderationen, Events, Veranstaltungen und Drehs fielen aus.

Millionen von Menschen bekamen ein De-facto-Berufsverbot auferlegt. Messebauer*innen, Schauspieler*innen, Orchestermusiker*innen, Gastronom*innen und Hoteliers, die Liste setzt sich nahezu endlos fort.

Die Hilfen des Staates, sowohl auf deutscher als auch auf europäischer Ebene, und die Unterstützung seitens der EZB wurden schnell – und, wie der damalige Finanzminister Scholz sagte, mit der Bazooka – in Stellung gebracht. Mit den unvermeidbaren Kollateralschäden wie Missbrauch und Betrug aufseiten der Beantragenden sowie der in Deutschland sehr verzögerten Auszahlung der verschiedenen Unterstützungsmaßnahmen.

Natürlich ging es vielen kleineren und mittleren Unternehmen wirtschaftlich sehr schlecht. Dennoch konnten die Anpassung des Insolvenzrechtes, individuelle Maßnahmen, wie von Vermieter*innen aufgeschobene Mietzahlungen, und nicht zuletzt die Ausweitung des Kurzarbeitergeldes das Schlimmste verhindern. Ohne diesen weitgreifenden Mix aus Maßnahmen wären wir in eine Welle der Massenarbeitslosigkeit und Unternehmensinsolvenzen sowie deren gravierenden langjährigen Folgen geschlittert.

Hier ein paar Zahlen, die belegen, wie tiefgreifend die Folgen der Coronapandemie auf dem Arbeitsmarkt spürbar waren und sind:

Kurzarbeit[8]: 2019   145.276 Personen

	2020 Januar	382.423 Pers.
	2020 Februar	439.353 Pers.
	2020 März	2.834.310 Pers.
	2020 April	6.006.765 Pers. (Höchststand des Jahres)
	2020 Oktober	2.037.069 Pers. (Tiefststand seit Pandemiebeginn)
	2021 Februar	3.766.158 Pers. (Höchststand des Jahres)
	2021 November	595.206 Pers. (Tiefststand des Jahres)

---

[8] https://de.statista.com/statistik/daten/studie/2603/umfrage/entwicklung-des-bestands-an-kurzarbeitern/

Arbeitslose[9]: 2019 zwischen   2,180 Millionen und 2,406 Mio.
2020 Januar   2,426 Mio. Pers.
2020 Februar   2,396 Mio. Pers.
2020 März   2,335 Mio. Pers.
2020 April   2,644 Mio. Pers.
2020 August   2,955 Mio. Pers. (Höchststand des Jahres)
2021 Dezember   2,330 Mio. Pers.

Einordnung

Dank der Kombination aus Kurzarbeit, die ab April 2020 zunehmend in Anspruch genommen wurde, und dem schnellen Handeln von Politik, Unternehmer*innen und Notenbanken weltweit konnte, was Arbeitslosigkeit und Insolvenzen angeht, das Allerschlimmste verhindert werden. Drastische Einbußen und tiefe Spuren hat der Lockdown dennoch für Millionen von Menschen in unserem Land hinterlassen – und hier sprechen wir nur über die finanzielle Seite. Die Beeinträchtigungen durch Kontaktbeschränkungen und die Beschneidung der sozialen Interaktionen haben dramatische und nachhaltige Folgen mit sich gebracht, die wir noch lange verarbeiten und aufarbeiten müssen. Noch sind die Auswirkungen der Coronapandemie intensiv zu spüren und haben bei Staaten, Unternehmen und Bürger*innen zu erheblichen gesundheitlichen, aber eben auch zu finanziellen Belastungen geführt. Lasst uns auf Letztere einen genaueren Blick werfen.

Schuldenlasten von Staaten & ihren Bevölkerungen

Bestimmt kennst du die Schuldenuhr Deutschlands? Der Bund der Steuerzahler e. V. hat mit dieser berühmten Einrichtung der

---

[9] https://www.destatis.de/DE/Themen/Wirtschaft/Konjunkturindikatoren/ Arbeitsmarkt/arb110.html

Steuerverschwendung durch die Politik ein Mahnmal gesetzt. Seit dem 12. Juni 1995 gibt es die Schuldenuhr. Alles begann aus heutiger Sicht recht überschaubar mit einem Pro-Kopf-Schuldenstand von 25.100 DM, also umgerechnet rund 12.834 €.

Der Schuldenstand der Bundesrepublik hatte sich durch die Einführung der Schuldenbremse und der sogenannten schwarzen Null, auf beide Phänomene gehen wir gleich noch näher ein, bis vor Ausbruch der Coronakrise wieder zurückentwickelt, es wurden Staatsschulden zurückgezahlt und keine neuen Schulden aufgenommen. Das war auch dank der sich positiv entwickelnden Wirtschaftsleistung und einem konstant positiven BIP ab dem Jahr 2014 möglich, der jährliche Schuldensaldo blieb positiv. Die Bundesbank teilte Ende März 2020 mit, dass Deutschland Ende 2019 noch »lediglich« 2,053 Billionen € Schulden gehabt habe. Sie waren im selben Jahr um 16 Milliarden € gesunken. Die Schuldenquote, also das Verhältnis des Schuldenstandes zum Bruttoinlandsprodukt, sank von 61,9 % auf 59,8 % und damit erstmals seit 2002 in den Rahmen der europäischen Stabilitätskriterien von Maastricht.

Seit dem Jahr 2012, in dem der Schuldenstand bei 2,227 Billionen € gelegen hatte und die Schuldenquote bei 81,1 % des BIP, entwickelte sich durch sprudelnde Steuereinnahmen die Staatsverschuldung Jahr für Jahr positiver, die Verschuldung sank.

Zum Vergleich: In den nächstgrößeren EU-Ländern, Italien und Frankreich, betrug die Schuldenquote im Jahr 2012 126,5 % (Italien) und 90,6 % (Frankreich) sowie im Jahr 2019 134,8 % und 98,1 %.

Die Coronakrise ließ Deutschlands Schulden um gut 18 % ansteigen, das bedeutet 69,7 % Schuldenquote zum BIP oder rund 214 Milliarden € im Jahr 2020.[10] Dieser Trend setzt sich nicht nur aufgrund der Pandemie, sondern zusätzlich aufgrund der Flutkatastrophe in Westdeutschland im Juli 2021 fort, und wird durch die Ausgaben im Zuge des Russland-Ukraine-Krieges weiter verstärkt.

---

[10] https://www.destatis.de/DE/Presse/Pressemitteilungen/2021/07/PD21_357_713.html

Ende des ersten Quartals 2021 betrugen die Schulden des Bundes knapp 1,4 Billionen €, die der Bundesländer etwa 640 Milliarden € und die der Kommunen und Gemeinden 134 Milliarden €.[11] Die Sozialversicherungen wiesen zu diesem Zeitpunkt einen Schuldenstand von 54 Milliarden € aus.

In der gesamten EU liegen die Schulden aller Staaten insgesamt bei ca. 11,431 Billionen € nach Ablauf des ersten Quartals 2021. In den USA beträgt die Gesamtschuld 30,121 Billionen US$, das entspricht etwa 25,656 Billionen €. Japans Schuldenquote ist mit rund 260 % weltweit die höchste. In Zahlen sind das rund 10,4 Billionen € Staatsverschuldung zum Ende des Jahres 2020.

Ein wichtiger Aspekt bei der Betrachtung der Staatsschulden ist vor allem eine Erkenntnis. Der Staat, z. B. die Bundesrepublik Deutschland, zahlt seit 1949 ihre Schulden immer wieder zurück. Man könnte bei den steigenden Schulden auf die Idee kommen, dies sei nicht der Fall und die Schuldensumme steige deshalb. Um das deutlicher zu machen, spricht man bei Staaten auch von Neuverschuldung. Das bedeutet, dass alle Gläubiger, egal ob private oder institutionelle, seit 1949 ihre Kredite beglichen bekommen haben, der Staat aber immer wieder neue, höhere Schulden aufgenommen hat.

Ein anderer beruhigender Punkt ist, dass bei zugegeben aktuell stark steigender Staatsverschuldung die Staatseinnahmen durch viele Faktoren in der Regel steigen. Produktivitätssteigerungen und allgemeine Preissteigerungen tragen zudem dazu bei, dass die relative Schuldenbelastung tendenziell abnimmt.

Das sind eine Menge Zahlen und Relationen, aber vor einer kurzen Einordnung und einem Blick auf die private Verschuldung der Deutschen noch mal ein Blick auf das eigentliche Prinzip der Schuldenbremse und der schwarzen Null.

---

[11] https://www.bundesbank.de/de/presse/pressenotizen/deutsche-staatsschulden-829548, Stand 11. August 2021

Schuldenbremse & schwarze Null

Nach dem Beschluss der Föderalismuskommission im Jahr 2009 zur verbindlichen Einführung der sogenannten Schuldenbremse in Deutschland im Jahr 2011 ist es Bund und Ländern nur sehr begrenzt möglich, neue Schulden aufzunehmen. Die Schuldenbremse ist auf 0,35 % des nominellen BIPs begrenzt und Ausnahmeregelungen greifen ausschließlich im Fall von Naturkatastrophen oder Wirtschaftskrisen. Leider sind mit der Coronapandemie und der Flutkatastrophe in Westdeutschland genau diese Ausnahmesituationen eingetreten, sodass die Schuldenbremse vorerst ausgesetzt ist. Aufgrund der finanziellen Folgen der Sanktionen im Zuge des Russland-Ukraine-Krieges und des Sondervermögens für die Bundeswehr wird sie das bis mindestens 2023 bleiben.

Die schwarze Null bezeichnet quasi die Folge der Schuldenbremse: Die Ausgaben des Staates dürfen dessen Einnahmen nicht übersteigen, also nicht zu neuer Verschuldung führen.

Die Idee hinter der Schuldenbremse und der schwarzen Null

Der Gedanke hinter den beiden verfassungsrechtlichen Regelungen Schuldenbremse und schwarze Null ist ein gesellschaftlich-politischer. Um die Generationengerechtigkeit zu wahren, sollen nachfolgenden Generationen nicht die aus einer Staatsverschuldung resultierenden finanziellen Bürden auferlegt werden.

Über ihre Verhältnisse leben können Privatpersonen, wenn überhaupt, nur zeitlich beschränkt, und für immer neue Schulden gab es gerade nach der Eurokrise 2011/2012 bei der Mehrheit der Gesellschaft wenig Verständnis. Euroskeptiker*innen forderten den Grexit, den Austritt Griechenlands aus der EU, und auch Stimmen aus der Politik, unter anderem aus der damals neu gegründeten AfD, verurteilten die scheinbar ausufernden Schuldenstände der EU-Mitgliedsstaaten auf das Schärfste. Ihre konservativere Haltung zum Thema Schulden bescherte der CDU/CSU letztlich den deutlichen Wahlsieg bei der Bundestagswahl 2013. Es war das erste Jahr der GroKo, der Großen Koalition mit der SPD, die FDP war ebenso wie die AfD an der Fünfprozenthürde gescheitert.

Gute Schulden, schlechte Schulden – welche sind nötig und welche nicht?

Staaten verschulden sich, haben aber dauerhaft Steuereinnahmen. Damit müssten – so sollte man meinen – sowohl die entstehenden Staatsschulden abbezahlt als auch die Zinsen dafür getilgt werden können. Doch der Schein trügt immens und ein Aspekt findet in dieser Betrachtung zu wenig Beachtung. Denn: Ein Großteil der Schulden von morgen sind die Pensions- und Rentenverpflichtungen an die Staatsbeamt*innen. Unsere Gesellschaft wird immer älter und der Anteil der Menschen, die staatliche Versorgungsleistungen erhalten, wächst kontinuierlich. Nicht zuletzt deshalb, weil die geburtenstarken Jahrgänge, die Babyboomer (Jahrgänge 1946 bis 1964), aus dem Erwerbsleben ausscheiden. Rente, Pensionen, Arbeitslosengelder und Kurzarbeitergeld, Hartz IV, Weiterbildung, Kindergeld, die Liste ist lang. Dennoch gibt der Staat aktuell zusätzlich milliardenhohe Summen für die Folgen der Coronapandemie aus – als ob am Ende des Regenbogens der berühmte Kessel voll Gold stünde, der niemals leer wird. Dieser Weg erscheint mir tollkühn.

Ein nachhaltigerer Ansatz wäre, heute klimafreundliche Innovationen stärker zu subventionieren, ihnen einen politischen Rahmen zu geben und damit die Erträge von morgen zu sichern. Unser Land hat zwar keine Bodenschätze, aber eine Menge Grips – mit dieser Ressource sollten wir arbeiten.

Aktuell stagniert zum Beispiel die Zahl der Patente,[12] die in Deutschland jährlich angemeldet werden, auf zu niedrigem Niveau, um eine Trendwende für den Wohlstand von morgen herbeizuführen.

---

[12] https://www.dpma.de/dpma/veroeffentlichungen/statistiken/patente/index.html, Stand 12. August 2021

Anstrengungen von Unternehmen und Politik sind erforderlich, um gute Rahmenbedingungen für die wirtschaftliche Perspektive des Landes zu schaffen. Gerne, indem die Investitionsquote des Staates signifikant erhöht wird, aber eben auch die Forschungsausgaben der Unternehmen selbst.

China zum Beispiel erhöht die jährlichen Ausgaben für die Forschung um etwa 7 %, um Themenfelder wie die künstliche Intelligenz (KI), die Digitalisierung und viele weitere zukunftsorientierte Forschungsbereiche weiterzuentwickeln. Wenn wir da nicht abgehängt werden wollen, besonders im Hinblick auf künftige Abhängigkeiten von einem System, das mit 1,4 Milliarden Menschen eine Menge Power hat und durch den Staat die Individualrechte nicht so interpretiert, wie wir das in Europa machen, dann müssen wir in Europa unsere Investitionen vor allem in die Digitalisierung massiv ausbauen, nicht zuletzt auch, um unseren CO_2-Fußabdruck drastisch zu verkleinern. Wir brauchen europäische Antworten. Welche Ansätze ich da sehe, werde ich unter anderem in Kapitel VI näher beleuchten.

Gute Argumente dafür, dass Schuldenmachen kein Problem ist
Die aktuelle Zinssituation in Deutschland[13] ist eine Win-win-Situation für den deutschen Staat: Bei neuen Schulden muss er sogar weniger Geld zurückzahlen, als er aufgenommen hat. Wir befinden uns, was die Renditen vieler deutscher Staatsanleihen betrifft, immer noch im negativen Bereich. Ein Beispiel: Die jüngste Bundesanleihe rentierte im August 2019 mit −0,70 %, dann Mitte August 2021[14] mit −0,44 %. Diese dauerhafte Finanzierung, wie sie der Staat über Bundeswertpapiere, also neue Schulden und Steuereinnahmen, hat, haben wir Bürger*innen vergleichsweise über unseren Arbeitslohn, die Rente und Pensionseinnahmen etc. Viele wertvolle Tipps zu weiteren Einnahmemöglichkeiten findest du auch in meinem ersten

---

[13] November 2021
[14] https://www.bundesbank.de/resource/blob/772218/174e74cc0d383d63c60c5807 abf890dd/mL/rendbund-data.pdf, Stand 12. August 2021

Buch, beispielsweise dazu, wie du dir »passives Vermögen« aufbauen und durch die unterschiedlichsten Geldanlagen Einnahmen erzielen kannst, z. B. Aktien, Rohstoffe, ETFs oder auch Miete und Pacht.

Für viele Menschen hatte die Krise ein Schmelzen des Einkommens zur Folge. Bei einigen ist das Gehalt durch Kurzarbeitergeld oder die Schließung von Kinos, Theatern und anderen Einrichtungen teilweise bis ganz weggebrochen. Mit den entsprechenden Folgen – beinahe alle von uns kennen eine Person, die unmittelbar von der Coronakrise und den Folgen der Pandemie betroffen war oder aktuell ist. Um ihre Selbstständigkeit aufrechtzuerhalten oder ihre Mitarbeiter*innen zu bezahlen, haben sich viele Menschen verschuldet. Oft liefen Kosten wie Miete, Strom und weitere Betriebsausgaben gnadenlos weiter.

Für solche Fälle wurde die erwähnte Unterstützung des Staates angeboten, der sich recht einfach verschulden kann. Auch für Unternehmer*innen gab es durch die Staatshilfen doch zumindest eine teilweise Abfederung der Verluste und Einnahmeausfälle. Ganz auf der Strecke blieben jedoch die Privathaushalte. Seit Januar 2022 fordern Kommunen und Kreise die gewährten Überbrückungen und Gelder teilweise zurück. Das trifft bei den Betroffenen verständlicherweise auf wenig Akzeptanz, da ihre wirtschaftliche Situation zum Teil noch nicht wieder hergestellt ist und sie immer noch unter den finanziellen Folgen der Coronapandemie leiden.

Die Auswirkungen der Krise

Ich habe eine Bekannte namens Paula. Nach einem abgeschlossenen Bachelorstudium arbeitete sie als Vollzeitkraft in einem gut laufenden Café-Bar-Restaurant.

Dort in der Gastro erzielte sie vor der Krise inklusive Trinkgeld einen monatlichen Verdienst von umgerechnet 1700 € bis 1800 € netto. Ein harter Job, keine Frage. Aber mit Mitte zwanzig liebt Paula die Flexibilität, die diese Arbeit mit sich bringt, und sie mag den Kontakt zu Menschen. Außerdem lag, aufgrund der

Coronasituation, ihr geplantes Masterstudium in den USA ohnehin vorerst auf Eis.

Im März 2020 war mit ihrem Job vorerst Schluss. Sie erhielt eine Zeit lang Kurzarbeitergeld, bemessen an ihrem letzten Einkommen: ohne das Trinkgeld etwa 750 €. Schon bald war sie gezwungen, sich einen anderen Job zu suchen. Keine leichte Aufgabe in dieser Situation. Zeitweise half sie beim Spargelverkauf, pflückte und verkaufte Erdbeeren und lebte von erspartem oder geliehenem Geld. Der harte Lockdown des Winters 2020/21 gab Paula den Rest. Sie musste sich arbeitslos melden – mit allen finanziellen Folgen.

Mitte Juli 2021 bekam sie einen Impftermin, sie war keiner Risikogruppe zugeordnet. Wie viele in dieser Zeit war sie zwar dankbar dafür, kerngesund zu sein, aber eben auch dem Risiko einer möglichen Ansteckung ausgesetzt. Auch finanziell war es wenig rosig – aber einen Sparplan gab es noch. Vor der Pandemie hatte Paula begonnen, mit 35 € im Monat einen ETF zu besparen. Sie setzte ihn aus und verkaufte ihn schließlich, um sich über Wasser zu halten. Wir sprachen vor eine Weile, mittlerweile sehe es besser aus, zumindest was ihren Job im Café betreffe. Aber natürlich leidet ihr Trinkgeld unter der geringeren Zahl an Kund*innen, es liegt bei 60 % im Vergleich zum Jahr 2019. Paula kommt über die Runden, aber hat mittlerweile ein Minus von knapp 5000 €. Aus finanziellen Gründen ist also ihr Masterstudium in weite Ferne gerückt. Zusätzlich lässt ihre Bank keine Umschuldung zu, da sie trotz Vollzeitarbeit keine Festanstellung in dem Restaurant hat – sie ist freie Mitarbeiterin.

Die Bank schröpft sie nun also mit einem Dispokredit, der mit seinen rund 10,3 % Zinsen pro Jahr unerhört viel Geld kostet. Eine vergleichsweise günstige Variante wäre für Paula zum Beispiel ein sogenannter easyCredit, der läge bei ca. 4,99 % bis 5,99 % pro Jahr. Auch andere Ratenkredite gibt es zu günstigeren Konditionen. Nur ihre Bonität könnte Paula hierbei im Weg stehen.

Sie hat bereits darüber nachgedacht, ihr Konto in ein Pfändungsschutzkonto umwandeln zu lassen, kurz P-Konto. Damit könnte

sie ihre Einnahmen bis zu einer aktuellen Grenze von rund 1253 €
pro Monat sichern. Hiermit könnten die regelmäßigen Ausgaben
bezahlt werden, Posten wie Miete, Kleidung, Strom, Handy und
die Versicherungen.

Hast du schon mal vom P-Konto gehört? Man hört davon häufig
im Kontext der Schulden- und Schuldnerberatung. Das P-Konto schützt das finanzielle Existenzminimum vor etwaigen Gläubiger*innen.

Ein kleiner Exkurs in Sachen Schuldnerberatung

Auch wenn es bei Paula bisher nicht so weit gekommen ist, einer
viel zu großen Zahl von Menschen in Deutschland steht finanziell gerade das Wasser bis zum Hals. Manchmal auch leider noch
höher. Viele geraten schuldlos in die Schuldenfalle, und zwar nicht
weil – wie das Klischee und die Medien es oft suggerieren – sie
in die berüchtigte Konsumfalle getappt wären. Natürlich gibt es
die auch, häufiger jedoch besteht der Weg in die Schuldenfalle
aus einer Aneinanderreihung von kleineren und größeren Para-
metern – an deren Ende stehen unschöne Konsequenzen.

Als Schuldenfalle bezeichnet man landläufig eine Situation, in
der die Ausgaben einer Person deren Einnahmen regelmäßig signifikant übersteigen. Ende des Jahres 2020 galten in Deutschland rund
6,85 Millionen Menschen als überschuldet.[15] Eine Überschuldung
liegt vor, wenn das zur Verfügung stehende Einkommen eines
Privathaushaltes, also das Vermögen aller Haushaltsmitglieder,
trotz Reduzierung des Lebensstandards über einen längeren Zeitraum nicht ausreicht, um fällige Forderungen zu begleichen. So
ähnlich beschreibt es der dritte Armuts- und Reichtumsbericht
der Bundesregierung.[16]

---

[15] Ergebnis des Überschuldungsreports 2021, Institut für Finanzdienstleistungen
(iff) Hamburg gemeinsam mit Deutschland im Plus – der Stiftung für private
Überschuldungsprävention.
[16] BMAS – Bundesministerium für Arbeit und Soziales (2008), S. 49.

Beim Blick auf die Ursachen für diese Überschuldungen macht der Überschuldungsreport des iff-Instituts und der Stiftung Deutschland im Plus folgende Faktoren und Ursachen sichtbar:

- **Arbeitslosigkeit/Kurzarbeit** (22,77 %, VJ:[17] 19 %),
- **Einkommensarmut** (11,36 %, VJ: 12,4 %),
- **Krankheit** (11,22 %, VJ: 10,6 %)
- **Scheidung/Trennung** (9,74 %, VJ: 9,62 %)
- **gescheiterte Selbstständigkeit** (8,77 %, VJ: 9,4 %)
- **Konsumverhalten** (8,7 %)

→ Diese sogenannten großen sechs machen zusammen rund 72,56 % aus – der durchschnittliche Schuldenbetrag lag 2020 bei **14.167,48 Euro.**

Wer sind eigentlich die Hauptgläubiger*innen?

Mit 19,75 % entfällt der größte Anteil der Forderungssumme im Jahr 2020 auf die öffentlich-rechtlichen Gläubiger, darauf folgen Banken mit 19,42 %. 11,46 % der Forderungen entfallen auf Inkassounternehmen oder Rechtsanwält*innen. Im Sektor Telekommunikation belaufen sich die offenen Forderungen auf 10,86 %, 10,20 % auf sonstige gewerbliche Gläubiger*innen, 6,12 % entfallen auf Vermieter*innen und Strom- und Energieversorgungsunternehmen, 2,64 % auf den Versandhandel und 2,49 % auf Versicherungen.

Woran erkenne ich, dass ich überschuldet bin, und wie finde ich heraus, wie hoch?

Solltest du davon betroffen sein oder eine Person kennen, die es ist, erkennst du die betreffende Person vielleicht in einer der folgenden Beschreibungen wieder. Dann kannst du entsprechend meiner

---

[17] VJ: Vorjahr

Anregung weitere Schritte gehen, um aus der Situation herauszukommen. Denn Erkennen ist immer der erste Schritt in Richtung Problemlösung.

PHASE I – Coping-Strategien: Diese erste Phase zeichnet sich dadurch aus, dass du aus Geldnot bei privaten Konsumausgaben sparst, Vermögensgegenstände liquidierst, neue Kredite aufnimmst, dauerhaft deinen Dispokredit überziehst, Kredite mehrmals umschuldest, an immer mehr Stellen bei immer mehr Käufen eine Ratenzahlung oder Stundungen vereinbarst oder versuchst, durch eine Nebentätigkeit oder andere Maßnahmen dein Einkommen zu erhöhen.

Dann folgt in der Regel **PHASE II,** die relative Überschuldung: Sie liegt vor, wenn – so wie in Paulas Fall – auch die Auflösung deines Vermögens nicht ausreicht, um deine laufenden Verbindlichkeiten fristgerecht zu bedienen.

Wenn deine finanzielle Situation sich auch dann nicht signifikant verbessert, tritt die **PHASE III** der Überschuldung ein, die sogenannten harten Überschuldungszeichen: Das sind Zahlungsverzug, das Kündigen von Versicherungen oder Handyverträgen, Abgabe einer eidesstattlichen Versicherung, Kontenpfändung, Zwangsversteigerung, Pfändungsversuche für weitere Vermögensgegenstände, Kontokündigung, Eintragung in öffentliche Schuldnerverzeichnisse, andere negative Eintragungen und Vermerke bei Auskunfteien wie Creditreform oder der SCHUFA.

Natürlich haben diese Entwicklungen Auswirkungen auf dein Privatleben, und auch die eigene psychische Verfassung leidet darunter. In **PHASE IV** folgt nicht selten eine Trennung der Lebenspartner*innen oder gar eine Scheidung. Häufig folgen Depressionen bis hin zu Selbstmordgedanken.

Allerspätestens in diesem Moment sollte man eine Schuldnerberatung aufsuchen, die einem dabei hilft, sich in Sachen Schulden zu sortieren und zurechtzufinden. Es gilt jetzt an oberster

Stelle, mit den Gläubiger*innen mögliche außergerichtliche Einigungen zu erzielen und sich in weiteren Beratungsterminen Unterstützung zu holen. Auch ein Verbraucherinsolvenzverfahren ist möglich. In dem gilt es zu regeln, wann und wie ein Eröffnungsantrag oder ein Eröffnungsbeschluss zu terminieren ist, wann die Wohlverhaltensperiode beginnt und endet und wann es eine Erteilung der Restschuldbefreiung geben kann. Als Wohlverhaltensphase bezeichnet man den Zeitraum, in dem Schuldner*innen den Überschuss ihres Nettoeinkommens oberhalb der Pfändungsfreigrenze an die Treuhänder*innen des Insolvenzverfahrens abführen.

Die Dauer dieser Periode, beziehungsweise die Dauer des Insolvenzverfahrens, beträgt seit dem 17. Dezember 2020 drei Jahre. Danach sind Schuldner*innen in der Regel all ihre Schulden los und können noch mal ganz von vorne anfangen. Alle negativen Einträge sind dann aus den Auskunfteien gelöscht und man ist in Sachen Bonität ein unbeschriebenes Blatt. Also keine schlechte Möglichkeit – in so manchem Fall sogar die einzig richtige.

PaTrick: Ich hoffe inständig, dass du für dich die richtigen Lösungswege findest, um dich aus einer eventuell brenzligen finanziellen Situation herauszuarbeiten, und möchte dir hierfür mit meinen Tipps und Ratschlägen eine Basis anbieten. Es klingt fast zu schön, um wahr zu sein, aber aus eigener Erfahrung kenne ich die Zauberformel: kommunizieren! Es ist oft unangenehm, aber hilft ungemein, wenn du deine Gläubiger*innen über deinen aktuellen, hoffentlich vorübergehenden Engpass informierst. Am besten so schnell wie möglich, aber auch wenn du selbst schon eine kleine oder große Weile darüber Bescheid weißt – denn besser spät als nie! Egal ob bei Banken, den Stadtwerken, Versicherungen oder Telefongesellschaften – überall arbeiten Menschen, und die meisten von ihnen versuchen erfahrungsgemäß, so kulant und zugewandt zu sein, wie es nur irgendwie geht. Was du stets beherzigen solltest, ist, dass du selbst freundlich und respektvoll mit ihnen umgehst, auch wenn du noch so emotional und angespannt bist und die Schulden enorm auf dein Gemüt drücken.

Finanzielle Hilfe für solide Unternehmen? Oder werden hier Zombieunternehmen künstlich am Leben gehalten?

Hast du schon mal den Begriff »Zombieunternehmen« gehört? Wenn ja, erinnerst du dich noch, wann das war? Man spricht landläufig vom Zombiefirmen und Zombieunternehmen, wenn ein Unternehmen unwirtschaftlich und unrentabel arbeitet und nur noch durch sehr günstige Kredite von Banken oder dem Staat »am Leben« gehalten wird.

Die Ursachen für die finanziellen Schieflagen von Unternehmen sind mannigfaltig. Von internen Ursachen spricht man beispielsweise, wenn das Geschäftsmodell des Unternehmens nicht mehr funktioniert und nicht von ausreichend vielen Kund*innen nachgefragt wird. Oder wenn das Unternehmen strukturell ineffizient wirtschaftet und eigene Liquidität verschwendet, z. B. durch fehlerhafte unternehmerische Entscheidungen, zu hohe Gehälter oder andere Faktoren. Äußere Einflüsse können zum Beispiel unvorhersehbare Krisen und Naturkatastrophen sein, die das Geschäftsmodell oder die Lieferketten beeinflussen und damit das operative Geschäft negativ beeinträchtigen.

Bereits vor der Coronapandemie gab es Unternehmen, die nur weiterexistieren konnten, weil sie von billigem Geld künstlich am Leben gehalten wurden. Unter normalen Umständen wären solche Unternehmen längst in die Insolvenz gegangen und abgewickelt worden. Mit zwei Vorteilen: Zum einen wären die entsprechenden Gelder des Staates frei für gesunde und innovative Unternehmen, zum anderen würden mögliche noch profitable Geschäftszweige in maroden Firmen an Wettbewerber*innen veräußert und könnten dort eine gewisse Renaissance erfahren, ebenso wie patentes, qualifiziertes Personal.

Aber bis das so weit ist, beobachten wir weiter die Existenz von Zombieunternehmen – vor allem unter dem Deckmantel der jeweiligen Krisen. Einige solcher Fälle existieren sogar, da in den jeweiligen Branchen schlichtweg der politische Wille zur Reform oder Technologisierung fehlt. Dinge sollen so bleiben »wie früher«, der Mensch tut sich schwer mit Veränderungen, Anpassungen und Neuem – wenngleich ich, neben all dem Schmerzlichen, auch immer die großen Chancen sehe, die Wandel und Transformation mit sich bringen. Nun, das muss man mal einem Kohlekumpel in der Lausitz sagen, der mit dem Verlust seines Jobs bis spätestens 2038 auch ein Stück seiner Identität verlieren wird.

Welche Schlüsse wir aus der Betrachtung von Schulden ziehen können

Schulden machen ist niemals angenehm. Ich meine in erster Linie »richtige« Schulden, also keinen Kredit oder Verbindlichkeiten, die du zurückzahlst und regelmäßig bedienen kannst. Diese sind nämlich gang und gäbe, sie gehören zum Leben dazu. Die »echten« Schulden aber können eine große emotionale Belastung sein, Ängste verursachen und uns nicht selten sogar lähmen. Als Teenager hatte ich selbst mit solchen finanziellen Sorgen zu kämpfen, meine Familie stand nach der Insolvenz des Unternehmens meines Vaters vor dem Nichts. Aber so hart diese Situationen sein können, mit Neugier, Fleiß und Beharrlichkeit könnt auch ihr da herauskommen. Tipps zur Entschuldung und Informationen zur Privatinsolvenz hast du nun schon und kannst sie vielleicht auch an betroffene Kolleg*innen oder Bekannte weitergeben.

Ganz wichtig dabei: Das Wort »Schuld« in einem moralischen Kontext ist hier unpassend und wenig hilfreich. Warum? Die Schuldfrage impliziert einen Grund in Form einer Person oder eines Auslösers, der zu den Schulden geführt hat. Bei näherer Betrachtung sind aber in der überwiegenden Zahl der Fälle viele Faktoren zusammengekommen und mehrere handelnde Personen involviert gewesen. Der erste Schritt, um das Ganze anzupacken: Verantwortung übernehmen! Alle für ihren Teil. Dann kann der Startschuss fallen und du kommst wieder auf die Füße.

IV. Grüne Investments und grüne Sanierungen

Auf dem Weg in eine grüne Zukunft

So manche von uns kämpfen auch weiter mit den finanziellen, emotionalen und gesundheitlichen Folgen der Coronapandemie. Mir kommt »Long Covid« nicht einfach vor wie ein Begriff, der die Langzeitfolgen einer SARS-CoV-2-Erkrankung bezeichnet, sondern beinahe wie die Bezeichnung eines »Aggregatzustands«, der auf vielen Ebenen die gravierenden Folgen der vergangenen Jahre beschreibt.

Im Februar und März 2020 habe ich wie viele mit dem Schlimmsten gerechnet, hatte nicht nur Angst vor einer Ansteckung und deren Folgen, sondern natürlich auch vor wegbrechenden Berufsperspektiven. Als Event- und Veranstaltungsmoderator, als der ich ungefähr 70 % meines Jahresumsatzes bestreite, musste ich einige Absagen, vor allem die großer, lukrativer Veranstaltungen, verkraften. Glücklicherweise erschien im Juni 2020 mein erstes Buch, *Geld kann jeder & du jetzt auch*, und hat mir auch durch seinen großen Erfolg beruflich wieder neue Türen geöffnet. Eine große Erleichterung, aber auch eine Verpflichtung – die Nachfrage zeigte, wie wichtig solche Informationen aktuell für viele Menschen sind, und animierte mich, zusätzlich zu den Finanzbasics tiefer einzusteigen. Denn es wurde schnell klar, dass nach der Coronakrise nicht Schluss ist – schon bald würde eine noch größere Herausforderung auf uns alle warten: der Klimawandel.

Während im November 2021 in Glasgow beim Klimagipfel darum gerungen wurde, wie das 1,5-Grad-Ziel[18] des Pariser Klimaabkommens zu erreichen ist, frage ich mich natürlich ebenfalls, was ich, was du, was wir alle tun können, um unseren Beitrag zur Erreichung dieses Ziels zu leisten. Gibt es da überhaupt etwas? Ist Deutschland mit seinen rund 2,4 % des weltweiten CO_2-Ausstoßes

---

[18] Basis ist das vorindustrielle Zeitalter.

überhaupt entscheidend und lohnen die Anstrengungen und die künftigen Veränderungen und Einschränkungen? Zum Vergleich: Die größten CO_2-Klimaschädlinge sind: China mit 24,6 %, die USA mit 15,9 % und Indien mit 6,9 %. Wir hier in Deutschland sind zwar »nur« rund 82 Millionen Menschen, also ca. 1 % der Weltbevölkerung, aber beim Ausstoß an klimaschädlichem CO_2 mit ca. 7,75 Tonnen pro Kopf immerhin auf Platz 11 der verglichenen Länder.[19] Wie sich das in den vergangenen Jahren entwickelt hat, verdeutlicht dir die folgende Grafik etwas genauer.

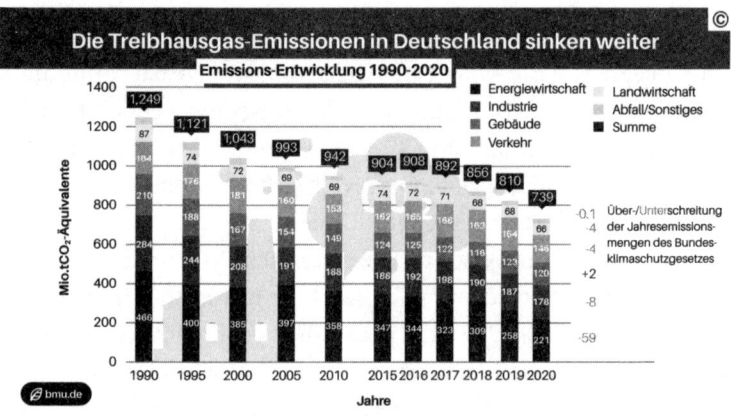

Die Treibhausgas-Emissionen in Deutschland sinken weiter. Das Balkendiagramm zeigt die Entwicklung der gesamten Treibhausgasemissionen nach Sektoren von 1990 bis 2020. Es ist ein Abwärtstrend zu verzeichnen: Von 1990 bis 2020 sind die Treibhausgasemissionen von 1249 Millionen auf 739 Millionen Tonnen CO_2-Äquivalente gesunken.

Natürlich spreche ich insgesamt von einer Anpassung unserer Lebens- und Konsumgewohnheiten. Aber eben auch davon, wie wir unser Geld einsetzen können, um zu gestalten, zu beeinflussen und die Weichen in die richtige Richtung zu stellen, damit wir am Ende durch die Folgen des Klimawandels und der veränderten

---

[19] https://de.statista.com/statistik/daten/studie/167877/umfrage/co-emissionen-nach-laendern-je-einwohner, Stand 1. November 2021

Wetterlagen, Niederschlagsmengen und Trockenheiten keinen Schiffbruch erleiden. Hier ist ein genauerer Blick auf das, was die EU und ihre Kommissionspräsidentin bereits auf den Weg gebracht haben, und auf das, was noch in der Schublade liegt.

Green Deal 2050 – was bedeutet »klimaneutral« eigentlich?

Vielleicht hast du 2019 oder in den Folgejahren vom European Green Deal gehört? Am 11. Dezember 2019 stellte die damals noch neue EU-Kommissionspräsidentin Ursula von der Leyen von der CDU diesen Green Deal vor. Ziel war und ist es, den europäischen Kontinent samt Wertschöpfung, Unternehmen und Verbrauchern bis zum Jahr 2050 klimaneutral umzubauen.

Der Ausdruck »Green Deal« spielt auf den New Deal an, den die US-Administration von 1933 bis 1938 unter US-Präsident Franklin D. Roosevelt mit dem Schwerpunkt auf Wirtschafts- und Sozialreformen durchsetzte. Damals stockte die Wirtschaft rund um den Globus aufgrund der Folgen der Weltwirtschaftskrise von 1929. Ein Aufbruch war nötig – die Menschen in den USA brauchten wieder Jobs. Reformen mussten her, um das Land zukunftsfähig zu machen.

Ähnlich wie heute, nur wird die Freiheit künftiger Generationen mittlerweile auch an der Entwicklung des Klimas und den Folgen des Klimawandels für die Umwelt bemessen und ausgerichtet. Bei der Pariser UN-Klimakonferenz im Jahr 2015 verständigte man sich auf die Einhaltung eines 1,5-Grad-Ziels, gekoppelt an den Ausstoß von Treibhausgasen. Sechs Jahre später auf dem Treffen in Glasgow versuchte man, die Lippenbekenntnisse in handfeste politische und unternehmerische Entwicklungen münden zu lassen, wie es eben der Green Deal der EU mithilfe von Konzepten und Strategien vorsieht. Grundlegend geht es um den Wandel der Industriegesellschaften hin zu ökologischen Wirtschaftsgesellschaften.

Dafür bedarf es der Entwicklung und Förderung innovativer und umweltfreundlicher Rahmenbedingungen bei gleichzeitiger Berücksichtigung der sozialen Gerechtigkeit. Neben dem Umweltschutz an sich ist das einer der zentralen Punkte, den die Politik und auch wir als Gesellschaft in den kommenden Jahren zu bewältigen haben. Die Frage, wie wir es schaffen, möglichst viele Menschen mitzunehmen und eine Balance aus klimafreundlichem Verhalten und Konsum zu erzielen, ohne die finanziellen Bürden der Einzelnen zu groß werden zu lassen. Der Umbau unserer Gesellschaft hin zum klimakonformen Handeln muss gleichzeitig die wirtschaftlichen Unterschiede und Leistungsfähigkeiten der Bürger*innen anerkennen und berücksichtigen.

Wie die unten stehende Grafik deutlich zeigt, sind es vor allem die wohlhabenden Teile der Gesellschaft, die für den CO_2-Ausstoß verantwortlich sind. National wie auch global haben die finanziell am besten gestellten 10 % der Menschen den größten Anteil am schädlichen CO_2-Ausstoß.

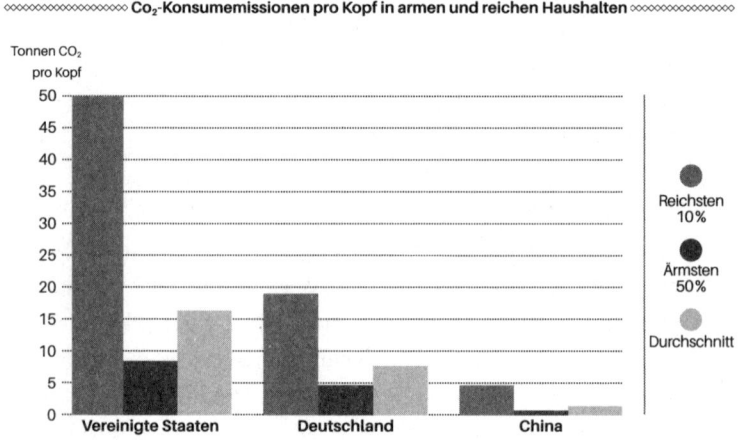

∞∞∞∞∞∞∞∞∞∞∞∞∞ **Co_2-Konsumemissionen pro Kopf in armen und reichen Haushalten** ∞∞∞∞∞∞∞∞∞∞∞∞∞

Wo stehen wir in Deutschland auf dem Weg zur Klimaneutralität?

Beim Hinarbeiten auf die Klimaneutralität einer Gesellschaft spielt das Konsumverhalten eine zentrale Rolle. Je nachdem wofür wir unser Geld ausgeben, erzeugen wir einen CO_2-Fußabdruck. Mit einem bewussten individuellen Konsumverhalten können wir den Ausstoß an klimaschädlichen Treibhausgasen also steuern und reduzieren.

Exemplarisch verdeutlicht die unten stehende Grafik die Entwicklungen in den jeweiligen Teilbereichen unseres Konsumlebens. Betrachtet werden unter anderem Flugreisen, Individualverkehr mit dem Pkw, ein erhöhter Fleischkonsum, Kleidung und Smartphones.

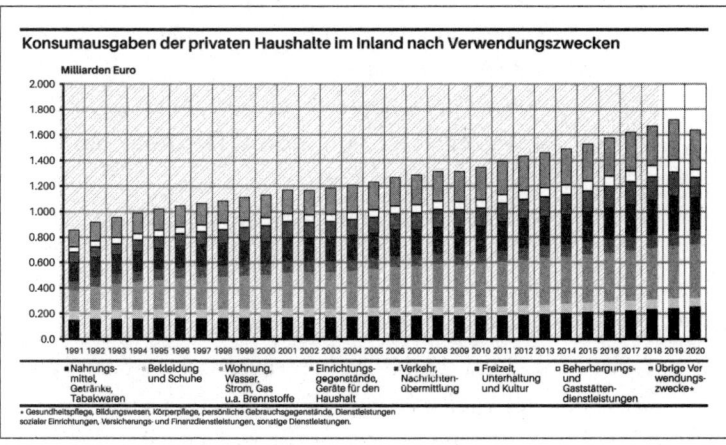

Lösungsansätze und Innovationsvorschläge
Um ein Problem in den Griff zu kriegen, ist es zunächst wichtig, es zu erkennen und zu benennen. Auch auf dem Weg zur Klimaneutralität ist das nicht anders.

Nicht nur Unternehmen und die Politik müssen Weichen stellen, Rahmenbedingungen vorgeben und sich an Verträge halten, auch für uns ist es wichtig, einmal zu prüfen, wie es um unseren eigenen CO_2-Footprint bestellt ist.

Kleine To-do-Liste zum eigenen CO_2-Ausstoß

Nimm dir gleich einmal Zettel und Stift zur Hand, denn es gibt jetzt eine kleine Übung. Mit ihr kannst du schwarz auf weiß herausfinden, wie es um dein persönliches Konsumverhalten bestellt ist. Das ist nicht wertend gemeint, sondern soll den Status quo abklopfen. Denn ein Bewusstsein für das eigene Verhalten und die eigenen Bedürfnisse ist ein erster Schritt dahin, hier und da Verhaltensweisen zu überdenken und Anpassungen anzustoßen:

Notiere folgende Punkte und die entsprechenden Antworten:

- **Mobilität:**
  - Hast du ein Auto? – Ja/Nein
  - Hast du das Auto neu oder gebraucht gekauft, oder es geleast?
  - Wie viele Kilometer pro Jahr fährst du in etwa?
  - Was nutzt du zum Reisen? Das Auto, das Flugzeug oder den Zug?
  - Wie oft und für wie viele Kilometer nutzt du ein Fahrrad pro Woche?

- **Ernährung:**
  - Wo gehst du Lebensmittel einkaufen?
  - Nutzt du dafür eine wiederverwertbare Tragetasche?
  - Wie oft pro Woche isst du Fleisch?
  - Aus welcher Haltungsform stammt das Fleisch? Kaufst du auf dem Biohof/Biomarkt?
  - Isst du vegetarisch oder vegan?

- **Energie:**
  - Wie hoch sind deine Stromkosten?
  - Wie heizt du? Mit Strom, Gas, Öl oder Alternativen?
  - Bist du bei einem Ökostromanbieter?

- Erzeugst du mit einer Photovoltaikanlage selbst Strom?
- Wie viele mobile Endgeräte hast du und wie oft nutzt und lädst du sie pro Woche?
- Welche Geräte hast du im Haushalt und welche davon benutzt du regelmäßig? Kühlschrank, Tiefkühltruhe, TV, PC, Waschmaschine, Trockner, Spülmaschine?

- **Konsum:**
  - Kaufst du Kleidung grundsätzlich neu? Wie viele Teile im Jahr legst du dir zu und wo kaufst du sie? Bestellst du eher oder gehst du eher ins Geschäft?
  - Verkaufst oder verschenkst du getragene Kleidung weiter?
  - Wie sieht es mit Möbeln aus? Wann gab es zuletzt neue Einrichtungsgegenstände oder Deko?

Anregung: Ich weiß nicht, wie es dir grundsätzlich beim Thema Nachhaltigkeit geht, aber als ich angefangen habe, mich intensiv mit dem Thema zu beschäftigen, hat das meine Neugier geweckt und ich habe plötzlich Lust bekommen, nicht nur über klimaneutrale Finanzen zu sprechen und zu recherchieren, sondern auch mein Alltagsverhalten unter die Lupe zu nehmen.

Als fünfköpfige Familie haben wir uns schon lange gefragt, wie sehr wir eigentlich durch unser eigenes Konsumverhalten einen Unterschied machen könnten und ob so was im Kleinen funktioniert.

Als kleine Hilfestellung gibt es im Internet Rechner, mit denen du deinen ganz persönlichen durchschnittlichen CO_2-Ausstoß kalkulieren kannst. Du kannst sogar Klimaprojekte unterstützen und deinen CO_2-Ausstoß kompensieren. Oder sogenannte Klima-Urkunden kaufen und den Klimaschutz ganz aktiv angehen.

Anbieter sind u. a. die Climate Company[20] und myclimate Deutschland[21]. Sie bieten sowohl Einzelpersonen als auch Unternehmen Unterstützung bei der Kompensation ihres CO_2-Ausstoßes an. Einfach mal ausprobieren! Natürlich ist diese Diskussion generell recht abstrakt und unkonkret. Aber sollten die Energiepreise zukünftig mit einer steigenden CO_2-Abgabe pro Tonne versehen werden, ist der finanzielle Anreiz dafür groß, hier und da seine lieben Gewohnheiten zu verändern. Natürlich der Umwelt zuliebe, aber auch ganz klar für das eigene Portemonnaie, oder?!

Nachhaltiges Investieren am Kapitalmarkt – wie weit sind wir?

Nachhaltiges Investieren ist keine neue, fünf, sechs Jahre alte Sache. Bereits in den 1990er-Jahren gründete sich in der Schweiz das Finanzdienstleistungsunternehmen SAM – Sustainable Asset Management, ein Name, der allerdings damals wahrlich eine Nische besetzte. Die Firma mit Sitz in Zürich bot neben der Vermögensverwaltung auch Index- und Private-Equity-Produkte an, die auf Nachhaltigkeit und Klimasensibilität ausgerichtet waren.

Produktthemen waren: gesundes Leben, Landwirtschaft, Energie, Wasser und natürlich Klima. Auf das Engagement von SAM geht die Lancierung der Dow Jones Sustainability Indizes (DJSI) zurück sowie die des ersten globalen Wasserfonds 2001 und des Smart Energy Fund 2003. Im Jahr 2001 wurde die Firma das erste klimaneutrale Unternehmen der Schweiz.

Seitdem hat sich eine Menge getan, aber eben noch nicht genug, denn Nachhaltigkeit im Finanzsektor oder bei nicht von Grund auf klimasensiblen Unternehmen ist nicht leicht zu bewerten.

---

[20] www.climate-company.de
[21] de.myclimate.org/de

Die Problematik ist, dass jede Bank, jede KVG momentan ausschließlich mit eigenen Nachhaltigkeitskriterien agiert, diese überwacht und Richtlinien festlegt. Viele machen das sehr ambitioniert, in manchen Fällen steht aber der Verdacht des Greenwashings im Raum. Was noch fehlt, sind einheitliche gesetzliche Standards, die es uns als Investor*innen erlauben, genauestens zu überprüfen, wie grün denn Fonds, ETFs, Unternehmen und Finanzanlagen sind und wie sich die Investitionen in solche grünen Finanzprodukte auf unsere Umwelt genau auswirken und diese positiv beeinflussen. Dadurch sind die uns angebotenen Produkte nur sehr schwer miteinander vergleichbar, und wir sind darauf angewiesen, dass es die Banken und Emittenten wirklich ernst meinen. Die meisten tun das Gott sei Dank, und ich werde auf die aktuelle Situation im Verlauf des Kapitels auch noch einen genaueren Blick werfen.

Wichtig sind auch grüne Kriterien in der Produktion und bei den entsprechenden Lieferketten und die Frage, wie Unternehmen zu einem Wertschöpfungsprozess mit ökologischen Standards gelangen können. Denn was nutzt es, wenn die Verkaufsplattform in Deutschland strenge Kriterien erfüllt, die aber beispielsweise am Produktionsort in Fernost nicht eingehalten werden können?

Die grundlegende Entwicklung zu einem ökologisch sensibleren Finanz- und Kapitalmarkt ist im vollen Gange und wir haben uns gemeinsam auf den Weg gemacht. Zeit, mal zu schauen, wo wir gerade stehen, was schon gut läuft, wo es vielversprechende Ansätze gibt und wo wir noch unsere Hausaufgaben zu machen haben.

Taxonomie der EU-Kommission und die Folgen für den Finanzbereich

Einer der aktuell wichtigen Begriffe im Zusammenhang mit grünen Investments und Geldanlagen ist die EU-Taxonomie, ein EU-Klassifizierungssystem für Nachhaltigkeit. Sie beschreibt die Regeln und Anforderungen der EU-Kommission im Hinblick auf ökologisches Wirtschaften und Investieren eines Unternehmens und schlüsselt sie auf. Ziel ist es, eine Klassifizierung für ökologisch nachhaltige Wirtschaftsaktivitäten zu schaffen.

Inhalt der EU-Taxonomie ist eine Liste ökologisch nachhaltiger Wirtschaftsaktivitäten, um folgende Umweltziele zu erreichen:
- Klimaschutz
- Anpassung der Geschäftstätigkeit an den Klimawandel
- nachhaltige Nutzung/Schutz von Wasser- und Meeresressourcen
- Aufbau & Übergang zu einer Kreislaufwirtschaft
- Vermeidung & Verminderung von Umweltverschmutzung
- Schutz & Wiederherstellung von biologischer Vielfalt und Ökosystemen

Es gibt vier wesentliche Aspekte, die die EU-Kommission als ökologisch nachhaltig ansieht:
- Erfüllung der EU-Umweltziele mit einem wesentlichen Beitrag
- Einhaltung minimaler sozialer Sicherheitsstandards
- Berücksichtigung anderer EU-Umweltziele
- Erfüllung technischer Bewertungskriterien

Künftig werden Unternehmen dazu angehalten sein, transparent zu machen, inwieweit ihre Aktivitäten die obigen Kriterien und Vorgaben berücksichtigen.

Nicht-Finanzunternehmen müssen folgende Angaben bereitstellen:
- den Anteil ihrer Umsatzerlöse, der mit ökologisch nachhaltigen Wirtschaftstätigkeiten verbunden ist;
- den Anteil ihrer Investitionsausgaben und, soweit zutreffend, den Anteil der Betriebsausgaben, die für ökologisch nachhaltige Wirtschaftstätigkeiten getätigt wurden.

Für die Finanzberatung, also das typische Kundenberatungsgespräch, ergibt sich zudem ab Mitte 2022 eine nachhaltige Veränderung: Eine aktive Berücksichtigung der Nachhaltigkeitspräferenz der Kund*innen ist dann ein fester Bestandteil eines solchen Gesprächs.

Die Grundlage dafür ist die Offenlegungsverordnung der EU vom Dezember 2019,[22] also eine Veröffentlichungspflicht der Finanzmarktteilnehmer zur Nachhaltigkeit ihrer Investitionsentscheidungen.

Folgende Unterpunkte finden besondere Berücksichtigung:

- Unternehmensstrategie zur Einbeziehung von Nachhaltigkeitsrisiken bei Investitionsentscheidungsprozessen
- Die wichtigsten nachteiligen Auswirkungen von Investitionsentscheidungen auf Nachhaltigkeitsfaktoren bei Investitionsprozessen
- Nachhaltigkeitsrisiken bei der Vergütungspolitik
- Vorvertragliche Informationen und Informationen auf Internetseiten zu»normalen« Finanzprodukten
- Vorvertragliche Informationen und Informationen auf Internetseiten, in denen Finanzprodukte aufgrund ökologischer oder sozialer Merkmale beworben werden
- Informationen in regelmäßigen Berichten, in denen Finanzprodukte aufgrund ökologischer oder sozialer Merkmale beworben werden (bzw. nachhaltige Investitionen)
- Aktualität der Informationen
- Kohärenz obiger Veröffentlichungen zu Marketingunterlagen

Zwischenbemerkung

Du siehst, hier wirken eine ganze Menge komplexer Zusammenhänge – ich sehe förmlich dein Stirnrunzeln. Klar fragst du dich, ob eine Beratung in der Bank wohl noch komplizierter wird. Nun, ich sage mal: Jein! Bei der Thematik ist es wichtig zu wissen, dass Unternehmen und Banken nicht so eindeutig ökologisch agieren und handeln wie ein Biobauernhof, auf dem du dich persönlich davon überzeugen kannst, dass die Tiere mit einem Lächeln im Stall stehen und auch Gemüse und Obst ohne Chemie und Pestizide angebaut werden. Außerdem gibt es in der Lebensmittelindustrie

---

[22] https://eur-lex.europa.eu/legal-content/DE/ALL/?uri=CELEX:32019R2088

zur Orientierung Biosiegel, die uns als Kund*innen mit einem guten Gewissen bestimmte Produkte konsumieren lassen.

In der Finanzbranche ist man mit Hochdruck dabei, ähnliche Standards zu etablieren.

In meiner Heimatstadt Frankfurt passiert im Hinblick darauf gerade eine Menge. Die Mainmetropole hat den Zuschlag für das neue International Sustainability Standards Board (ISSB) erhalten, das künftig weltweite Mindeststandards für nachhaltige Finanzberichterstattung festlegen soll. Der Sitz des Boards und das Büro werden in Frankfurt angesiedelt. Auch in Kanadas Finanzmetropole Montreal werden weitere Funktionen des Boards ihren Sitz haben.

Die Entscheidung wurde auf der Klimakonferenz in Glasgow (COP26) bekannt gegeben. Das neue ISSB arbeitet unter dem Dach der International Financial Reporting Standards Foundation (IFRS-Stiftung). Die Stiftung hat sich zum Ziel gesetzt, verständliche, durchsetzbare und weltweit anerkannte Rechnungslegungsstandards zu entwickeln.

Bisherige ESG-Ratings und ihre Rolle

Du hast sicher schon mal von Standard & Poor's gehört oder von Moody's oder Fitch? Diese drei sind die bekanntesten Ratingagenturen, wenn es um die Bonitäten von Staaten, Banken und Unternehmen weltweit geht. Ihre Ratings sind wichtige Bestandteile in der Bewertung und der Beurteilung bei der Festlegung ihres Werts und dem möglichen Ausfallrisiko sowie der Vergabe von Krediten. In *Geld kann jeder & du jetzt auch* bin ich bereits sehr detailliert darauf eingegangen.

Beim Thema nachhaltige Geldanlage gibt es ähnliche Bestrebungen in Richtung solcher Ratings, allerdings ist die Sache hier aufgrund der fehlenden global gültigen Standards komplexer. Es gibt den sogenannten ESG-Score. Was das genau ist, möchte ich hier kurz skizzieren, denn er ist richtungsweisend für die Beurteilung der Entwicklung der ISSB. By the way, die

»Bonitäts-Platzhirsche« unter den Ratingagenturen kommen nicht in die Top drei der ESG-Ratingagenturen. Diese sind MSCI, Sustainalytics und ISS ESG. Letztere wurden von der Deutschen Börse Group Ende 2020 übernommen.

Die europäische Finanzaufsicht bezeichnet die aktuellen Bestrebungen als richtig. Auch sie unterstütze ausdrücklich die Festlegung von Standards, die Bemühungen gingen ihr jedoch noch nicht weit genug.

Welche Ratings und Kriterien dich interessieren könnten

Bei den Überlegungen, dein Geld in nachhaltigen Fonds anzulegen, spielen ESG-Score und Ratings bestimmt eine Rolle. Wichtig ist auch, um welche Art Fonds es sich im Sinne der Offenlegungsverordnung handelt. Hier gibt es große Unterschiede. Ich will das Wichtigste kurz zusammenfassen.

Kriterien und Produktkategorien für Nachhaltigkeitsfonds

Die Sustainable Finance Disclosure Regulation ist eine EU-Verordnung aus dem Jahr 2021. Sie teilt Produkte in drei Kategorien ein, basierend auf den ESG-Kriterien, die im Anlageprozess angewendet werden: Artikel 9, Artikel 8 und Artikel 6. Es gibt drei Nachhaltigkeitsgewichtungen von Fonds, sie fallen unter Artikel 6. Diese Fonds legen keinen expliziten Wert auf Umwelt- oder Ethikaspekte. Artikel-8-Fonds sind solche, die ökologische oder soziale Kriterien im Investmentprozess berücksichtigen. Artikel-9-Fonds sind »dunkelgrüne« Fonds, die explizite Nachhaltigkeitsziele verfolgen. Zu diesen Impact-Investing-Fonds später mehr. Ihre Kapitalverwaltungsgesellschaften (KVG) und Manager*innen nehmen gezielt Einfluss auf die Unternehmensführung und die Investitionsentscheidungen einer Aktiengesellschaft und verändern damit die Welt hin zu mehr Ökologie und Fairness.

Je nachdem ob ein Fonds unter Artikel 6, 8 oder 9 fällt, muss er unterschiedlich strenge Offenlegungspflichten erfüllen. Die Anbieter*innen stufen ihre Produkte selbst ein und müssen diese

Bewertung im Verkaufsprospekt kenntlich machen. Natürlich haben die Fondsgesellschaften beim aktuellen Trend zu nachhaltigen Investments ein großes Interesse daran, möglichst viele Produkte als nachhaltig zu klassifizieren.

Ein hoher ESG-Score bzw. ein hohes Rating gemäß der EU-Verordnung lässt sich gut vermarkten, weil das nach außen wie eine Art Gütesiegel wirkt.

Hier ist allerdings etwas Vorsicht geboten – erst einmal handelt es sich ja lediglich um eine Aussage zur Offenlegung von Kriterien, nicht zur tatsächlichen Qualität. Ob Fondsanbieter*innen ihre Transparenzpflichten erfüllen, kontrollieren Wirtschaftsprüfer*innen und Aufsichtsbehörden erst im Nachhinein.

Für dich als Investor*in ist wichtig, dass du dir zum Zeitpunkt deiner Investment-Entscheidung die Einstufung der von dir gewählten Fonds genauer anschaust. Sind sie Fonds der Artikel 6, 8 oder 9? Und es gibt auch noch eine gute Nachricht zum Schluss: Diese Fonds werden mehr. Für Unternehmen werden die ESG-Score-Kriterien immer wichtiger. Immerhin ermöglichen sie ihnen eine günstige Kreditaufnahme. Je nachhaltiger, klimafreundlicher und sozialer ein Unternehmen künftig handelt, produziert und bezahlt, desto günstiger die Konditionen.

Was ist Greenwashing und welche Problematiken stecken im Detail?

Bestimmt hast du schon von Greenwashing gehört. In einem ziemlich prominenten Fall des Jahres 2021 wurde bei der DWS, der Fondstochter der Deutschen Bank in New York, die ehemalige Nachhaltigkeitschefin Desiree Fixler nach nur acht Monaten im Amt gekündigt. Sie hatte den Medien berichtet, dass die DWS ihre Anlageaktivitäten in der Öffentlichkeit deutlich grüner darstellte, als sie ihrer Auffassung nach tatsächlich waren. Und damit sind wir beim Problem.

Bilanzkennzahlen, Risikomanagementzahlen & Co. sind messbar, können kalkuliert und nachvollzogen werden. Sie unterliegen eindeutigen Regeln und Standards. Beim Thema Nachhaltigkeit gibt es diese Eineindeutigkeit jedoch noch nicht. Es gibt Kriterien, ESG-Scores, Vereinbarungen und eine Menge Absichtserklärungen – aber so eindeutig ist die grüne Welt eben noch nicht. Währenddessen wächst jedoch das Interesse an grünen Kapitalanlagen, Anleger*innen wollen ihr Kapital ökologisch sinnvoll und moralisch einwandfrei anlegen. Wenn Anlage- und Fondsgesellschaften ihr Portfolio dann als dunkelgrün ausweisen, dieses aber, um im Farbkasten zu bleiben, eigentlich nur hellgrün ist, nennt man das Greenwashing.

Durch Greenwashing will eine Fondsgesellschaft sich selbst ein grüneres Image verleihen, um weiteres Kapital anzuziehen, das grüne Investments sucht. Es ist wie in der Lebensmittelwerbung, in der so manches Produkt beworben wird, das bei genauerem Hinsehen nicht mehr dem markigen Claim entspricht. Bei Fonds kann ein Unternehmen in einem Portfolio außerordentlich grün wirken, während der Rest daneben eher konventionell und nicht so nachhaltig daherkommt.

Um den Fall der DWS noch mal zu beleuchten: Im Geschäftsbericht des Jahres 2020 wurden 459 Milliarden Dollar, also mehr als 50 % der Assets, mit einem sogenannten ESG-Integrationsansatz ausgewiesen. Fixler gibt an, dass diese Summe jedoch vonseiten der Fondsmanager*innen teilweise nicht korrekt überprüft worden sei.

In diesem Konflikt zwischen der DWS und ihrer Ex-Mitarbeiterin geht es vornehmlich um Definitionsfragen und Auslegungsaspekte. Ich habe den Geschäftsbericht tatsächlich mal auf die unterschiedlichen Interpretationen hin durchleuchtet und Informationen gefunden, die uns »normale« Anleger*innen verwirren könnten. Dennoch stellt sich immer auch die Frage, wie vorsätzlich oder fahrlässig Fehler begangen werden. Denn tatsächlich ist es aktuell noch ein sehr manueller und mühsamer Arbeitsschritt, zu validieren, inwieweit ein Unternehmen oder ein Projekt den komplexen ESG-Anforderungen wirklich entspricht.

Bei all den schönen, griffigen Bezeichnungen fehlt die Ein-Eindeutigkeit von Kriterien. Damit hat nicht nur das Greenwashing, sondern auch der Greenwashingvorwurf leichtes Spiel.

PaTrick: Wir haben ja bereits den Vergleich zur Lebensmittelbranche und den unterschiedlichen Biosiegeln hergestellt. Du kennst sicher einige der offiziellen Biosiegel wie Biopark, Bio nach EG-Öko-Verordnung, Demeter und Bioland. Aber kannst du mir auch auf Anhieb sagen, was jeweils dahintersteckt und wie viel Bio tatsächlich da drin ist? Siehst du, das kann ich auch nicht – aber ich kaufe trotzdem überwiegend Bioprodukte und suche sie nach ihrem Biosiegel aus. Das Ganze spielt sich sehr auf der psychologischen Ebene ab und hat etwas mit Vertrauen zu tun. Eine Sache, die uns im Leben immer wieder begegnet, und so eben auch beim klimafreundlichen und nachhaltigen Investieren und Konsumieren.

Es gibt Kriterien und Regelungen, aber eben auch einen Performance- und Erfolgsdruck, das heißt, einen Wettbewerb von Unternehmen und Fondsgesellschaften, in dem alle zeigen müssen, wie bewusst und nachhaltig sie agieren. Da kommt es zwangsläufig auch immer mal zu Interpretationsspielräumen und Ungenauigkeiten. Oft sind Medienschelte und öffentlicher Argwohn die Folge. Wichtig für uns als Anleger*innen ist jedoch das »Big Picture«. Am Ball bleiben, uns informieren und entsprechend investieren! Denn am Ende investiere ich lieber hellgrün als gar nicht grün, oder?

ESG, SRI & Impact Investing: die Unterschiede

Um die unterschiedlichen Begriffe zu erklären und in praktisches Handeln münden zu lassen, hier zum besseren Einstieg ein paar Definitionen und Erläuterungen.

Der Wert einer Investition hängt häufig nicht mehr nur von der Rendite ab. Immer mehr Anleger*innen fordern zusätzlich, dass ihr Geld einen positiven Einfluss auf die Gesellschaft und die Welt insgesamt hat. Laut einer Umfrage des US-SIF (Forum for Sustainable and Responsible Investment) im Jahr 2020 machten sozial verantwortliche Investitionen und Geldanlagen und das Impact Investing mehr als 33 % der Investitionssummen unter professionellen Portfolioanlagen in den USA aus. So weit die gute Nachricht. Das entspricht einem jährlichen verwalteten Vermögen von über 17 Billionen US$, ein Anstieg von 42 % gegenüber 2018. Mit der steigenden Nachfrage geht eine Vielzahl von Fonds und Anlagestrategien einher, die ethische Erwägungen in den Anlageprozess integrieren. Umwelt, Soziales und Governance (ESG), sozial verantwortliches Investieren (SRI) und Impact Investing sind Branchenbegriffe, die von Kund*innen und Fachleuten gleichermaßen häufig synonym verwendet werden. Man könnte denken, sie meinen alle dasselbe – weit gefehlt. Die Unterschiede wirken sich verschieden darauf aus, wie Kundenportfolios strukturiert sein sollten und welche Anlagen geeignet sind, um soziale Wirkungsziele zu erreichen.

Grüne Anlagestrategien zusammengefasst

Environmental, Social and Governance (ESG); Socially Responsible Investing (SRI); Impact Investing

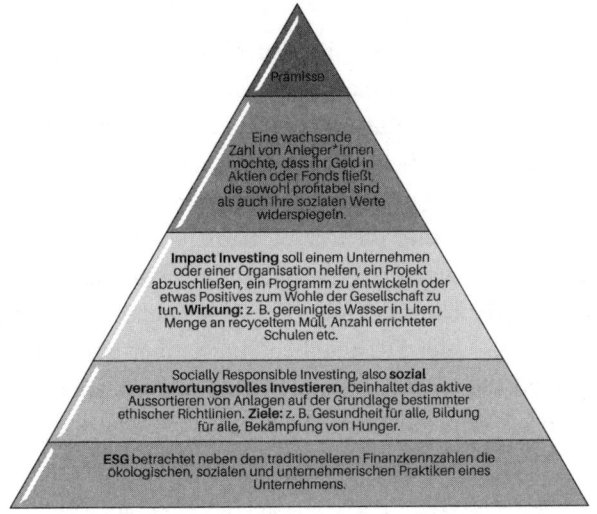

Ergänzungen

- Impact-Investing-Markt Deutschland: 2020 bei ca. 6,5 Milliarden €
- Impact-Investing-Markt weltweit: 2,3 Billionen US$[23]
- Investoren sind Stiftungen, KVG, Banken, Family Offices
- **Vorteile:**
  - Förderung Umwelt- und soziale Gerechtigkeit
  - Beste Renditechancen – Investment in stabile Firmen
- **Nachteile:**
  - Keine Standards bei Wirkungsmessung
  - Manche Anlage bietet nur geringe Liquidität

Entwicklung des Themas in der Finanzwirtschaft

Im Folgenden habe ich dir einige Repräsentanten zusammengestellt, um diesen Investmentansatz mal ganz grundsätzlich zu erläutern. Übrigens, das ist mir ganz wichtig, ich habe natürlich keine Kooperationsverträge mit KVG oder Fondsgesellschaften, meine Beispiele stellen also keinerlei Anlageempfehlung für genannte Produkte dar.

Laut Branchenverband (BVI) brachten es die in Deutschland zugelassenen Nachhaltigkeitsfonds im zweiten Quartal 2021 auf über 251 Milliarden €. Im Vorjahreszeitraum waren es nur 68 Milliarden €. Branchen und Themen sind u. a.: Gesundheit, IT, Abfallvermeidung und Konsum.

Zurzeit ist es noch immer nicht ganz leicht, sein Geld ausschließlich grün zu investieren. Taxonomie, also die Erstellung von grünen Kriterien, ist in diesem Kontext das Stichwort. Es braucht eine Art grüne Standards, aber beim Ringen darum stellt man fest, dass wir uns noch immer mitten in einem großen Wandel befinden. Welche Energieformen sind überhaupt grün? Um die Beantwortung dieser und vieler weiterer Fragen ringt die EU-Kommission gerade. Es gibt bereits Unternehmen, die einige der Kriterien erfüllen und damit ESG- oder SRI-tauglich sind – aber dann eben doch noch nicht zu 100 %. Oder es gibt noch Tochterunternehmen, die es nicht sind. Wie nachhaltig geht es also wirklich zu?

---

[23] Zahlen Weltbankgruppe, IFC, Stand 2. November 2021

Der Weg ist noch lang. Positiv zu bewerten ist jedoch erst mal der Trend hin zum Wandel und zum Verständnis dafür, dass klimafreundliche Unternehmenskriterien unabdingbar sind.

Als CEO bei einem der größten Vermögensverwalter der Welt, BlackRock in den USA, hat Larry Fink sich seit 2018 mehrfach mit dem Wunsch nach einer Sensibilisierung für mehr Nachhaltigkeit in der Unternehmens-, Rendite- und Investitionsgestaltung an die CEOs dieser Welt gewandt. Das kurzfristige Schielen auf Gewinne sei nicht im Sinne der Menschheit – seine Kritik an so manchem CEO ist mittlerweile legendär: Die nicht von der Hand zu weisenden Klimarisiken zwängen Anleger*innen, ihre zentralen Annahmen zur modernen Finanzwirtschaft zu überdenken. All dies habe eine grundlegende Neubewertung von Risiken und Vermögenswerten zur Folge. Schon bald – und früher als von den meisten erwartet – werde es zu einer erheblichen Umverteilung von Kapital kommen.

Zudem erwägt Fink, der mit BlackRock große Anteile an den unterschiedlichsten Unternehmen hält, den CEOs und Vorständen die Entlastung zu verweigern, sollten sie den Pfad der Nachhaltigkeit nicht signifikant einschlagen.

Und damit nicht genug, denn auf der Klimakonferenz in Glasgow setzte er ein erneutes Zeichen, dieses Mal gegen die Ölfirmen, die versuchen, sich den Transparenzkriterien zum CO_2-Ausstoß dadurch zu entziehen, dass sie Teile ihrer Unternehmungen an andere Firmen verkaufen, die nicht zur Veröffentlichung ihrer Tätigkeiten gezwungen sind. Und welche Firmenteile sind das wohl? Natürlich die umweltschädlichsten.

Das System ähnelt ein bisschen dem der Banken, die Bad Banks gegründet hatten, um ihre faulen Kredite und unbedienten Verbindlichkeiten, sogenannte nonprofit loans zu bündeln und outzusourcen. Trotzdem lobte Fink während der COP26-Klimakonferenz in Glasgow öffentliche Unternehmen für ihre ausführlichere Berichterstattung zum Thema Emissionen und ermutigte dazu, besonders Schwellenländern mehr Kapital für den Kampf gegen den Klimawandel zur Verfügung zu stellen. Der IWF[24] und die Weltbank[25] sollten diese Ambitionen koordinieren.

Damit du schon mal auf der »richtigen« Seite des Investmentzyklus stehst, habe ich hier einige grundlegende Indizes, Fonds, ETFs und Aktiengesellschaften zusammengetragen, in die du mit einem guten grünen Gewissen aktiv investieren kannst. Angefangen bei den Indizes über die Fonds bis hin zu den Einzelunternehmen.

Nachhaltige Indizes

Indexname	WKN	Schwerpunkt	Kursentwicklung 1 Jahr (%)	Kursentwicklung 5 Jahre (%)	Kursentwicklung seit 1.1.2021 (%)
Naturaktien-Index	A1A4ZT	Aktien weltweit	95,1	172,0	21,0
Solactive Global Gender Equality Index	SLA3KJ	Aktien weltweit	51,0	120,2	17,2
FTSE4Good Developed Index	k. A.	Aktien weltweit	46,0	100,5	10,1
MSCI World SRI 5 % Iss. Capped	k. A.	Aktien weltweit	43,1	--**	8,2
Stoxx Europe Christian Index	A1DKLE	Christliche Werte	32,4	31,3	12,6
MSCI KLD 400 Social Index (Net)	k. A.	Aktien USA	28,5	104,0	13,3
World Solar Energy Index	A0ME40	Solarenergie	106,0	185,7	−20,6
DJ Sustainability World	967398	Aktien weltweit	−3,9	15,5	10,7
S&P Global Clean Energy Index	SPGTCED	Erneuerbare Energien	96,7	23,9	−18,6
RENIXX	RENX01	Erneuerbare Energien	96,6	259,7	−17,9
Stoxx Glo. Ele. Veh. & Dri. Tech. Index	A2RNZH	Elektromobilität	60,6	--*	12,0
Vönix	A0YK7U	Aktien Österreich	50,6	68,1	19,8
Vegan Climate Index	SLA5HZ	Aktien USA	43,8	--*	10,2

[24] Internationaler Währungsfonds
[25] Weltbankgruppe, multinationale Entwicklungsbanken

Indexname	WKN	Schwerpunkt	Kursent-wicklung 1 Jahr (%)	Kursent-wicklung 5 Jahre (%)	Kursent-wicklung seit 1.1.2021 (%)
Stoxx Global ESG Leaders	A1KP3A	Aktien weltweit	33,2	41,6	13,4
DAX50-ESG	A0S3E0	Aktien Deutschland	29,9	–**	9,3
Global Challenges Index	A0MEN3	Aktien Industrieländer	22,1	–**	4,4
ÖkoDAX	A0MEU5	Aktien Deu.	137,5	35,0	6,3
PPVX	k. A.	Solarenergie	–**	–**	–**

* Index jünger als 5 Jahre
** keine aktuellen Daten

Die Indizes haben unterschiedliche Standards. Anbei ein Auszug:
DAX 50 ESG: Der DAX 50 ESG bildet die 50 größten und liqui-
desten Unternehmen auf dem deutschen Aktienmarkt ab, die nicht
in den Geschäftsfeldern Waffen, Tabak, Kernenergie, Kraftwerks-
kohle und Rüstungsgüter aktiv sind und die vergleichsweise gute
ESG-Scores aufweisen. Die Indexkomponenten werden nach ihrer
Marktkapitalisierung gewichtet und die einzelnen Gewichte bei
7 % gekappt.

Naturaktien-Index: Einer der ältesten Nachhaltigkeitsindizes aus
dem deutschsprachigen Raum ist der Naturaktien-Index, kurz
NAI. Er umfasst 30 internationale Unternehmen. An den Start ging
er 1997, und seine beeindruckende Performance hat er, meiner Einschätzung nach, seiner konsequenten Nachhaltigkeitsstrategie zu
verdanken.

Auf keinen Fall werden Unternehmen in den NAI aufgenommen,
die nach Negativkriterien wirtschaften, wie z. B.:

• Atomenergie, Waffenproduktion, Diskriminierung von Frau-
  en, Diskriminierung von sozialen oder ethnischen Minderheiten, Kinderarbeit, Tierversuche, Gentechnik in der Lebensmittelproduktion, Erzeugung von ausgesprochen umwelt- oder
  gesundheitsschädlichen Produkten u. a.

Die Unternehmen im NAI müssen mindestens zwei der folgenden vier Positivkriterien erfüllen:

1. Das Unternehmen bietet Produkte oder Dienstleistungen an, die einen wesentlichen Beitrag zur ökologisch und sozial nachhaltigen Lösung zentraler Menschheitsprobleme leisten, wie z. B. regenerative Energieerzeugung, biologische Landwirtschaft, effiziente Wassertechnik, sozial-ökologisch orientierte Forschung, Finanzierung und Beratung der Armutsbekämpfung.

2. Das Unternehmen ist Branchenvorreiter im Hinblick auf die Produktgestaltung, wie z. B. Lebensdauer & Nutzungseffizienz, Sicherheit, Recyclingfähigkeit, Ersatz gefährlicher Stoffe.

3. Das Unternehmen ist Branchenvorreiter im Hinblick auf die technische Gestaltung des Produktions- und Absatzprozesses, wie z. B. Minimierung des Energie- und Rohstoffverbrauchs, Umweltverträglichkeit als Unternehmenspolitik, ständige und nachhaltige Verbesserung der Umweltleistungen.

4. Das Unternehmen ist Branchenvorreiter im Hinblick auf die soziale Gestaltung des Produktions- und Absatzprozesses, z. B. Schaffung von Ausbildungs- & Arbeitsplätzen, Förderung von Frauen, ethnischen und sozialen Minderheiten, Sicherheit & Gesundheitsschutz am Arbeitsplatz (überdurchschnittliche Weiterbildungsmöglichkeiten und besondere Sozialleistungen).

Diese Unternehmen stecken aktuell im NAI:[26]

Unternehmen	Land	Branche	ISIN	seit
Acciona	Spanien	Bau/Energie	ES0125220311	2013
Aixtron	Deutschland	Halbleiteranlagen	DE000A0WMPJ6	2005
Aspen Pharmacare	Südafrika	Generika	ZAE000066692	2013
Biontech	Deutschland	Pharma	US09075V1026	2021
Boiron	Frankreich	Homöopathie	FR0000061129	1997

---

[26] https://www.nai-index.de/seiten/firmen_liste.html, Stand 2. November 2021

Unternehmen	Land	Branche	ISIN	seit
East Japan Railway	Japan	Schienenverkehr	JP3783600004	2004
Interface	USA	Bodenbeläge	US4586653044	2002
Kadant	USA	Papierrecycling	US48282T1043	2004
Kingfisher	GB	Heimwerkermärkte	GB0033195214	2014
Kurita Water Industries	Japan	Wassermanagement	JP3270000007	2003
Mayr-Melnhof Karton	Österreich	Verpackung	AT0000938204	1997
Molina Healthcare	USA	Krankenversicherung	US60855R1005	2007
Natura & Co	Brasilien	Kosmetik	BRNTCOACNOR5	2009
Ormat Technologies	USA	Geothermie	US6866881021	2007
Pearson	GB	Bildung	GB0006776081	2021
Potlatch	USA	Holzprodukte/Forst	US7376301039	2013
Ricoh	Japan	Büromaschinen	JP3973400009	2003
Shimano	Japan	Fahrradkomponenten	JP3358000002	1997
Sims Metal Man.	Australien	Recycling	AU000000SGM7	2013
Smith & Nephew	GB	Medizintechnik	GB0009223206	2016
Steelcase	USA	Einrichtungsgegenstände	US8581552036	2003
Steico	Deutschland	Dämmstoffe	DE000A0LR936	2008
Stericycle	USA	Entsorgung	US8589121081	2012
SunOpta	Kanada	Ernährung	CA8676EP1086	2012
Svenska Cellulosa	Schweden	Papier	SE0000112724	2003
Tesla Motors	USA	Elektroautos, Batterien	US88160R1014	2016
Tomra Systems	Norwegen	Pfandflaschengeräte	NO0005668905	1997
Umweltbank AG	Deutschland	Finanzsektor	DE0005570808	2019
United Natural Foods	USA	Biolebensmittel	US9111631035	2007
Vestas Wind	Dänemark	Windturbinen	DK0010268606	2004

Grüne Fonds und ETFs

Ähnlich wie bei ihren nicht grünen Brüdern und Schwestern gilt es auch für grüne Fonds & ETFs zunächst, zu klären, wie dein Geld investiert werden soll.

Möchtest du einen Sparplan abschließen? Das geht auch schon für kleines Geld, je nach Anbieter ab 10 € im Monat. Oder willst du lieber eine einmalige Summe investieren? Dann stellt sich die Frage, ob du dich lieber für einen aktiv gemanagten Fonds oder einen kostengünstigen ETF entscheidest. Und last, but not least, muss die Entscheidung getroffen werden, ob die Erträge und Gewinne des Fonds/ETFs reinvestiert oder ausgeschüttet werden sollen.

Details dazu findest du in meinem Buch *Geld kann jeder & du jetzt auch*, in dem ich die Vor- und Nachteile der Wahlmöglichkeiten genauer aufzeige und du mithilfe einer kleinen Liste deine Präferenzen erstellen kannst. Nahezu alle Kapitalverwaltungsgesellschaften, wie beispielsweise die Deka, Union Investment, Allianz Global Investors, JP Morgan usw., bieten mittlerweile nachhaltige Fonds und ETFs an.

Tagesaktuelle Informationen hierzu bekommst du, wenn du im Netz entweder ganz gezielt nach Themen suchst, also ESG- oder SRI-Fonds, auf den Webseiten der Anbieter selbst schaust oder auf Plattformen wie z. B. justetf, Weltsparen oder Scalable Capital unterwegs bist, um nur einige zu nennen.

Was ich persönlich in dem Dschungel an Angeboten noch ein bisschen schade finde, ist, dass es leider noch keine internationalen einheitlichen Ökostandards oder eindeutige Kriterien gibt, die ein Unternehmen transparent in einen Fonds bringen muss. Oft wird lediglich ein Best-in-Class-Ansatz verfolgt. Also welches Unternehmen ist das ethisch, ökologisch beste in seiner Vergleichsgruppe.

Manche Anbieter von Finanzdienstleistungen, wie Moody's, CICERO oder auch NASDAQ.com, haben sich darauf spezialisiert, unterschiedliche Anlageklassen nach ihrer ökologischen Wertigkeit zu bilanzieren und einzuordnen. Dafür werden riesige Datenbanken mit ESG-, SRI- und Unternehmensführungsinformationen gefüttert und ausgewertet. So schafft man zumindest für den immer größer werdenden Bedarf an Green Investing über das SPO, die Second Party Opinion, grundlegende ökologische Bewertungen und gibt eine bessere Orientierung für institutionelle und private Investor*innen.

Beispiele aktiv gemanagter grüner Fonds + ETFs:[27]

Name Fonds	ISIN	Ausschüttung	Benchmark	TER
Ökoworld Classic C Fonds	LU0061928585	Thesaurierend	MSCI World	2,3 %
SUPERIOR 6 Global Challenges T Fonds	AT0000A0AA78	Thesaurierend	Global Challenges	1,66 %
Deka-Nachhaltigkeit StrategieInvest TF Fonds (Mischfonds)	DE000DK2EAE2	Thesaurierend	Keine	2,15 %
Deka-Nachhaltigkeit Impact Aktien CF Fonds	LU2109588199	Ausschüttend	Keine	1,52 %
GLS Bank Aktienfonds A Fonds	DE000A1W2CK8	Thesaurierend	Keine	1,48 %
Steyler Fair Invest - Equities R Fonds	DE000A1JUVL8	Thesaurierend	Keine	1,92 %

Name ETF	ISIN	Ausschüttung	Vergleich - Index	TER
Amundi MSCI World SRI ETF DR	LU1861134382	Thesaurierend	MSCI World SRI Filtered ex Fossil Fuels Index	0,18 %
BNP Paribas Easy MSCI World SRI S-Series 5% Capped ETF Capitalis.	LU1615092217	Thesaurierend	MSCI World SRI S-Series 5% Capped	0,25 %
Deka Oekom Euro Nachhaltigkeit ETF	DE000ETFL474	Ausschüttend	Solactive Euro Sustain.	0,40 %
Deka MSCI Germany Climate Change ESG ETF	DE000ETFL540	Ausschüttend	MSCI Germany Climate Change Select	0,20 %
UBS MSCI ACWI Socially Responsible Ucits ETF	IE00BDR55471	Thesaurierend	Keine	0,28 %
Shares MSCI EM SRI ETF	IE00BYVJRP78	Thesaurierend	MSCI EM SRI Slct Reduced Fossil	0,28 %

Fazit: Nach einigen Beispielen allgemeiner Art von grünen Fonds und ETFs möchte ich dir die besten Impact-Investing-Fonds und -ETFs des Zeitraumes Oktober 2020 bis Oktober 2021 nicht vorenthalten. Diese Liste gibt dir einen Überblick über den Anlageschwerpunkt und die prozentuale Entwicklung im Betrachtungszeitraum. Die Entwicklung der Vergangenheit ist keine Vorhersage für zukünftige Entwicklungen für den jeweiligen Fonds/ETF.

---

[27] Beispiele, keine Kaufempfehlung

ISIN	Fondsart	Name	Anlageschwerpunkt	Anlageklasse	Prozentuale Veränderung 31.10.20 - 31.10.21
LU0302296149	9	DNB Fund Renewable Energy Retail A EUR C	Equity Theme – Alternative Energy	Mutual Funds	64,15
LU1861214812	9	BGF Future of Transport A2 USD	Equity Sector Consumer Discretionary	Mutual Funds	59,06
LU2051778178	9	NEF – Ethical Global Trends SDG R	Equity Global	Mutual Funds	53,70
GB00BK96BB68	9	Keystone Positive Change Investment Trust Plc	Equity UK	Investment Trust	52,42
LU2145461757	9	RobecoSAM Smart Energy Equities D EUR	Equity Theme – Alternative Energy	Mutual Funds	52,38
IE00B2PGVK34	9	Guinness Sustainable Energy C USD Acc	Equity Theme – Alternative Energy	Mutual Funds	52,15
LU2257980289	9	Mandarine Funds – Mandarine Global Transition R Cap	Equity Theme – Alternative Energy	Mutual Funds	49,96
LU0124604223	9	Universal Invest – Impact Equity BC	Equity Global	Mutual Funds	49,73
FR0011354646	9	CPR Actions France ESG P (D)	Equity France	Mutual Funds	49,67
SE0004211282	9	Tundra Sustainable Frontier Fund A SEK	Equity Frontier Markets	Mutual Funds	48,99
IE00BG47J676	9	Baillie Gifford Wldwd Positive Change C AUD Acc	Equity Global	Mutual Funds	48,83
LU1586242577	9	Sustainable Real Estate Securities I USD Cap	Equity Sector Real Est Global	Mutual Funds	48,82
IE00BK5BC891	9	L&G Clean Water UCITS ETF USD Acc	Equity Theme – Water	Exchange Traded Funds	48,63
LU0636593559	9	Kempen (Lux) Sustainable European Small-cap Fd B	Equity Europe Sm&Mid Cap	Mutual Funds	48,46

ISIN	Fondsart	Name	Anlageschwerpunkt	Anlageklasse	Prozentuale Veränderung 31.10.20 - 31.10.21
NL0014270217	9	ASN Duurzaam Small & Midcap	Equity Europe Sm&Mid Cap	Mutual Funds	48,10
NL0006311789	9	NN Duurzaam Aandelen Fonds	Equity Global	Mutual Funds	47,72
LU1867072149	9	Pharus SICAV - Electric Mobility Niches A Cap	Mixed Asset EUR Flex - Global	Mutual Funds	47,50
DE000ETFL573	9	Deka MSCI USA Climate Change ESG UCITS ETF EUR	Equity US	Exchange Traded Funds	47,37
GB00BYVGKV59	9	Baillie Gifford Positive Change B Acc	Equity Global	Mutual Funds	47,27
LU2195226068	9	Lyxor NetZero2050 SP Eurozon Clim PAB DR ETF A	Equity EuroZone	Exchange Traded Funds	47,22
LU2145465402	9	RobecoSAM Smart Mobility Equities D EUR	Equity Global	Mutual Funds	46,87
LU0119216553	9	NN (L) Global Sustainable Equity P Cap EUR	Equity Global	Mutual Funds	46,81
LU1209227690	9	OFI FUND RS Actions Europeennes I-C EUR	Equity Europe	Mutual Funds	46,67
IE00BMDPBZ72	9	Franklin S&P 500 Paris Aligned Climate UCITS ETF	Equity US	Exchange Traded Funds	46,61
LU2198883410	9	Lyx NetZero2050 SP 500 Clim PAB DR UCITS ETF A USD	Equity US	Exchange Traded Funds	46,36
LU1320042424	9	NSF SICAV Climate Change + A USD	Equity Theme - Alternative Energy	Mutual Funds	46,17
LU2258565089	9	Candriam Sustainable Eq Eu Sm&Mid Caps C EUR C	Equity Europe Sm&Mid Cap	Mutual Funds	45,93

ISIN	Fondsart	Name	Anlageschwerpunkt	Anlageklasse	Prozentuale Veränderung 31.10.20 - 31.10.21
AT0000705678	9	ERSTE WWF STOCK ENVIRONMENT EUR R01 T	Equity Theme - Alternative Energy	Mutual Funds	45,88
NL0014275372	9	NT Europe Sustainable Select SDG Index FGR Fund A	Equity Europe	Mutual Funds	45,81
LU2048586759	9	Allianz Smart Energy AT-USD	Equity Sector Energy	Mutual Funds	45,78
	9	Zwitserleven Europees Aandelenfonds	Equity Europe	Insurance Funds	45,72
LU2055176025	9	Lyxor MSCI USA ESG Climate Tran CTB DR UCITS ETF A	Equity US	Exchange Traded Funds	45,67
LU0136171559	9	Swisscanto (LU) EF Sustainable AT	Equity Global	Mutual Funds	45,58
NL0010558854	9	Kempen Global Sustainable Equity Fund N.V.	Equity Global	Mutual Funds	45,57
AT0000A2BYE6	9	ERSTE STOCK ENVIRONMENT EUR R01 T	Equity Global	Mutual Funds	45,51
LU1857108150	9	Kempen (Lux) Global Sustainable Equity Fund AN ACC EUR	Equity Global	Mutual Funds	45,42
NL0000286318	9	NN Equity Investment Fund - P	Equity Global	Mutual Funds	45,39
FR0000934325	9	LBPAM ISR Actions Small Cap Euro C	Equity EuroZone Sm&Mid Cap	Mutual Funds	45,18
FR0010744532	9	CPR Euroland ESG - P	Equity EuroZone	Mutual Funds	45,14
NL0010579074	9	ACTIAM Duurzaam Europees Aandelenfonds	Equity Europe	Mutual Funds	45,09
LU0591897516	9	Schroder ISF European Innovators A EUR Acc	Equity Europe	Mutual Funds	45,01

ISIN	Fondsart	Name	Anlageschwerpunkt	Anlageklasse	Prozentuale Veränderung 31.10.20 – 31.10.21
DE000ETFL557	9	Deka MSCI EMU Climate Change ESG UCITS ETF EUR	Equity EuroZone	Exchange Traded Funds	44,93
LU1889107691	9	Wellington Climate Strategy N Acc USD	Equity Global	Mutual Funds	44,88
FR0010501858	9	CPR USA ESG – P (C)	Equity US	Mutual Funds	44,54
	9	ACTIAM Sustainable Index Fund Equity North America-A	Equity US	Mutual Funds	44,39
FR0011511823	9	ALM Actions Zone Euro ISR RB	Equity EuroZone	Mutual Funds	44,37
FR0010619916	9	CPR Europe ESG – P (C/D)	Equity Europe	Mutual Funds	44,28
NL0013552078	9	Northern Trust Wld SmCap ESG Low Crbn Idx FGR Fd A	Equity Global Sm&Mid Cap	Mutual Funds	44,14
NL0014332561	9	ACTIAM Duurzaam Index Aandelenfonds NoordAmerika	Equity US	Mutual Funds	44,13
DK0060192185	9	Nordea Invest Klima og Miljo	Equity Global	Mutual Funds	44,05
LU2037300634	9	NN (L) European Enh Index Sust Equity P Cap EUR	Equity Europe	Mutual Funds	44,05
NL0012512958	9	Kempen European Sustainable Equity Fund Klasse N	Equity Europe	Mutual Funds	44,04
DE000ETFL581	9	Deka MSCI World Climate Change ESG UCITS ETF EUR	Equity Global	Exchange Traded Funds	43,70

Ich bin sehr froh, dass ich als Mitglied der Partei Bündnis 90/Die Grünen über den Koalitionsvertrag der Ampelkoalition mit abstimmen durfte. Natürlich trägt man nicht jeden Satz eins zu eins mit, der dort schwarz auf weiß geschrieben steht, aber der Pfad, der jetzt in Richtung nachhaltige Finanzen beschritten wird, leitet den notwendigen Wandel zum Ziel Null-CO_2-Emissionen bis ins Jahr 2045 ein.

Es scheint mir ein großer Vorteil, dass SPD, Grüne und FDP gemeinsam an einem Verhandlungstisch saßen und unterschiedliche Perspektiven in den Koalitionsvertrag eingebracht werden konnten. Dort heißt es beispielsweise, dass man trotz der Herausforderungen durch Corona keine Investitionen scheuen wolle, um den Wandel zu mehr Klimaschutz zu finanzieren. Die Folgekosten des Klimawandels seien im Endeffekt wesentlich höher.

Bei den Zukunftsinvestitionen soll die KfW, die Kreditanstalt für Wiederaufbau, eine starke zentrale Rolle einnehmen. Auch will man staatlichen Unternehmen wie der Deutschen Bahn und der Bundesanstalt für Immobilienaufgaben (BImA) mehr eigene Befugnisse zur Kreditaufnahme verschaffen und den EKF, den Energie- und Klimafonds, in einen Transformationsbeschleuniger umbauen.

Neben den bereits angestoßenen politischen Weichenstellungen ist es wichtig, dass Europas Politik mit einer Stimme spricht und am selben Strang zieht. Dazu gehört auch, dass sich Deutschland und Frankreich darüber verständigen, inwieweit Gas- und Atomenergiegewinnung Übergangstechnologien sind auf dem Weg zu mehr nachhaltiger Energiegewinnung durch Photovoltaikanlagen, Wind- und Wasserenergie. Trotz gewisser Differenzen sieht es so aus, als ob man sich auf Gas verständigen kann, aber bei der Kernkraft ist vor allem das Nein von Bündnis 90/Die Grünen das Zünglein an der Waage.

Beim Thema Sustainable Finance soll die Entwicklung der sogenannten Corporate Sustainability Reporting Directive mitgetragen werden.

Ohne den ganzen Koalitionsvertrag runterzubeten, ergeben sich also neben meinen bisherigen Ansätzen für deine künftigen Investments ganz konkret noch weitere Chancen und Möglichkeiten – zumal auch der Präsident der USA, Joe Biden, sein gigantisches Infrastrukturpaket umsetzen wird.

In Deutschland soll laut Olaf Scholz der Wohnungsbau mit +400.000 Einheiten pro Jahr gefördert und der Ausbau auch von Sozialwohnungen mit +100.000 intensiviert werden – unter anderem durch ein von der FDP gefordertes Super-Abschreibungsprogramm.

Parallel dazu, und das werde ich im nachfolgenden Kapitel thematisieren, soll der Bestand an Immobilien klimafreundlicher werden. Hier kommen Stichwörter wie Energieeffizienz und Ölheizungsabwrackprämie ins Spiel. Davon profitieren natürlich auf Gebäudeinfrastrukturbauten spezialisierte Unternehmen. Solltest du global in diese Branchen investieren wollen, würde sich u. a. der iShares Global Infrastructure ETF (WKN A0LEW9) anbieten. Dadurch, dass er in 262 Firmen weltweit investiert, streust du das Risiko.

Wenn du beim Ausbau der digitalen Infrastruktur dabei sein möchtest, kannst du in den thesaurierenden iShares Digitalisation UCITS ETF (WKN A2ANH3) investieren. Er umfasst rund 210 Unternehmen und legt seinen Schwerpunkt zu gut 60 % in die USA. Technologie- und Telekommunikationsunternehmen bilden mit gut 60 % den Anlageschwerpunkt, darin zu finden sind Unternehmen wie Adyen, Datadog und Fortinet.

Als Testsieger der Fondsboutiquen liegt der Vermögensverwaltungsfonds ACATIS Fair Value Modulor mit der ISIN LU0278152516 in den Rankings weit vorne.

Wenn du eher ein Freund von Windkraft, Solar und CO_2-neutraler Energiegewinnung bist, dann empfehle ich dir den iShares Clean Energy (WKN A0MW0M), den Lyxor New Energy

(WKN LYX0CB) oder vielleicht den Global Impact von BlackRock (WKN A2P2YJ).

Der »Sonnenschein« unter diesen ETFs ist der Invesco Solar ETF (WKN A2QQ9R).

Einzelunternehmen aus den Bereichen Wasserstoff, grüne Energie & Co. könnten dein breit gestreutes ETF- oder Fonds-Portfolio zudem mit etwas mehr Risikowürze versehen und deiner Performance auf die Sprünge helfen: Plug Power, Ballard Power, PowerCell Sweden, Nel Asa, Nordex, Ørsted, Vestas, Standard Lithium, E.ON, NOKIA, Siemens Energy oder Siemens Gamesa. Sie bieten allerdings auch größere Volatilitäten.

Da sich die Energiewende auch mit dem Einsatz von Rohstoffen vollziehen wird, ist anzunehmen, dass der Bedarf an ihnen in den kommenden Jahren weiter steigen wird. Vor allen Dingen das Interesse an Rohstoffen, die bei Windturbinen eingesetzt werden, wird steigen. »Offshore« ist das, was Olaf Scholz als »Gamechanger« bei der Erreichung der Klimaziele in den Fokus gerückt hat. Besonders hier ist Kupfer der Stoff, aus dem die ökologisch nachhaltigen Träume sind. Ein kleiner Tipp: Halte nach Rohstoff-ETFs oder -Fonds Ausschau wie z. B. dem Wisdom Tree Copper, DE000A0KRJU0, der mit 544 Millionen € über ein ordentliches Anlagevermögen verfügt.

→ Du hast jetzt ein paar handfeste Anregungen für Indizes, Fonds und ETFs, die aus meiner Perspektive zur aktuellen Lage passen.[28] Zusätzlich möchte ich nun eine weitere Einschätzung mit dir teilen. Dazu habe ich mit Ingo Speich gesprochen, dem Leiter der Dekabank-Abteilung Nachhaltigkeit und Corporate Governance und Experte für klimaneutrale Finanzen:

---

[28] Es handelt sich um Anregungen, nicht um explizite Kaufempfehlungen.

Lieber Herr Speich, als Ausgangspunkt für meine Leser*innen und mich erst mal eine ganz grundsätzliche Frage: Wo stehen wir in Sachen klimaneutrale Finanzen aktuell, was waren und sind wichtige Entwicklungen und was brauchen wir noch an Anstrengungen?

Das Ziel ist klar. Es lautet: klimaneutrale Kapitalanlagen. Wann diese allerdings Realität werden und wie der Weg dorthin aussieht, ist noch unklar. Der Kapitalmarkt steht hier noch am Anfang. Die Geschwindigkeit und der Erfolg hängen von den Wertpapieren ab, bei Aktien heißt das also von den Unternehmen, in die die Aktionär*innen investieren. Die Klimaneutralität der Anlage ist abhängig von der Klimaneutralität der Realwirtschaft. Wenn die Unternehmen die Geschwindigkeit hin zur Klimaneutralität erhöhen, werden wir diese auch in der Anlage früher erreichen.

Verfügen wir in Europa und der EU über den notwendigen Rahmen, um bis 2050 tatsächlich klimaneutral zu werden?

Nein, derzeit noch nicht. Viele Unternehmen kompensieren ihre Emissionen mit dem Zukauf von CO_2-Rechten. Das ist der moderne Ablasshandel und nicht zukunftsfähig. Letztlich müssen die realen Emissionen runter. Eine echte innovative Technologie müsste das CO_2 aus der Atmosphäre nehmen können. Vom Massenbetrieb sind wir da noch weit entfernt.

Was müssen Unternehmen tun, um auch künftig am Markt bestehen zu können und konkurrenzfähig zu sein, wenn ESG-Kriterien immer größere Bedeutung bekommen?

Die Welt verändert sich gerade in einem atemberaubenden Tempo. Ökologische Entwicklungen wie der Klimawandel werden Geschäftsmodelle grundlegend verändern. Aber auch die sozialen Aspekte stellen Unternehmen vor enorme Herausforderungen, z. B. Lieferketten, Pandemie, Menschenrechtsaspekte. Letztlich muss die Unternehmensstrategie insbesondere um das »E« und das

»S« erweitert werden, dann sollte durch das »G«, also die Unternehmensführung, eine Steuerung erfolgen.

Was können Bürger*innen und Investor*innen aktiv tun, um Unternehmensgeschicke in Richtung Klimafreundlichkeit zu beeinflussen? Geht das überhaupt?
Jede*r hat es in der Hand. Letztlich wird es nur durch Verhaltensänderungen möglich sein. Wenn wir alle so weitermachen wie bisher, sowohl mit unseren Konsumgewohnheiten als auch der Anlagestrategie, wird die Menschheit nicht in dem Umfang mit dem Wohlstand weiter existieren. Unternehmen reagieren am schnellsten, wenn die Käufer*innen ihrer Produkte ihr Verhalten ändern. Wenn wir als Anleger*innen unser Kapital umlenken, also Unternehmen bevorzugen, die sehr nachhaltig sind, und so anderen Unternehmen das Kapital entziehen, hat das eine ähnliche Wirkung.

Vor welchen dringlichen Aufgaben steht die Bundesregierung aktuell, da uns die Zeit davonzulaufen droht? Welche Klimaanliegen müssen zuallererst angegangen und gelöst werden?
Über allem steht der Klimawandel und die dadurch induzierten sozialen Folgen. Dazu zählt auch der Strukturwandel der am meisten betroffenen Branchen. Das Grundproblem ist, dass die Legislaturperiode zu kurz ist und die Folgen des Klimawandels nicht so schnell spürbar sind. Ähnliches gilt auch bei der aktiven Zeit der Vorstände, die in Deutschland in börsengelisteten Unternehmen bei 5,1 Jahren liegt.

Wie schaffen es Banken, diesen Pfad hin zu klimaneutralen Unternehmungen und zum klimaneutralen Wirtschaften zu unterstützen, und wie können Kreditinstitute selbst grüner werden?
Fünf Gedanken dazu von mir: Erstens: Mut zu klaren langfristigen und mittelfristigen Zielen im Hinblick auf Klimaneutralität, auch wenn der Weg noch lang ist und nicht feststeht. Zweitens: heute loslegen und nicht erst auf morgen warten. Drittens: innovative

Produkte entwickeln, auch wenn es bequemer wäre, auf die bestehenden Produkte zu setzen. *Viertens: auf die Unternehmen im Anlage- und Kreditbuch einwirken und zu Veränderungen ermuntern. Fünftens: auch den eigenen Geschäftsbetrieb optimieren.*

Auf welche Technologien, Branchen und Regionen sollten Investor*innen künftig vermehrt ihr Augenmerk richten und wieso?
Nachhaltigkeit gehört in die breite Kapitalanlage. Es geht nicht um einzelne Branchen oder Technologien. Unternehmen, die bei der Nachhaltigkeit vorne sind, werden zukünftig auch attraktive Geschäftsmodelle haben, überproportional wachsen und mehr Investorengelder anziehen. Dadurch wird der Aktienkurs beflügelt. Die Unternehmen, die Nachhaltigkeit ignorieren, werden sich dann die Existenzfrage stellen. Sie sollten auch immer weiter auf ihre Ertrags- und Risikopräferenz achten. Nachhaltigkeit setzt diese nicht außer Kraft!

Nach diesem Interview[29] stellt sich einmal mehr die Frage, was wir denn nun tatsächlich tun können, um einige Klimaziele zu erreichen. Was da in der Wohnung, am Eigenheim, beim Neubau und Immobilienbestand möglich ist, schauen wir uns im folgenden Kapitel einmal genauer an.

---

[29] Das Interview wurde im November 2021 geführt.

V. Grüne Gebäudesanierung: Wärmepumpe und Photovoltaik 2.0

Einleitung

Du hast jetzt ein paar Anregungen bekommen, welche Überlegungen eine nachhaltige Geldanlage mit sich bringt, und einen groben Eindruck von den möglichen Anlagemöglichkeiten gewonnen. Wie erwähnt, ist das Thema sehr vielfältig und passt allein schon deshalb ins Bild unseres Regenbogens, der ja sinnbildlich alles verbindet und als Zeichen dafür steht, dass alles nachhaltiger und damit zukunftsträchtiger wird. Aber wie sieht das nun konkret aus? Was heißt es für unser Leben, wenn wir grüner leben und wohnen wollen?

Liam und Leyla, unsere grüne Ebene des Finanzregenbogens, planen eine Gebäudesanierung und haben sich bereits vorab über den aktuellen Stand im Gebiet Gebäudesanierung und die Entwicklungen im Bereich Photovoltaik informiert. Anhand ihres Beispiels versuchen wir herauszufinden, wie es möglich ist, langfristig Geld zu sparen und gleichzeitig etwas für die Umwelt zu tun.

Ganz wichtig für dich: Ich arbeite mich bei den unterschiedlichen Teilaspekten dieses Themenblocks von grundlegenden Überlegungen zu den jeweiligen Sanierungsmöglichkeiten über die damit verbundenen Kosten hin zu den einzelnen Bereichen und deren Fördermöglichkeiten durch.

Liam & Leyla machen einen Plan

Wer eine teilweise Gebäudesanierung vornehmen möchte, sei es, weil die in die Jahre gekommene Öl- oder Gasheizung rausmuss oder weil nicht so viel Wärme aus dem Haus nach außen verloren gehen soll, braucht zusätzlich neue Fenster, neue Türen und Dämmmaterial. In puncto Kosten, Energieeffizienz und Machbarkeit berät dich sehr gerne ein Energieberater. Sein Honorar kann später sogar über staatliche Zuschüsse wieder reingeholt werden.

Liam und Leyla wollen genau dies tun. Ihr Energieberater bespricht anwendbare Möglichkeiten, geht Anträge durch, hilft beim Ausfüllen des Papierwustes – willkommen deutsche Bürokratie und

Gründlichkeit! Aber keine Angst. Anfänglich, und ich spreche aus eigener Erfahrung, hat man unendlich viele Fragen.

Einer der häufigsten Fehler bei Kalkulationen zur Bestimmung der Rentabilität einer Investition ist, dass die zum Kalkulationszeitraum erhobenen Energiepreise als Grundlage genutzt werden. So verständlich das ist, so falsch ist es auch, denn wenn wir uns die Entwicklung der Strompreise in der Vergangenheit ansehen, wird deutlich, dass diese nur eine Richtung kennen: nach oben.

Strompreiserhöhung: Strompreisentwicklung in Deutschland 2000 bis 2022

Einordnung und Vergleich

Diese Grafik verdeutlicht, dass der Strompreis sich aus unterschiedlichen Faktoren zusammensetzt: den Produktionskosten, den Kosten für die Netze, der Stromsteuer, der sogenannten EEG-Umlage und sonstigen Entgelten.

Nicht jedes Jahr stieg der Preis gleichmäßig an, aber nach 20 Jahren lag er um knapp 129 % höher als im Jahr 2000. Durchschnittlich waren es seitdem ca. 6,43 % Steigerung jährlich. Wer sagt also, dass der Strompreis im Jahr 2040 nicht bei knapp 72 Cent pro Kilowattstunde (¢/kWh) liegen wird? Die Preise wurden auch im Russland-Ukraine-Konflikt durch die Abhängigkeiten von Rohstoffen immer wieder getrieben. Ein weiteres Argument dafür, beim Energiegewinnungsprozess und beim Ausbau erneuerbarer Energien „made in Germany" mehr Tempo zu machen.

Sieht man sich Prognosen zum Strombedarf an, so stellt man fest, dass er allein in Deutschland bis zum Jahr 2030 von derzeit 545 Terawattstunden auf ca. 655 TWh steigen wird. Gründe dafür seien rund 14 Millionen E-Autos, 6 Millionen Wärmepumpen und die 30 TWh zur Erzeugung von grünem Wasserstoff.

Sollten Liam und Leyla ihr Haus innerhalb der kommenden Jahre nicht ökologisch sanieren lassen, würde in puncto Strom-, Gas- oder Ölkosten bzw. Energieeinsparung durch neue Fenster und Dämmung des Dachbodens einiges auf sie zukommen. Bei den durchschnittlichen Preisentwicklungen möchte ich mir gar nicht ausmalen, was. Aber: Ein möglicherweise höherer Verbrauch durch Nachwuchs und E-Auto kann kompensiert oder eingespart werden. Wie das geht, beschreibe ich nachfolgend.

Fazit Stromkosten
Für einen durchschnittlichen Vierpersonenhaushalt mit einem aktuellen Verbrauch von ca. 3700 kWh bis 4300 kWh kann sich bei der Anschaffung von weiteren Stromfressern wie Smartphones, Alexa etc. ein Fass ohne Boden auftun. Bei 72 ¢/kWh könnten sich Stromkosten zwischen 2664 € und 3096 € pro Jahr ergeben.

Folgende Eckpunkte fließen mit ein: Waschen & Trocknen, Unterhaltungselektronik, Kühl- & Gefrierschrank, Licht, Spülmaschine, eventuell Kochen & Backen.

Mit einer kleinen, aber feinen Faustformel kannst auch du deinen Stromverbrauch berechnen, falls du ihn aus deinen Nebenkostenabrechnungen nicht ohnehin kennst.

Formel: Wohnfläche (m²) × 9 kWh
+ Personenzahl × 200 kWh
<u>+ Anzahl Elektrogeräte* × 200 kWh</u>
⌐= **Stromverbrauch**⌐

* Gemeint sind größere Geräte, die häufig in Gebrauch sind, z. B. Waschmaschine, Kühlschrank etc.

Wie hoch sind die Gaskosten? Rentiert sich eine Umrüstung?

Auch wenn die Gaspreise im vergangenen Winter durch den Krieg in der Ukraine und die erfolgten Sanktionen deutlich angestiegen sind, wird sich Gas – als sauberster fossiler Energieträger – weiterhin behaupten und werden sich die Preise wieder stabilisieren. Leider kann zu dem Zeitpunkt, an dem ich das Buch verfasse, niemand seriös sagen, wann genau das wieder der Fall sein wird.

Meine Recherchen zum Thema Gaskosten haben folgenden Istzustand und folgende mögliche Preisentwicklungen in den kommenden Jahren ergeben, Grundlage der Kalkulation ist ein Einfamilienhaus.

Gaskosten
Kalkulation und Richtwerte

Der durchschnittliche Gasverbrauch für Heizung und Warmwassererzeugung liegt bei rund 12 m^3 pro Quadratmeter Wohnfläche.

Richtwerte für:			
Wohnung	30 m^2	=	360 m^3
Wohnung	50 m^2	=	480 m^3
Wohnung	100 m^2	=	1140 m^3
Wohnung	150 m^2	=	1700 m^3
Reihenhaus		=	1900 m^3
Einfamilienhaus		=	3300 m^3

Tipp: Um den eigenen Verbrauch genau zu bestimmen, ist es wichtig, die Zählerstände genau abzulesen und dann mit den Angaben auf der Nebenkostenabrechnung zu vergleichen. Leider gibt es oft Abweichungen, meistens zulasten des Kunden. Häufig wird der Verbrauch auch in kWh angegeben. Der Gasverbrauch in unserem Fünfpersonenhaushalt betrug im Jahr 2020 beispielsweise 3035 m^3 und ist laut Onlinerechner verbesserungsfähig. Laut der oben dargestellten Tabelle liegt er jedoch unter dem Durchschnitt. Tatsächlich haben wir 2018 eine neue Gasbrennwertheizung einbauen lassen und konnten dadurch rund 30 % des Gasverbrauchs für das Heizen einsparen. Zusätzlich etwa weitere 10 % durch die Installation einer Solarthermieanlage auf dem Dach zur Warmwasserunterstützung.

Unter folgender URL kannst du selbst berechnen, wie es um deinen Gasverbrauch bestellt ist:
www.erdgas.info/energie/energie-sparen/gasverbrauch-umrechnen
Du bekommst einen Überblick darüber, ab wann der Verbrauch »zu niedrig« oder »zu hoch« ist. Und neben dem Blick auf die Umwelt ist natürlich entscheidend, ob sich eine neue Heizung oder eine Dach- und Fenstersanierung rechnet. Doch bevor ich das vertiefe, bespreche ich erst noch eine Alternative für Liams und Leylas Gasheizung.

Wärmepumpen – wann rechnet sich der Umstieg?

Bei den Überlegungen, ob man zukünftig mit Strom anstatt mit Gas oder Öl heizt, ist eine wichtige Formel zu beachten. Denn eine Wärmepumpe braucht Strom, um ihre Arbeit zu verrichten.

$$\textbf{Formel:} \quad \frac{\text{Strompreis (32,3 ¢)}}{\text{Gaspreis 7,6 ¢ (od. 9,2 ¢ Heizölpreis)}} < \text{Arbeitszahl} = 4,25$$

Fazit: Eine Wärmepumpe lohnt sich also nur dann, wenn die Summe der Einsparungen beim Gas beziehungsweise Öl größer ist als der erhöhte Stromeinsatz. In der Kalkulation berücksichtigen solltest du aber auch die für energetische Sanierungen angebotenen staatlichen Fördermittel (BEG – Bundesförderung für effiziente Gebäude).

Es gibt drei Arten von Wärmepumpen:
1) Luftwärmepumpen, 2) Wasserwärmepumpen und 3) Erd-wärmepumpen

Eine **Luftwärmepumpe** nutzt die Umgebungs- und Abluft, um mit der dort enthaltenen Wärme das Haus zu heizen, beispiels-weise die Fußbodenheizung oder das Brauchwasser für die Du-sche etc.

Luft-Wasser-Wärmepumpen nutzen dazu noch ein Kältemittel, das die Wärmeenergie an den Heizkreislauf durch Kompression weitergibt und dadurch heizt.

Eine Luft-Luft-Wärmepumpe hat dieses Kältemittel nicht und benötigt deshalb eine Entlüftungsanlage. Diese sollte im Keller oder außen auf dem Grundstück installiert werden, bedeutet aber auch eine gewisse Lärmbelästigung und funktioniert nur effizient, wenn das Haus oder Gebäude ein Niedrig- oder Nullenergiehaus ist, also ein Passivhaus.

Stromkosten

Je nach Heizleistung – sie kann aufgrund der schwankenden Tem-peraturen der Luft, die ja die Energiequelle darstellt, sehr unter-schiedlich ausfallen – sind die Betriebskosten dieser Wärmepumpe etwas höher als bei Wasser- und Erdwärmepumpen. Beispielhaft können dir folgende Zahlen als Orientierung für die Kosten die-nen. Angenommen sind 2000 Heizstunden pro Jahr.

Heizleistung	Stromverbrauch	Heizkosten (21 ¢/kWh)
6 kW	4000 kWh	840 €
9 kW	6000 kWh	1260 €
12 kW	8000 kWh	1680 €

Folgende Faktoren solltest du bei deinen Kauf- und Umrüstungs-überlegungen einbeziehen:
- Lautstärke der Anlage

- Größe und Leistung der Anlage
- Garantie- und Serviceleistungen des Anbieters
- 24-Stunden-Servicedienstleistung des Anbieters

Vorteile Luftwärmepumpe
- kompakte Bauart
- keine Baugenehmigung erforderlich
- keine besondere Berücksichtigung des Untergrunds nötig
- niedrige Installations- und Wartungskosten
- häufig praktische Kombigeräte – im Winter heizen, im Sommer kühlen

Alternativ dazu nutzt die **Wasserwärmepumpe** das Grundwasser als Energiequelle. Grundwasser hat eine recht konstante Temperatur zwischen 8 und 12 Grad Celsius und wird von der Pumpe nach oben in den Energiekreislauf gesaugt und dort eingesetzt.

Vorteile Wasserwärmepumpe
- konstante Grundwassertemperatur
- geringer Platzbedarf
- hoher Wirkungsgrad

Nachteile Wasserwärmepumpe
- hoher Installationsaufwand und Probebohrungen nach Grundwasser (bis zu 3000 €)
- genehmigungspflichtig
- zusätzlicher Energieaufwand für Brunnenpumpe
- Abhängigkeit von guter Wasserqualität (sonst droht die Verschmutzung der Anlage)

Erdwärmepumpen nutzen mittels eines Kältemittels die Erdwärme, die in mitteleuropäischen Breiten bei ca. 10 Grad Celsius ab 10 Meter Tiefe liegt. Dafür werden sogenannte Erdkollektoren verlegt, in bis zu 100 Meter Tiefe oder flächig.

Die Kosten dafür können bis zu mehrere Tausend Euro betragen, eine Anschaffung lohnt sich daher am ehesten bei Gewerbe- und Mehrfamilienimmobilien. Vor allem bei Neubauten ist die Erdwärmepumpe eine sehr klimafreundliche und energieeffiziente Weise zu heizen – ganz besonders, wenn das Gebäude noch zusätzlich über eine Photovoltaikanlage verfügt, die den notwendigen Strom dafür erzeugt.

Zusammenfassung und Gegenüberstellung[30]

Pumpenart	Verwendete Technik	Erschließungskosten
Luftwärmepumpe	Luft-Wasser-Wärmepumpe	500 bis 2000 €
	Luft-Luft-Wärmepumpe	2000 bis 6000 €
Erdwärmepumpe	mit Erdkollektoren	2000 bis 5000 €
	mit Erdsonden	3500 bis 8000 €
Grundwasserpumpen	Wasser-Wasserpumpe	4000 bis 7000 €

Pumpenart	Verwendete Technik	Anschaffungskosten
Luftwärmepumpe	Luft-Wasser-Wärmepumpe	4000 bis 12.000 €
	Luft-Luft-Wärmepumpe	5000 bis 10.000 €
Erdwärmepumpe	mit Sole-Wasserpumpe	5200 bis 12.000 €
Grundwasserwärmepumpe	Wasser-Wasser-Wärmepumpe	9000 bis 12.000 €

Jetzt, da Leyla und Liam einen Überblick über die groben Kosten und Unterschiede der Wärmepumpen haben, bleibt die Frage nach der Förderung und die Überlegung, wie es mit der Sanierung weitergeht. Denn um ein Bestandshaus in ein Niedrigenergiehaus umzuwandeln, bedarf es einer Reihe von Umbauten und Sanierungen – und die können weiter enorm ins Geld gehen.

---

[30] www.ihre-waermepumpe.de, Stand 10. November 2021

Denn wenn Wärmeenergie durch undichte Fenster, Türen und Kamine verloren geht, helfen die effizientesten Heizungs- und Stromerzeugungssysteme nur unzureichend, um Energie einzusparen und den eigenen CO_2-Fußabdruck signifikant zu verringern. Ich möchte dir an der Stelle anraten, unbedingt einen zertifizierten Energieberater mit ins Boot zu holen.

Um dir aber vorab schon mal ein Gefühl dafür zu geben, wie es sich beim Thema Fenster so verhält, habe ich mich beim Verband Fenster + Fassade schlaugemacht und bin auf eine kleine, aber feine Tabelle gestoßen, die unterschiedliche Fensterarten und deren jeweiligen Wärmedurchgangskoeffizienten angibt – also wie viel Energie vom Wohnungs- und Hausinneren nach außen entweicht.

Fenstersanierungen – Istzustand bei Bestandsimmobilien[31]

Fensterart	Fensterrahmen	Alter	U-Wert in W/(m^2K)[32]
Einfachglas	Holz	Baujahr (BJ) < 1978	4,5 bis 4,6
Einfachglas	Kunststoff	BJ vor 1978	4,7
Einfachglas	Metall	BJ vor 1979	6,1
Verbundfenster	Holz	BJ vor 1978, selten bis 1995	2,4 bis 2,6
Verbundfenster	Kunststoff	BJ vor 1978, selten bis 1985	2,4
Verbundfenster	Metall	BJ vor 1978, selten bis 1984	4,0
Kastenfenster	Holz	BJ vor 1978, selten bis 1985	2,3 bis 2,5
Kastenfenster	Kunststoff	BJ < 1978, bis 1995	2,6
Isolierglasfenster mit LOW-E	Holz	BJ ab 1978 bis 1995, selten später	2,6 bis 2,7
Isolierglasfenster mit LOW-E	Kunststoff ≤ 60 mm (3 Kammer)	BJ ab 1975 bis 1985, selten später	2,8
Isolierglasfenster mit LOW-E	Kunststoff 70 mm (5 Kammer)	BJ ab 1995	1,6
Isolierglasfenster LOW-E	Metall (ohne therm. Trennung)	BJ ab 2000	1,5

---

[31] Tabelle: U-Werte unterschiedlicher Fenster
[32] Watt pro Quadratmeter und Kelvin

Fensterart	Fensterrahmen	Alter	U-Wert in W/ (m²K)[32]
Isolierglasfenster mit LOW-E	Metall (mit therm. Trennung)	BJ ab 1975 bis 1985, selten später	4,1
Isolierglasfenster mit LOW-E	Metall (mit therm. Trennung)	BJ ab 1978 bis 1985, selten später	3,1
Isolierglasfenster mit LOW-E	Metall (mit therm. Trennung)	BJ ab 1978 bis 1987, selten später	2,0
Isolierglasfenster mit LOW-E	Metall (mit therm. Trennung)	BJ ab 1995	1,8
Isolierglasfenster	Holz mit Metallvorsatzschale	BJ ab 1978 bis 1995, selten später	2,6 bis 2,7
Isolierglasfenster mit LOW-E	Holz mit Metallvorsatzschale	Baujahre ab 1995	1,5 bis 1,6

Natürlich kommt es auf das richtige Fenster an, aber tatsächlich auch aufs Lüften!

Tipps und Tricks zum richtigen Lüften

Mit ein paar Tricks zum richtigen Lüften könnt ihr bares Geld sparen. Schimmel ist in Gebäuden ein leidiges Thema – dabei kann er durch das richtige Lüften und eine entsprechende Luftzirkulation in den eigenen vier Wänden so leicht wie effektiv vermieden werden. Zusätzlich kann dir, nach meinen Recherchen und der Erfahrung in unserem Zuhause, die richtige Lüftungsmethode bis zu sage und schreibe 50 % der jährlichen Heizkosten einsparen.

Folgende Punkte solltest du beim Lüften unbedingt beachten:
- Fenster vor allem im Winter nicht kippen, sondern verschlossen halten; stattdessen ca. drei- bis fünfmal am Tag regelmäßig stoßlüften.
- »Querlüften«, also gleichzeitig gegenüberliegende Räume und Fenster öffnen, erhöht die Effektivität des Luftaustauschs.
- Bei der Lüftung von Küche, Bad, Gäste-WC und Waschmaschinenräumen empfiehlt es sich zudem, die Türen zum Rest der Wohnung verschlossen zu halten, da sich ansonsten die Feuchtigkeit in der gesamten Wohnung verteilt (→ Schimmelbildung).

- Eine Faustformel besagt, dass die Lüftungszeit sich in Bezug auf die Außentemperatur wie folgt errechnet:
  - bei 10 Grad Außentemperatur: gerne 15 Minuten und länger lüften;
  - zwischen 0 und 10 Grad: 10 Minuten lüften;
  - bei 0 Grad auch für 5 Minuten lüften.

Liam und Leyla haben sich nach all diesen Informationen dazu entschieden, bei der klimaneutralen Sanierung ihres Häuschens schrittweise vorzugehen.

1. Schritt – Anbieterwechsel
Zum einen steuern sie die Strom- und Gaskosten durch regelmäßige Anbieterwechsel. Vergleichsportale wie CHECK24, Verivox und die Verbraucherzentrale sind nützliche Orientierungshilfen. Außerdem wählen Liam und Leyla beim Strom die ökologischen Alternativen, um ihren CO_2-Fußabdruck zu verbessern.

2. Schritt – optimiertes Lüften
Durch besseres Lüften und besser isolierte Fenster sparen die beiden zusätzlich Energie ein.
→ Mit optimiertem Lüften, einem Anbieterwechsel und den Einsparungen soll der Fensterkauf teilweise subventioniert werden.

3. Schritt – Fenster austauschen
Die Kostenersparnis durch die geringeren Energieverluste soll gezielt in den Kauf einer Luft-Luft-Wärmepumpe/Klimaanlage und perspektivisch auch in eine Photovoltaikanlage fließen.

4. Schritt – Wärmepumpe kaufen

5. Schritt – Photovoltaikanlage und Batteriezelle kaufen

Fenstersanierung – doppelt und dreifach hält besser
Kosten mit 6 Fenstern, 4 Terrassentüren und 2 Balkontüren

Zur Orientierung dienen Onlinekonfiguratoren wie zum Beispiel
www.fensterversand.com und www.fensterbau-ratgeber.de.

Hier nehme ich zur Orientierung auch Leylas und Liams Angaben
zu Fenstern, Türen und Rahmenwünschen als Beispiel.[33]

3 Fenster: Material: Holz-Aluminium	= 1848,00 €

- **Profil:** IDEALU classicline 68 mm (flächenversetzt, Ausführung: smart)
- **Holzart:** Eiche 187,50 €
- **Holzfarbe:** Eiche 222
- **Standardfarben:** Schokoladenbraun (RAL 8017 matt)
- **Fenstertyp:** einteilig
- **Ober-/Unterlicht:** ohne Ober-/Unterlicht
- **Öffnungsart:** einteilig drehkipp links
- **Elementgröße:** Gesamtbreite: 700 mm, Gesamthöhe: 1000 mm

3 Fenster: Material: Holz-Aluminium	= 2823,08 €

- **Profil:** IDEALU classicline 68 mm (flächenversetzt, smart)
- **Holzart:** Eiche
- **Holzfarbe:** Eiche 222
- **Standard-farben:** Schokoladenbraun (RAL 8017 matt)
- **Fenstertyp:** einteilig
- **Ober-/Unterlicht:** ohne Ober-/Unterlicht
- **Öffnungsart:** einteilig drehkipp rechts
- **Elementgröße:** Gesamtbreite: 1400 mm, Gesamthöhe: 1100 mm

---

[33] Stand November 2021

---

2 Schiebetüren: Material: Holz-Aluminium   **= 14.777,41 €**

- **Schiebetür:** 4564,36 €
- **Holzart:** Eiche 2282,18 €
- **Variante:** Hebe-Schiebe-Türen
- **Profil:** IDEALU HST IV 68
- **Holzfarbe:** Eiche 222
- **Standardfarben:** Schokoladenbraun (RAL 8017 matt)
- **Türentyp:** zweiteilig
- **Öffnungsart:** zweiteilig HST rechts
- **Elementgröße:** Gesamtbreite: 3450 mm, Gesamthöhe: 2100 mm
- **Verglasung:** Zweifachverglasung Ug 1,1 nach DIN EN 673
- **Sicherheitsverglasung:** Ja
- **Sicherheitsglas:** Verbundsicherheitsglas VSG 8 mm innen
- **Beschlag:** Vierfachverriegelung 21,24 €
- **Griffe:** Standardgriff Titan 3 €
- **Verschlussüberwachung:** Ja 90,8

Es kommen noch weitere Fenster-, Terrassen- und Türelemente hinzu, sodass sich die Gesamtkosten der Sanierung der Fenster auf rund 26.411,70 € summieren.

Einbaukosten
Für diese Arbeiten braucht es zwei bis drei Fachkräfte, die ca. 3,5 Tage mit dem Aus- und Abbau der alten Fenster und Türen, dem Neueinbau und der Entsorgung beschäftigt sind, sowie einen Container für den Abraum.

Die Handwerkskosten kannst du zwischen 4500 € und 6750 € ansetzen, abhängig von den Stundenlöhnen und den Entsorgungskosten für die alten Fenster, die Rahmen und den Container. Du kannst die Entsorgung auch günstiger haben, indem du sie selbst machst. Bei der Selbstentsorgung muss man die

Fensterbestandteile, also Glas, Aluminium, Plastik und Holz, voneinander trennen, was sehr schnell sehr zeitintensiv werden kann. Häufig lohnt sich der Komfort eines Komplettangebots, also der Einbau der neuen Fenster und die Entsorgung der alten Fenster und Rahmen.

Meine Erkundigungen in Sachen Arbeits- und Entsorgungskosten sehen wie folgt aus:
Eine Facharbeiterstunde kostet rund 54 € = 1512 € gesamt. Eine Gesellenstunde wird mit ca. 38 € abgerechnet = 1064 €. Bei zwei Gesell*innen macht das zusammen = 2128 € bzw. für alle drei Handwerker*innen 3640 €.
Einen Container bekommst du ab 150 € am Tag.

Liam und Leyla haben sich für einen Mix aus Selbermachen und Fachkräfteengagieren entschieden. Sie haben den Container selbst bestellt und möchten die reine Entsorgung auf dem Wertstoffhof ihrer Gemeinde selbst vornehmen. Die Abrissarbeiten werden von den Profis übernommen, die Entsorgung dann von Liam und Leyla in Eigenregie.

Photovoltaikanlagen – Sonnenenergie zur Stromgewinnung

Einleitung
Nicht zuletzt aufgrund der Annahme, dass der Strompreis auch in den kommenden Jahren weiter kräftig steigen wird, wollen Leyla und Liam ihr Leben unabhängiger von den klassischen Stromanbietern gestalten.

Sie möchten jetzt einfach selbst unter die Stromproduzenten gehen.

Tarife vergleichen war und ist ein sehr guter erster Schritt in Richtung klimafreundlicherem Verbrauch von Strom, und der

Bezug von Ökostrom ein konsequenter und richtiger Schritt zum vernünftigen Umgang mit unseren begrenzten Ressourcen. Mittelfristig kommt man, wenn man sich weiter in diese Richtung entwickeln möchte, jedoch nicht um eine effiziente Photovoltaikanlage herum. So werden die Anlagen auf Haus- und Gewerbedächern genannt, die mittels Sonnenlichtumwandlung Strom erzeugen. Ergänzend bedarf es der richtigen Speichertechnologie in Form von Akkus und Batterien, meist im Keller.

Grundüberlegungen für eine Photovoltaikanlage: Daran solltest du denken!

Zum einen muss das Dach in einem Zustand sein, der es erlaubt, das Gewicht und die Kräfte auszuhalten, die durch Wind, Regen und Witterung auf die Anlage wirken. Das bezieht sich auf den Dachstuhl, die Holzkonstruktion, Isolierung und Dämmung sowie die Dachschindeln bzw. Dachziegel. Je nachdem wann das Haus gebaut wurde, ist eine Überprüfung erforderlich. Für einen ersten Eindruck reicht es, wenn du Fotos mit deinem Handy machst und an infrage kommende Dachdeckerbetriebe schickst. Hier bekommst du ein Feedback zum aktuellen Zustand des Dachs und eine fachmännische Einschätzung deines Vorhabens. Bedarf es nur ein paar Reparaturmaßnahmen oder brauchst du gleich ein ganz neues Dach? Hol dir unbedingt mehrere Meinungen und Angebote ein und stell dich schon mal auf lange Wartezeiten ein. Aufgrund von Materialmangel, einer großen Auftragsflut und dem aktuellen Mangel an qualifizierten Facharbeiter*innen kommt es zu späten Rückmeldungen.

Ein neues Dach kann je nach Größe und Ziegelwahl schnell zwischen 25.000 und 60.000 € kosten. Eine Aufrüstung ist also mit ziemlich hohen Investitionssummen verbunden. Auch hier gibt es aber Fördermöglichkeiten und -programme. Am Ende des Kapitels werde ich noch mal alle Themen auf den Punkt Förderungen hin unter die Lupe nehmen und die Ergebnisse zusammenfassen.

Sehr häufig wird bei Bestandsimmobilien die Photovoltaikanlage auf das bestehende Dach* gebaut. Es gibt allerdings auch Dachziegel** bzw. Photovoltaikanlagen, die die PV-Technik ins Dach integriert haben.

Anbei zwei Bilder von einer herkömmlichen Installation (Bild links) und einer integrierten Anlage (Bild rechts).

*Abb.: Marzari Technik GmbH   **Abb.: Solarwatt Easy In System

Vorteile der Installation einer Photovoltaikanlage, allgemein:
+ Beschleunigung der Energiewende im Land
+ größere Unabhängigkeit von künftigen Strompreiserhöhungen
+ Dezentralisierung der Energieversorgung, Entlastung der Stromnetze
+ mittel- und langfristig Erträge durch Einsparung und Einspeisung
+ geringe Betriebskosten der Anlage auf 20 bis 25 Jahre
+ Gewährleistung der Stromversorgung eines Elektroautos

Nachteile der Installation einer Photovoltaikanlage, allgemein:
− hohe Anfangskosten und langwierige Amortisation
− Einkommens- und Mehrwertsteuerzahlungen, umfangreichere Steuererklärung über 30 kW_p[34]

---

[34] kW_p steht für Kilowatt peak und gibt die Höchstleistung der Anlage an.

- nachlassende PV-Leitung: 90 % nach 10 Jahren, 80 % nach 20 Jahren
- je nach Witterung schwankende Ausbeute von Sonnenenergie
- regelmäßige Wartungskosten, die einkalkuliert werden müssen

Installationskosten herkömmliche Photovoltaikanlage

Im Durchschnitt kostet eine auf den Dachziegeln installierte Photovoltaikanlage ca. 3000 € pro installiertem kWp. Das bedeutet, dass bei einer jährlich benötigten Strommenge von z. B. 4000 kWh so viele Solarmodule installiert werden müssen, bis 4 kWp erreicht sind. Die Kosten der Anlage würden sich in dem Fall auf ca. 12.000 € belaufen. Solarmodule haben Abmessungen von ca. 1,0 Meter auf 1,70 Meter bzw. 1,10 Meter auf 1,80 Meter. Die Leistung der Module beträgt zwischen 250 und 370 Wp. Für 1 kWp benötigt man also drei bis vier Module.

Es gibt unterschiedliche Solarzellen: 1) monokristalline, 2) polykristalline und 3) Dünnschichtsolarzellen. Um 1 kW_p zu erzeugen, benötigen monokristalline Solarzellen ca. 6 m², polykristalline 8 m² und Dünnschichtsolarzellen 16 m² Dachfläche. Der Wirkungsgrad ist ein entscheidender Faktor, der auch mit der Dachausrichtung, also der Himmelsrichtung und dem Dachneigungswinkel zusammenhängt. Dieser beträgt am besten 30 bis 45 Grad.

Für Einfamilienhäuser halte ich Dünnschichtsolarzellen wegen der benötigten Fläche für weniger empfehlenswert, für eine gewerbliche Nutzung dafür umso mehr.

Kosten-Nutzen-Übersicht mit und ohne Batteriespeicher

Ersparnis pro Jahr:
1. **1068 €** **mit** Batteriespeicher
2. **452 €** ohne Batteriespeicher
3. **476 €** Einspeisevergütung (6,42 ¢/kWh) **mit** Batteriespeicher
4. **594 €** Einspeisevergütung ohne Batteriespeicher

Stromproduktion pro Jahr:
1. 3337 kWh Eigenverbrauch **mit** Batteriespeicher
2. 1507 kWh Eigenverbrauch <u>ohne</u> Batteriespeicher
3. 7428 kWh Netzeinspeisung **mit** Batteriespeicher
4. 9259 kWh Netzeinspeisung <u>ohne</u> Batteriespeicher

Stromkosten aktuell pro Jahr:
1. 1280 € bei 4000 kWh Verbrauch (Stand Ende 2021)
2. 212 € Stromkosten/Jahr **mit** Batteriespeicher
3. 828 € Stromkosten/Jahr <u>ohne</u> Batteriespeicher

Unabhängigkeit der Stromversorgung:
4000 kWh Gesamtjahresverbrauch
663 kWh Strombedarf/Jahr **mit** Batteriespeicher
2493 kWh Strombedarf/Jahr <u>ohne</u> Batteriespeicher

Investitionen:
PV-Anlage für 4 – 6 kW$_p$: ca. 9400 und 11.600 € zzgl. Anschluss
~ 18.000 €
Batteriespeicher: zwischen 4000 und 6000 €

Vergleich Photovoltaikanlage mit und ohne Batteriespeicher

 → Ersparnis beim Strom **mit** Batterie: ca. 1530 €

 → Ersparnis beim Strom <u>ohne</u> Batterie: ca. 1115 €

→ <u>Stromkosten pro Jahr:</u>

  212 € **mit** Batteriespeicher

 828 € <u>ohne</u> Batteriespeicher

→ Selbstnutzung des erzeugten Stroms:

 86 % **mit** einem Batteriespeicher

 38 % <u>ohne</u> einen Batteriespeicher

PaTrick: Das Thema Photovoltaikanlagen ist ein sehr weites Feld und wir müssen an dieser Stelle erst mal nicht noch weiter ins Detail gehen. Schlussendlich ist die Kalkulation, die zeigt, ob eine Photovoltaikanlage für dich rentabel ist, sehr individuell. Fürs Klima ist sie das auf jeden Fall, denn jede Anlage verringert bei der Stromerzeugung den CO_2-Ausstoß.

Natürlich entsteht auch bei der Herstellung und der Entsorgung einer solchen Anlage CO_2, und zwar solange der Strom, der dafür benötigt wird, aus fossilen Energieträgern gewonnen wird. Nimmt dieser Anteil ab, so sinkt auch die sogenannte CO_2-Bilanz der Photovoltaikanlage zugunsten unserer Umwelt.

Im letzten Abschnitt dieses sehr technischen Kapitels möchte ich mir nun die Fördermöglichkeiten für Heizungs-, Dach-, Fenster- und Photovoltaikanlagen genauer ansehen.

Vergleich der Kosten von Aufdach- und Indachanlage

Der Vergleich geht von einer ~ 8-kW_p-Photovoltaikanlage mit 27 Solarmodulen mit je 300 W_p Leistung aus. Alle Preise sind zudem netto zzgl. Steuer, ungefähre Angaben der NRG-Tec GmbH.

Die Beispielberechnung kann für Gebäudedachsanierungen und für den Gebäudeneubau verwendet werden. Beim Neubau ist zu beachten, dass die Dachziegel und die Kosten für die Montage der Dachziegel in Abzug gebracht werden (anteilig für den Bereich der Solarmodule). Diese Kosten müssen selbstverständlich mit dem entsprechenden Unternehmen erneut verhandelt und dann angepasst werden.

Vergleich Kosten in €	Aufdach	Indach
Kosten Solarmodule	5000	5000
Kosten Halterung Solarmodule	1350	3400
Installationskosten der Solarmodule	1500	1500
Restkosten der Photovoltaikanlage	5000	5000
Gesamtpreis der Anlage in €	**12.850**	**14.900**
Vergleich Einsparungen/Zusatzkosten		
Kosten Dachziegel 80 m²	800	100
Montagekosten Dachziegel 80 m²	1500	500
Wartungskosten auf 20 Jahre (Dachundichtheiten etc.)	800	0
Entsorgung (Dachziegel, Solarmodule)	– 1000	– 1500
Steuervorteile (Dachdeckerkosten)	0	– 2000
Förderung KfW Effizienzhaus (Bsp. KfW 40 plus) 15 %	0	– 2235
Sonstige Kosten/Einsparungen	**2100**	**– 5135**
Gesamtkosten inkl. Einsparungen	**14.950**	**9765**

Der Vergleich zeigt es deutlich: Die Indachphotovoltaikanlage ist kostengünstiger als die Aufdachanlage. Der Kostenvorteil liegt bei **5185 €**. Ein Großteil davon ergibt sich allerdings aus den Steuervorteilen und der Förderung als KfW-Effizienzhaus.

Förderungen für das klimafreundliche Haus

Neben dem klimafreundlichen Haus gibt es auch das Energie-effizienzhaus. Letzteres ist ein feststehender Begriff. Um diesen Titel tragen zu dürfen, müssen bestimmte Kriterien in Sachen Energiestandard erreicht werden.

Zunächst werfen wir einen Blick auf einzelne förderungsfähige Maßnahmen, später richten wir den Blick auf das Effizienzhaus. Bei allen im Folgenden aufgezeigten Förderungen empfehle ich dir, im Vorfeld eine*n Energieberater*in zu konsultieren. Bei allen Förderungen gibt es zwei wichtige Mitspieler: das BAFA und die KfW, also das Bundesamt für Wirtschaft und Ausfuhrkontrolle sowie die Kreditanstalt für Wiederaufbau.

1. **Fensterförderung**

    Seit 2021 gilt die Bundesförderung für effiziente Gebäude in der Variante Einzelmaßnahme, kurz BEG EM. Der Anteil an den Kosten beträgt 20 % und kann um weitere 5 % aufgestockt werden, wenn ein individueller Sanierungsplan (ISFP) mit einer Energieberatung erstellt wurde. Der maximale Investitionsbetrag, der gefördert wird, liegt bei 60.000 €. Bei 20 % Förderung bekommst du also eine Erstattung von 12.000 €.

    Die Förderung muss vor Baubeginn beantragt werden und gilt nur für Fenster, die einen U-Wert von < 0,95 $W/(m^2K)$ aufweisen. Die KfW-Alternative bei einer Finanzierung der Einzelmaßnahme, genannt KfW-Kredit 262, beträgt 12.000 € bei einer Kreditsumme von 60.000 €.

    Plant man allerdings nicht nur die Fenster, sondern gleich mehrere Sanierungsmaßnahmen, kann ein Kredit von bis zu 150.000 € beantragt werden, 75.000 € davon wären als Zuschuss zu den Maßnahmen »geschenkt«. Voraussetzung dafür ist, dass die Maßnahmen auch tatsächlich dazu führen, dass das Haus dann den – recht strengen – energetischen Vorgaben des KfW-Effizienzhauses entspricht. Wir sprechen dann vom KfW-Kredit 261.

2. **Heizungsförderung**

    Auch bei der Planung einer neuen Heizung solltest du am besten eine Energieberatung hinzuziehen, die Förderungen sind sehr komplex. Auch hängen sie von deiner aktuellen Heizung ab. Nur bei Ölheizungen gibt es eine sogenannte Abwrackprämie, weil die besonders umweltschädlich sind. Davon möchte sich der Staat ganz schnell verabschieden. Weil das Thema so vielfältig ist, habe ich zur besseren Veranschaulichung eine Tabelle erstellt:

Neue Heizung	Bedingungen zur Förderung	Basisförderung (BAFA)
Gasheizung	Brennwerttechnik, Kombination mit einer Heizung auf Basis erneuerbarer Energien, hydraulischer Abgleich	**20 – 30 %** der förderfähigen Kosten von höchstens **60.000 €**, bis zu **12.000 – 18.000 €***

Neue Heizung	Bedingungen zur Förderung	Basisförderung (BAFA)
Wärmepumpe	Hydraulischer Abgleich, zertifizierte Einzelprüfung nach EN 14511/EN 14825	35 % der förderfähigen Kosten von höchstens **60.000 €**, bis zu **21.000 €***
Holzheizung	Emissionsobergenze für Feinstaub + CO_2, Kesselwirkungsgrad mindestens 90 %, Pufferspeicher	35 % der förderfähigen Kosten von höchstens **60.000 €**, bis zu **21.000 €***
Fernwärme	Mindestens 25 % (55 %) der Fernwärme muss mit erneuerbaren Energien erzeugt worden sein	30 % (35 %) der förderfähigen Kosten von höchstens **60.000 €**, bis zu **18.000 €*** (**21.000 €***)
Solarthermie	Zertifizierung nach ISO 17025, jährlicher Kollektorertrag von mindestens 525 kWh/m², transparente Abdeckung der Frontseite, Pufferspeicher	30 % der förderfähigen Kosten von höchstens **60.000 €**, bis zu **18.000 €***

* Bezogen auf eine Wohneinheit

3. Dachsanierungsförderung

Auch beim Dach spielen BAFA und KfW wieder die entscheidende Rolle. Folgende Tabelle gibt schon mal einen Überblick:

Sanierung Dach	Einbaukosten	Programm	Förderung
Dachdämmung	60 – 250 € pro m²	BAFA BEG EM	bis zu 25 % der Kosten (mit ISFP-Bonus), max. 15.000 €
		KfW 262 Kredit + Zuschuss	max. **60.000 €**, max. **15.000 €** Tilgungszuschuss (mit ISFP-Bonus)
Dachausbau (inkl. Dämmung)	300 – 500 € pro m²	BAFA BEG EM	bis zu 25 % der Kosten (mit ISFP-Bonus), max. 15.000 €
		KfW 262 Kredit + Zuschuss	max. **60.000 €**, max. **15.000 €** Tilgungszuschuss (mit ISFP-Bonus)
Umfassende Dachsanierung	200 – 300 € pro m²	BAFA BEG EM	bis zu 25 % der Kosten (mit ISFP-Bonus), max. 15.000 €
		KfW 262 Kredit + Zuschuss	max. **60.000 €**, max. **15.000 €** Tilgungszuschuss (mit ISFP-Bonus)
Dacheindeckung	80 – 130 € pro m²	Keine Förderung ohne Dämmung	

Sanierung Dach	Einbaukosten	Programm	Förderung
Flachdachdämmung	45 – 120 € pro m²	BAFA BEG EM	bis zu 25 % der Kosten (mit ISFP-Bonus), max. 15.000 €
		KfW 262 Kredit + Zuschuss	max. **60.000 €**, max. **15.000 €** Tilgungszuschuss (mit ISFP-Bonus)
Flachdachbegrünung (inkl. Dämmung)	25 – 100 € pro m²	BAFA BEG EM	bis zu 25 % der Kosten (mit ISFP-Bonus), max. 15.000 €
		KfW 262 – Kredit + Zuschuss	max. **60.000 €**, max. **15.000 €** Tilgungszuschuss (mit ISFP-Bonus)
Flachdachabdichtung	20 – 45 € pro m²	Keine Förderung ohne Dämmung	

Die Förderung der Photovoltaikanlage

Last, but not least, blicken wir jetzt noch auf die Förderung von Photovoltaikanlagen und Batteriespeichern. Auch hier gibt die KfW vergünstigte Kredite wie »Erneuerbare Energien – Standard (270)«. Grundvoraussetzung ist, dass du den erzeugten Strom sowohl selbst verbrauchst als auch zum Teil einspeist. Auch hier gilt: Antrag vor Handwerksauftrag stellen, um in den Genuss der Förderung zu kommen.

Die Förderung besteht zum einen aus der EEG-Umlage und der Einspeisevergütung, die für 20 Jahre gezahlt wird, sobald das Projekt gefördert wurde, und zum anderen teilweise aus kommunalen Fördertöpfen und -programmen. Die Einspeisevergütung sollte monatlich abnehmen.

Im Dezember 2021 betrug die Vergütung noch 6,93 ¢/kWh. Bis zum April 2022 wird sie sich bis auf 6,53 ¢/kWh verringert haben. Auf Bundesebene gibt es keine BAFA-Förderung, sondern lediglich in manchen Bundesländern. Da es auslaufende und neu aufgelegte Programme gibt, solltest du dich tagesaktuell informieren beziehungsweise die Energieberater*innen ihren Job machen lassen. Sie werden das Mögliche möglich machen. Alternativ dazu kannst du auch selbst auf die Suche gehen, entweder im Internet oder über die Verbraucherzentrale deiner Stadt. Hier kannst du dich telefonisch, online oder bei Präsenzveranstaltungen gut über deine bevorzugten Themen informieren.

Wie verhält es sich mit den Modernisierungskosten für Mieter*innen?

Die grundlegende Instandhaltung der Wohnung können Vermieter*innen nicht auf Mieter*innen umlegen, denn der Erhalt des ordnungsgemäßen Wohnungszustands ist selbstverständlich. Allerdings sind Energie- oder Wassereinsparungen auf die Miete umlegbar. Die Vermieter*innen können bis zu **8 % der Modernisierungskosten** auf die **Jahresnettokaltmiete** anrechnen.

Beispiel: 10.000 € Sanierungskosten → 800 € Anteil Mieter*in
Monatsmiete: 750 € kalt; Steigerung 8,9 % = 66,66 €/Monat

Fazit: Bei der Gebäudesanierung hast du wahrscheinlich gemerkt, dass es viele unterschiedliche »Baustellen« gibt und es – je nachdem wann du dein Vorhaben planst – lohnend sein kann, sich auch hier noch mal gezielt über aktuelle kommunale Möglichkeiten sowie Landes- und Bundesförderprogramme zu der bevorstehenden Gebäudeverbesserung zu informieren.

Das im Januar gestoppte KfW-Programm zur energetischen Gebäudesanierung konnte im Februar 2022 wieder starten. Der Haushaltsausschuss hatte in einer Sitzung weitere 9,5 Milliarden Euro für die Bundesförderung für effiziente Gebäude (BEG) genehmigt.

Last, but not least, eine gute Nachricht zur steuerlichen Absetzbarkeit deiner ökologischen Sanierung.

Bei deiner selbst genutzten Immobilie, die mindestens 10 Jahre alt ist, kannst du 20 % der Kosten für eine energetische Sanierung absetzen. Dadurch kannst du bis zu 40.000 € Steuern sparen.

Allerdings musst du vorher entscheiden, ob du diesen Steuervorteil in Anspruch nimmst oder die Förderprogramme von der KfW oder dem BAFA nutzen möchtest – leider geht nicht beides zusammen. Damit du kalkulieren kannst, welche Entscheidung für dich die richtige ist, fragst du zu Beginn deiner Planungen am besten die engagierten Energieberater*innen.

Beim Steuerabzugsmodell werden nur bestimmte energetische Maßnahmen gefördert. Außerdem benötigst du für das Finanzamt eine Bescheinigung des Handwerkbetriebs. Wenn du hier unsicher bist, ruf doch einfach mal beim Finanzamt an. Meine Erfahrungen mit den Mitarbeiter*innen dort sind bis auf eine einzige Ausnahme wirklich gut. Denn auch dort sitzen Menschen, die sich freuen, wenn sie nicht nur über Coronahilfspakete entscheiden müssen oder die gewöhnliche 08/15-Steuererklärung bearbeiten dürfen. Und dementsprechend gut wirst du auch im Normalfall beraten.

Die Steuererstattung erhältst du gestreckt über drei Jahre. Du musst die Kosten der Sanierung lediglich jährlich in der Steuererklärung mit angeben. Auch hier gilt: Wenn du dir das nicht allein zutraust, sprich eine Steuerberatung an – deren Kosten kannst du dann auch wieder steuerlich geltend machen. Du siehst also, es gibt viele wunderbare Möglichkeiten, auf dem Weg zu mehr Klimafreundlichkeit im eigenen Alltag unterstützt zu werden.

VI. Auf dem Weg zur Ökonomie von morgen

Lieferketten & Transportwege – Nadelöhr der Weltökonomie

Vielleicht erinnerst du dich noch an den März des Jahres 2021? Ich schon – und nicht weil am 17. März mein Namenstag ist, da ist nämlich Saint Patrick's Day, sondern wegen der Havarie des Containerschiffs Ever Given im Sueskanal in Ägypten. Das 400 Meter lange und 59 Meter breite Schiff lag mit seinen 224.000 Tonnen Gewicht quer im Kanal und machte diesen für alle Schiffe in beide Richtungen ganze sechs Tage lang unpassierbar.

Der wirtschaftliche Schaden, den das verursachte, belief sich auf rund 10 Milliarden US$, so das Versicherungsunternehmen Allianz. Wenngleich die Folgekosten bis heute kaum genau beziffert werden können – denn auch heute noch sehen wir, wie von einem Dominostein angestoßen, die Auswirkungen dieses Zwischenfalls auf die Logistik- und Lieferketten weltweit.

Wir machen einen Sprung in den Oktober des gleichen Jahres. Wieder liegen knapp 100 Schiffe ungelöscht, also nicht abgeladen, in den beiden wichtigsten Häfen der USA – vor Los Angeles und vor Long Beach. Das bedeutet, Waren im Wert von ca. 25 Milliarden US$ dümpeln in dieser Zeit auf dem Wasser herum, werden weder weiterverladen noch transportiert oder verkauft. Ein Schelm, der die amerikanische Konsumorientiertheit dadurch gezähmt sähe, so kurz vor dem wichtigsten Feiertag des Landes, Thanksgiving. Aber es geht natürlich auch um medizinische Produkte, die von dem Transportstopp betroffen sind, sowie zum Beispiel um Vorprodukte zur Herstellung von wichtigen und dringend benötigten Gütern.

Diese Phänomene häufen sich. Es gibt Berechnungen aus dem November 2021, die darauf hindeuten, dass sich mittlerweile knapp 40 % aller verfügbaren Container weltweit irgendwo auf See befinden. Rotterdam, Shanghai, Shenzhen – das sind weitere Container-Großumschlagplätze, und die Probleme türmen sich hier wie die Container selbst auf den beeindruckenden »Seelaseneseln« auf.

Das Hauptproblem, das diese Staus verursacht, ist, dass Asien kontinuierlich Produkte für europäische und amerikanische Kund*innen produziert und volle Container in die »westliche Welt« entsendet, gleichzeitig aber nicht genauso viele Produkte aus diesen Ländern einkauft. Deshalb liegen Tausende leerer Container in den verschiedensten Häfen, kosten Geld und versperren den Weg.

Ein weiteres Problem der Coronapandemie und der steigenden Inflation sind fehlende Arbeitskräfte, die die Container auf Lkw und Züge weiterverladen. Eine Folge der Unterstützungs- und Hilfszahlungen westlicher Staaten an ihre Bürger. Die Absicht, sie in der Krise finanziell weich landen zu lassen, birgt leider auch die Gefahr, dass Menschen sich dank dieses Puffers aus ihren Knochenjobs in der Logistikbranche verabschieden. Kurzum, trotz effizienter Automatisierung fehlt es beim Arbeiten in diesem Bereich an Menschen.

Ein weiteres Beispiel dafür waren die Hilferufe aus Großbritannien im September und Oktober 2021, da es aufgrund des Brexits und der eingeschränkten Reisefreiheiten für EU-Bürger*innen massiv an Lkw-Fahrkräften mangelte. Somit konnten die Waren in Großbritannien nicht wie gewohnt transportiert werden. Ebenfalls ein Beleg dafür, wie kurzsichtig und selbstzerstörerisch sich national orientierte und abschottende Politik auf die eigenen Bürger*innen auswirken kann. Auch beim Streitthema Fischereirechte gab es zwischen Frankreich und Großbritannien immer wieder massive Konflikte um Fangquoten und Fanggebiete. Ich bin davon überzeugt, dass Probleme wie diese nur gemeinsam lösbar sind. Durch den Russland-Ukraine-Krieg wird dieses »gemeinsam« im März 2022 neu definiert. Der Westen, Europa, die USA und zahlreiche Unternehmen haben sich von Russland mit allen wirtschaftlichen Sanktionen und unternehmerischen Konsequenzen distanziert. Betroffen davon sind vor allem die Chemie-, Pharma- und Automobilindustrie. Letzterer fehlen z. B. Kabelbäume, die normalerweise in der Ukraine produziert werden.

Steigende Rohstoffpreise bei Kupfer, Palladium und Titan, die zuvor aus Russland kamen und nun nicht mehr von dort bezogen werden, erschweren und verteuern die Beschaffung außerdem.

All diese Beispiele sind auch ein deutlicher Beleg dafür, wie abhängig doch tatsächlich alle Länder voneinander sind und wie schnell dieses so empfindliche Gebilde der globalen Logistik an seine Grenzen stoßen kann. Die Folge für uns als Konsument*innen ist, dass die Preise für knappe Waren weiter steigen und damit ebenfalls die Löhne der entsprechenden Arbeiter*innen. Zumindest sollten sie das, um die Arbeit in der Logistik attraktiver zu machen. All das sind massive Inflationstreiber – ein wichtiges und brandaktuelles Thema, auf das ich im entsprechenden Kapitel noch detaillierter eingehen werde.

Jetzt werfen wir einen Blick auf die grundsätzlich gute Idee des grüneren und gerechteren Handeltreibens in diesen herausfordernden Zeiten.

Lieferkettengesetz – warum Deutschland die Verpflichtung braucht

Seit Ende Juli 2021 ist das Lieferkettensorgfaltspflichtgesetz, so heißt es in Gänze, verabschiedet. Es tritt zum 1. Januar 2023 in Kraft und regelt zunächst für knapp 950 Unternehmen in Deutschland mit mehr als 3000 Mitarbeiter*innen und ab 2024 auch für Unternehmen mit mehr als 1000 Mitarbeiter*innen den Umgang mit Menschenrechten und der Sorgfaltspflicht bezogen auf die Unternehmen selbst sowie die Produzenten in der jeweiligen Lieferkette des deutschen Unternehmens. Insgesamt sind das rund 4800 Firmen.

Hintergrund der Einführung und Notwendigkeit des Gesetzes waren Fälle von Kinderarbeit, Arbeitsschutzverletzungen und Ausbeutung von Arbeitskräften im Wertschöpfungsprozess.

Die Verantwortung deutscher Unternehmen endet somit nicht bei den eigenen Mitarbeiter*innen, sondern geht bis in die Lieferketten hinein. Aus dieser Sorgfaltspflicht leiten sich Monitoring- und Überprüfungsmechanismen ab, die von den Unternehmen eingehalten werden müssen. Dazu gehört auch die Definition von Präventions- und Abhilfemaßnahmen.

Auf juristischer Ebene besteht die Möglichkeit, dass Menschen, die sich Menschenrechtsverletzungen ausgesetzt sehen, ihre Rechte nicht nur bei deutschen Gerichten geltend machen, sondern auch bei der künftig zuständigen Behörde, dem BAFA, Bundesamt für Wirtschaft und Ausfuhrkontrolle, anzeigen können. Das BAFA kann beispielsweise Strafen gegen die deutschen Unternehmen verhängen.

Die Tatsache, dass ein Gesetz dafür notwendig ist, dass Unternehmen Menschenrechtsstandards einhalten, zeigt, dass freiwillige Initiativen, die es in diesem Bereich durchaus gibt, in Deutschland wenig Einfluss haben. Ähnliche Beobachtungen lassen sich auch bei einigen anderen Themen machen, zum Beispiel Frauen in Führungspositionen und Frauen in Vorständen und Aufsichtsräten. Anscheinend verändert sich die Welt nur durch einen gewissen Druck sowie Verpflichtungen und Gesetze.

Warum Tanya und Rufus das Lieferkettengesetz wichtig finden

»Keine halben Sachen machen«, so lautet eines der Mottos der beiden Jungunternehmer*innen Tanya und Rufus. Denn sowohl in Sachen Nachhaltigkeit als auch bei qualitativ hochwertiger Ernährung kann man sich keine Kompromisse erlauben.

Und da Nachhaltigkeit auch mit einer bestimmten Form der Unternehmensführung einhergeht und somit für beide eine moralische Verpflichtung ist, wollen sie sich für ihre Firma Foodya eingehend damit auseinandersetzen, was sie beim Aufbau ihrer europäischen Zulieferunternehmen konkret tun können, um nach den

UN-Leitprinzipien für Wirtschaft und Menschenrechte zu handeln. Und das, obwohl Foodya aufgrund seiner Größe mit aktuell zwölf Mitarbeiter*innen gar nicht unter das Lieferkettengesetz fällt.

Regeln[35]:

a. Schutzpflicht des Staates, Menschenrechte einzuhalten
b. Verantwortung der Unternehmen, diese Rechte zu achten
c. Gerichtlicher und außergerichtlicher Zugang zur Abhilfe von Menschenrechtsverletzungen

Zu a: Staaten sind laut dem Völkerrecht zum Schutz und zur Einhaltung von Menschenrechten verpflichtet. Das tun sie, indem sie durch Gesetze und Regeln sicherstellen, dass Unternehmen Menschenrechte achten und deren Einhaltung überwachen. Sollte es zu Missachtungen kommen, stellt der Staat sicher, dass diese geahndet, untersucht und wiedergutgemacht werden. Besonders paradox sind Menschenrechtsverletzungen in staatlichen Unternehmen, z. B. im Wasserversorgungs- und Gesundheitssektor.

Zu b: Diese Verantwortung zur Einhaltung von Menschenrechten existiert unabhängig von der Schutzpflicht des Staates auch indirekt für Unternehmen. Wenn ein Staat nicht willens oder nicht in der Lage ist, Menschenrechte zu schützen, so spricht das die Unternehmen nicht von ihrer Verantwortung frei. Kern dieser Pflicht ist die menschenrechtliche Sorgfalt (»human rights due diligence«).

Zu c: Als Teil ihrer Schutzverpflichtung müssen Staaten den Betroffenen von Menschenrechtsverstößen Zugang zu gerichtlichen und außergerichtlichen Mitteln verschaffen, damit wirtschaftsbezogene Menschenrechtsverstöße untersucht,

---

[35] https://www.cora-netz.de/themen/nap/un-leitprinzipien/

geahndet und wiedergutgemacht werden können. Die UN-Leitprinzipien bezeichnen solche Mittel als »Abhilfe«. Darunter fallen sowohl Gerichte als auch außergerichtliche Beschwerdemechanismen, zwischenstaatliche Menschenrechtsmechanismen und andere Verfahren, die dafür geeignet sind, Menschenrechtsverletzungen abzustellen und den Opfern Gerechtigkeit zu verschaffen.

Tanya und Rufus werden vor allem die unternehmerische Verantwortung ihrer europäischen Zulieferer überprüfen und herausfinden, ob diese Unternehmen sich an die UN-Leitprinzipien für Wirtschaft und Menschenrechte halten.

Fazit
Darüber hinaus wollen sich Tanya und Rufus näher mit dem für sie noch neuen Deutschen Nachhaltigkeitskodex und dem NAP, dem nationalen Aktionsplan für Wirtschaft und Menschenrechte, beschäftigen, um künftig Gefahren wie das Reputationsrisiko oder operative Risiken ausschließen zu können. Natürlich geht es ihnen auch darum, Standards zu erfüllen, die potenziellen weiteren Investor*innen die Entscheidung erleichtern, Foodya weiter mit finanziellen Mitteln zu unterstützen. Auch Investor*innen legen, was ökologische Kriterien betrifft, mittlerweile Gott sei Dank sehr hohe internationale Maßstäbe an. Tanya und Rufus sorgen also für gesunde, klimafreundliche Ernährung und achten und schützen gleichzeitig die Menschenrechte bis in die Lieferketten hinein.

Vor- und Nachteile des Lieferkettengesetzes

Was spricht für das Lieferkettengesetz?
Ein Vorteil des neuen Gesetzes ist, dass Unternehmen nun mehr staatliche Unterstützung erhalten, um im internationalen Warenhandel für mehr Nachhaltigkeit und gerechtere Arbeitsbedingungen in den Lieferketten zu sorgen. Gleichzeitig üben die

gesetzlichen Vorgaben mehr Druck auf die Unternehmen aus, die Einhaltung der Menschenrechte in ihren Lieferketten tatsächlich zu überprüfen und gegebenenfalls Maßnahmen zu ergreifen.

Was spricht gegen das Lieferkettengesetz?
Unterschiedliche Politiker*innen und Expert*innen sehen in dem Gesetz erst den Beginn eines notwendigen Veränderungsprozesses. Als eine erste Minimallösung bezeichnet es zum Beispiel Franziska Humbert, Oxfam-Expertin für Wirtschaft und Menschenrechte. Ihr fehlt vor allem eine Schadensersatzregelung für Verstöße.

Unternehmen sehen in dem Gesetz vor allem einen büro-kratischen Mehraufwand sowie die Möglichkeit der finanziellen Sanktionierung und äußern sich deshalb kritisch. Ohnehin sei, nach Aussage von Interessensvertretenden, die Nachverfolgung bis zum Anfang der globalen Lieferketten für den klassischen deut-schen Mittelstand schwer darstellbar.

Was du persönlich zum Schutz von Menschenrechten tun kannst

Ganz unabhängig von den Unternehmen tragen wir als Ver-braucher*innen mit unseren täglichen Konsumentscheidungen einiges zur Entwicklung von Fair-Trade-Prozessen und der globa-len Anerkennung von Menschenrechten bei. BUY LOCAL ist ein Verein, der sich darauf konzentriert, heimische Produkte besser zu vermarkten und gleichzeitig durch eine ausgewogene Vertriebs-struktur nachhaltiger und CO_2-ärmer zu agieren.

Alternativ greife ich auch im Supermarkt immer häufiger zu lokalen Lebensmitteln, beispielsweise Saisonware wie Kartoffeln, Spargel, Erdbeeren etc. Die Forderung vieler Konsument*innen, das ganze Jahr über jeden Tag alle Lebensmittel verfügbar zu haben und nicht an die Saisonalität von Erzeugnissen denken zu müssen, fördert Ungerechtigkeiten in den Lieferketten und die schlechte

Umweltbilanz vieler Waren. Wenn diese quer über den Globus geflogen oder mit dem Schiff transportiert werden müssen, können wir nicht klimaneutraler wirtschaften und konsumieren.

Wochenmärkte haben zwar enormen Zulauf genossen, jedoch sind die Waren dort preislich noch immer nicht so attraktiv wie beim Discounter um die Ecke. Aber müssen wir denn wirklich jeden Tag Fleisch essen? Gibt es ein Grundrecht auf Fleischkonsum? Auch wenn dieser Wunsch moralisierend klingen mag, er ist ganz ehrlich gemeint: Wer kann, sollte die Bäuerin oder den Obst- und Gemüsehändler vor Ort unterstützen. Ich bin davon überzeugt, dass ein reflektiertes Einkaufs- und Konsumverhalten aller Einzelnen einen wirkungsvollen Beitrag leisten und als Teil die Lieferkettenproblematik verbessern kann.

Kreislaufwirtschaft & Recycling – Gamechanger für das Klima?

Nun zum Recycling. Zum Beispiel von PCs, Elektronik, Smartphones, Kleidung – Recycling ist nicht weniger als eine Renaissance der effektiven Kreislaufwirtschaft mit ungeahnten Potenzialen und Wertschöpfungsmöglichkeiten. Und das Beste daran ist: Ein guter Recyclingprozess hat zur Folge, dass keine Kinder mehr auf Nigerias Elektromülldeponien in giftigen Dämpfen herumklettern und nach Rohstoffen suchen müssen. Der perfide Grund, warum die Kreislaufwirtschaft bisher nicht massenhaft verfolgt und betrieben wird: Sie lohnt sich finanziell nicht. Nur, warum nicht?

Es klingt wie eine unrealistische Utopie eines sogenannten Fundis von Bündnis 90/Die Grünen, aber es ist in Wahrheit eine Binse, dass Deutschland als rohstoffarmes Industrieland endlich massiv in die Kreislaufwirtschaft einsteigen muss, will man den wirtschaftlich-ökologischen Anschluss an die Welt nicht verlieren.

Besonders für die Produktion klimafreundlicher Windräder, deren Motoren, für Elektrobatterien für E-Autos und die Weiterentwicklung der Stromnetze der Zukunft bedarf es Unmengen an Rohstoffen. Anstatt Jahr für Jahr Milliarden Tonnen davon aus der Erde zu holen, was ohnehin nur funktioniert, weil die Rohstoffe in Ländern mit Niedriglohn und schlechten Arbeitsschutzstandards liegen, ist es notwendig, umgehend, am liebsten bereits gestern, zu handeln. Spätestens aber, wenn das Lieferkettengesetz in Kraft tritt, vor allem aus der klimamoralischen Verpflichtung des Glasgower COP26-Events heraus.

Die Freiheit und den Wohlstand von morgen sichern wir nur durch nachhaltigeres Wirtschaften und Produzieren. Die gute Nachricht ist, dass sich bereits ca. 70 bis 75 % der Rohstoffe dafür in Deutschland befinden. Statt unseren Müll zu verbrennen, zu deponieren oder auf Schiffe zu bringen, um ihn dann irgendwo im Ausland auf einer Deponie aufzuschichten, sollten wir uns anstrengen, den Rohstoffkreislauf anzukurbeln. Neben der Entlastung der Umwelt um bis zu 45 % CO_2 könnte das bis zu einer Million neue Jobs schaffen, so Studien der Ellen-MacArthur-Stiftung.

Laut BASF-CEO Martin Brudermüller wäre eine Entkopplung von Wachstum und Ressourcenverbrauch nur durch die Kreislaufwirtschaft realisierbar. Bisher fehlte auch aufgrund des mangelnden politischen Drucks die unternehmerische Notwendigkeit zum Wandel.

Die Ampelregierung hat mit der Erhöhung des CO_2-Preises pro Tonne ein wirkungsvolles Steuerungselement in Händen. Um wirklich grüner zu produzieren, bedarf es jedoch enormer zusätzlicher Mengen Energie und Strom – das Zauberwort heißt hier grüner Wasserstoff.

Unternehmen wie die Covestro AG beispielsweise bewegen sich immerhin schon in die richtige Richtung, indem sie Kunststoffe zu 100 % aus Altkunststoff und CO_2 gewinnen. Ein anderer Recyclingschlager könnten alte Autobatterien werden, jene, mit denen Elektroautos fahren. Denn bei einer Recyclingquote von

95 % der darin verarbeiteten Rohstoffe sind sie eine unschlagbare, nahezu alternativlose Rohstoffquelle für die Produktion neuer Autobatterien. Deshalb hat sich die Automobilindustrie auf den Weg gemacht, diese enorm hohe Wiederverwertungsquote auch zu nutzen.

Aktuell stecken viele dieser Entwicklungen noch in den Kinderschuhen. Dabei muss ich an eine Szene des Hollywoodfilmklassikers *Zurück in die Zukunft* denken: Am Ende des ersten Teils landet Doc Brown mit seiner Zeitmaschine DeLorean bei Marty und holt sich seinen Treibstoff für die nächste Zeitreise aus der hauseigenen Mülltonne. Ganz so weit sind wir noch nicht, aber mit dem Bau von Wiederaufbereitungsanlagen direkt neben neu gebauten Batteriefabriken, so wie das Tesla & Co. aktuell planen, bekommt der Film mit seinem guten Beispiel doch ein inspirierendes Momentum, oder?

Digitalisierung & klimafreundliche Innovation in Unternehmen

Es ist traurig und zugleich erstaunlich, wie sehr Unternehmen und deren Mitarbeiter*innen weltweit von den Auswirkungen der Coronapandemie und den damit verbundenen Lockdowns betroffen waren und immer noch sind – gesundheitlich und wirtschaftlich, aber auch in ihrer täglichen Arbeitsroutine. Vielerorts gab es die nämlich nicht mehr. Privat- und Geschäftsreisen waren nicht mehr möglich, und dort, wo Homeoffice und Onlinekonferenzen Einzug gehalten haben, hat sich das Thema Digitalisierung in Rekordzeit verändert, etabliert und weiterentwickelt. Wo warst du, als sich das Ganze im April 2020 verbreitete und die Arbeitswelt nachhaltig veränderte? Warst du ebenfalls davon betroffen?

Ich dachte im März 2020, als mir die Absagen der physischen Kundenevents reihenweise um die Ohren flogen, nur: Oh mein Gott, was wird das wohl für ein wirtschaftlich katastrophales Jahr?!

Ich hatte keine Ahnung, wo für mich als Soloselbstständigem jetzt die Einnahmen herkommen sollten.

Ich war und bin immer noch dankbar, dass die Politik schnell und besonnen reagierte und beschlossen hat, Hilfsgelder zur Verfügung zu stellen und Möglichkeiten zu schaffen, die steuerlichen Vorauszahlungen an die Finanzämter zurückzustellen. Wenn auch die Auszahlungen mancherorts sehr lange brauchten, verschaffte das doch vielen Menschen finanziell erst mal Luft und eine Perspektive.

Insbesondere der erste Lockdown zeigte uns bei Homeoffice, Homeschooling und Co. unsere Grenzen auf. Vor allem technologisch war und ist infrastrukturell einiges im Argen, vor allem im ländlichen Raum, der in Sachen Breitbandausbau bisher das Nachsehen hatte.

Das wird und muss sich mit der neuen Regierung wohl in den kommenden Jahren ändern, denn die teuren Mieten und Lebensbedingungen in den Städten bringen auch wieder vermehrt Menschen in die Speckgürtel und die ländlichen Räume zurück. Gerade in diesem Kontext ist es wichtig, dort technologische Anreize und Perspektiven zu schaffen. Gleichzeitig müssen auch Umweltaspekte mitberücksichtigt werden. Wie das in Einklang zu bringen ist und wie sich die Menschen hierzulande das Zusammenspiel von Digitalisierung und Umwelt wünschen und vorstellen, dazu hat Bitkom – vormals Bundesverband Informationswirtschaft, Telekommunikation und neue Medien e. V. – eine Studie veröffentlicht, aus der ich an dieser Stelle einige wichtige Passagen zitieren möchte.

Die repräsentative Umfrage unter 1005 Personen ab 16 Jahren erfolgte durch ACCENTURE.

Zunächst einmal ein Überblick, wo wir in Sachen CO_2-Ausstoß stehen und wo wir laut der Klimaschutzgesetznovelle des Bundes aus dem Juni 2021 hinmüssen:

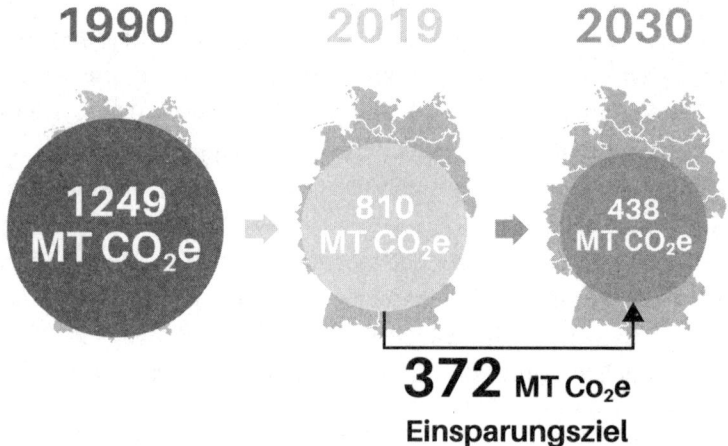

Verursachte und geplante CO$_2$e-Emissionen in Deutschland

1990   2019   2030

1249 MT CO$_2$e   810 MT CO$_2$e   438 MT CO$_2$e

372 MT Co$_2$e
Einsparungsziel

Was uns die Grafik zeigt und was daraus folgt

Ziel des Klimaschutzgesetzes ist es, den CO$_2$-Ausstoß in Deutschland, bezogen auf das Jahr 1990, bis zum Jahr 2030 um 65 % auf »nur« noch 438 Megatonnen CO$_2$ zu verringern.

Und um mal mit einem Vorurteil aufzuräumen: Wirtschaftswachstum bedeutet nicht gleich mehr CO$_2$-Ausstoß. In den letzten 30 Jahren sind die Emissionen bei einem gleichzeitigen BIP-Wachstum von ca. 150 % um 35,1 % reduziert worden.

Um künftig die ambitionierteren Klimaschutzziele zu erreichen, ist ein umfassenderer Ausbau digitaler Technologien erforderlich. Geschieht das, kann der Anteil der Digitalisierung an der Reduzierung der CO$_2$-Emissionen bis zu 41 % betragen. Ein moderater Ausbau der Digitalisierung hingegen würde »nur« einen Beitrag von 28 % erzielen.

Die folgende Grafik veranschaulicht die Bereiche, auf die die Reduzierungen entfallen. Die Digitalisierung erreicht die Einsparungen übrigens durch Effizienzsteigerungen in den jeweiligen Bereichen.

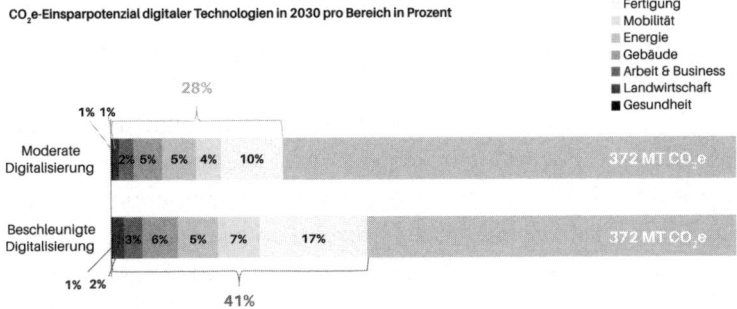

Als Anwendungen eignen sich für viele Arbeits- und Produktions-prozesse sogenannte digitale Zwillinge. Diese simulieren Prozes-se im Produktionszyklus, um physische Prozesse zu minimieren und zu ersetzen. Ohne ins Detail zu gehen: Oftmals ist die Rede von folgenden Technologien, von denen du vielleicht schon ge-hört hast:

- Industrielles Internet of Things
- Big Data & Cloud-Computing
- Künstliche Intelligenz
- Robotik
- Integrierte Systemtechnologie für Produktion
- Software
- Augmented Reality
- Enterprise-Systeme

Als Beispiel möchte ich mir die digitalen Zwillinge ansehen, die in der Medikamentenforschung und bei der Herstellung in der Pharmabranche zum Einsatz kommen. Normalerweise ist der Prozess hin zu einem neuen Medikament ein sehr energiereicher und ressourcenverbrauchender, denn neben dem Wasser- und Chemikalienverbrauch entsteht bei den Fertigungsprozessen auch immer eine Menge Müll und CO$_2$.

Durch digitale Zwillinge werden diese physischen Struktu-ren und Produktionsprozesse am Computer simuliert und nach-gebaut. Für die dafür benötigten leistungsstarken Rechner und die Nutzung von Serverkapazitäten benötigt man zwar viel Strom, spart aber ca. 91 % Wasser, 94 % Chemikalien und 321 Tonnen Sondermüll ein.

Das ist nur ein Beispiel dafür, wie sinnvoll die Digitalisierung im Pharmabereich sein kann. Übrigens wurde auch bei der Herstellung der mRNA-Impfstoffe intensiv auf Quantencomputer zurückgegriffen, um gewisse chemische Prozesse und so manchen Arbeitsschritt im Computer zu simulieren. Früher kamen viele Maschinen, Reagenzgläser und Röhrchen zum Einsatz, und Menschen haben geschüttelt und gerührt, was das Chemielabor hergab. Ich überspitze das natürlich. Durch die Computersimulationen werden Tests, Versuchsanordnungen und weitere Entwicklungsprozesse in Rekordzeit verarbeitet. Die Quantencomputer und die digitalen Zwillinge erzeugen nicht nur unvorstellbar große Datenmengen, sondern leisten einen wirklichen Herkulesbeitrag zur Effizienzsteigerung unserer hoch technologisierten und industrialisierten Welt.

Wo die Digitalisierung noch einen großen Beitrag zur angestrebten Klimaneutralität leistet, beschreibe ich im Folgenden. Werfen wir einen Blick auf die digitalisierte Mobilität von morgen und die CO_2-Einsparmöglichkeiten in diesem Bereich.

CO₂e-Einsparpotenzial im Jahr 2030 in der Mobilität

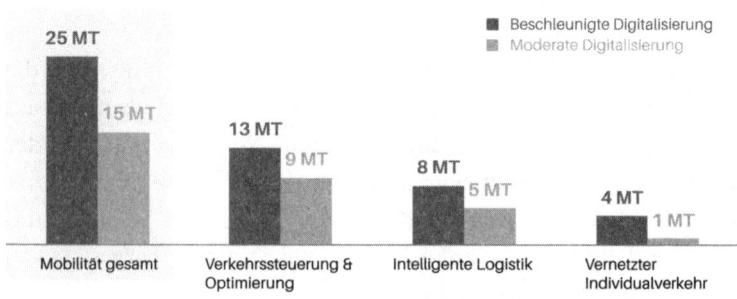

Erläuterung: Die Grafik veranschaulicht die Einsparpotenziale in der Mobilität, die zwischen 15 Megatonnen CO_2 und 25 Megatonnen CO_2 pro Jahr liegen könnten. Erreicht würde das durch folgende Anwendungen und Effizienzsteigerungen im Verkehr der Zukunft:

• Verkehrssteuerung & Optimierung
9 bis 14 % der erwarteten Verkehrsemissionen durch Individualverkehr können durch Anwendungen für effizientes Fahren und ein digitales öffentliches Verkehrsnetz vermieden werden. Autonomes Fahren in Kombination mit Datensammeln in Echtzeit und der Kommunikation zwischen den Fahrzeugen spielt eine entscheidende Rolle.

• Intelligente Logistik
10 bis 16 % der zu erwartenden Verkehrsemissionen durch Gütertransporte können durch intelligente Logistiklösungen und additive Fertigung vermieden werden. Bei diesen Prozessen können Produkte und deren Auslieferung punktgenau gesteuert und zeitlich besser aufeinander abgestimmt werden. Dann müssten die Amazons dieser Welt weniger Energie und Ressourcen bei der Logistik aufwenden, könnten ihre Lieferfahrzeuge besser auslasten und hätten gleichzeitig kürzere Standzeiten.

• Carsharing-Apps
Ihnen wird ein Anteil zwischen 1 und 3 % an der Reduktion klimaschädlicher Treibhausgase zugesprochen. Ich hätte, um ehrlich zu sein, mit mehr gerechnet. Ich glaube, wir werden künftig immer seltener Autos besitzen, sondern vermehrt auf Mietmodelle und eben Teilhabemodelle zurückgreifen.

• Öffentlicher Nahverkehr
Studien in Norwegen versuchen durch die Implementierung von mehr digitaler Technologie das Fahrerlebnis im ÖPNV zu optimieren, um mittelbar die Frequentierung zu steigern. Sensoren an den Bussen und im Verkehrsnetz, digitale Beschilderungen und weitere Echtzeit-Infos an den Haltestellen sollen die Transparenz bei der

Taktung der Verbindungen sowie die Zahl der beförderten Gäste und sogar die Lebensdauer der Fahrzeuge erhöhen. In der Folge steigen Akzeptanz, Fahrerlebnis, Nutzerzahlen und Nutzungsdauer deutlich. Der ÖPNV macht mittlerweile tatsächlich gut 44 % aller Mobilität in der Modellstadt Oslo aus.

Weitere Studienaspekte – Einspar- und Verbesserungschancen, Logistik am Beispiel eines 60-Millionen-Kund*innen-Onlinehändlers

Plattformtechnologie, die Folgendes leistet:

- Die automatische Zuteilung von Sendungen und Fahrer*innen basierend auf Leerlaufkapazitäten, Standortnähe, den Fahrfähigkeiten und dem Lkw-Typ zur Reduzierung logistischer Hürden.
- Optimierung der Gewichts- und Volumenkapazität jedes Lkws zur Vermeidung von Unterauslastung.
- Planung und Optimierung von Lieferrouten auf Basis von Echtzeitdaten und Verkehrsanalysen, um kürzere Strecken, weniger Verkehr und geringere Verzögerungen zu gewährleisten.

<u>**Ziele der Digitalisierung:**</u> • Routen- und Frachtoptimierung
• additive Fertigung (3-D-Drucker)
• verkürzte globale Lieferketten

Digitalisierung bei Energie und Energienetzen

Durch digital effizient gesteuerte Stromnetze und lokale, dezentrale Versorgung können zwischen 8 und 10 % der Emissionen bei der Erzeugung und Weiterleitung von Strom eingespart werden.

Bei Windanlagen können die Ausfallzeit, die Auslastung und der Grad der Rotation der Räder so gesteuert werden, dass die Produktivitätssteigerungen sich mit ca. 6 bis 7 Megatonnen CO_2-Reduktion jährlich bemerkbar machen. Auch die Stromerzeugung und -einspeisung ist mit Sensorik überwachbar.

→ Insgesamt, so die Accenture-Studie, könnte es im gesamten Energiesektor Einsparungen zwischen 20 und 24 Megatonnen pro Jahr geben.

Digitalisierung bei Gebäuden: Smart Homes und vernetzte Gebäude

Die gute Nachricht vorweg. Es wäre möglich, zum Jahr 2030 bis zu 21 Megatonnen CO_2 einzusparen – vorausgesetzt, man setzt im Bereich Smart Homes und vernetzte Gebäude stark auf die Digitalisierungstechnologien.

Smart Home: • intelligente Smart-Meter-Technologie
• Thermostatregulation, hydraulischer Abgleich
• intelligente Lüftungs-, Klima- und Heizungsanlagen

Vernetzte Gebäude: • Energiemanagement-Apps, Informations- und Kommunikationsplattformen
• LED-Leuchten, wassersparende Armaturen
• smarte und dezentrale Fernwärmeleitungen
Einsparpotenzial: bis zu 27 % des Energieverbrauchs

Ergänzung

Auch in den Bereichen **Landwirtschaft** (Nutztierhaltung, Bodenbewirtschaftung), mobiles Arbeiten (Homeoffice, Remote Work und Onlinebanking), **Gesundheit** und E-Health sind durch die Digitalisierung enorme Einsparpotenziale erreichbar. Ein weiterer Effekt ist die Zeitersparnis für uns und die Möglichkeit, viele Verpflichtungen zu erledigen, ohne dabei physisch anwesend sein zu müssen. Das setzt vor allem Mobilitätsressourcen frei.

Wie eine Studie der KPMG, eines der führenden deutschen Wirtschaftsprüfungs- und Beratungsunternehmen, aus dem November 2021 ergab, sehen 360 Finanzvorstände aus China, Japan, den USA und einigen europäischen Ländern die Transformationsgeschwindigkeit Deutschlands kritisch. Deutschland droht in

Sachen Digitalisierung den Anschluss zu verlieren und damit für Investitionen unattraktiver zu werden. Ein Grund mehr, sich ins Zeug zu legen.

Welche Unternehmen braucht Deutschland, welche die Welt?

Nahtlos anschließend an den letzten Absatz stellt sich die Frage, wie ein so rohstoffarmes Land wie Deutschland wirtschaftlich und industriell zukunftsfähig bleiben und gleichzeitig die Lieferkettenproblematiken, den Klimaschutz und die Einhaltung der Menschenrechte bei Kooperationspartnern im Ausland im Blick haben kann? Hinzu kommt die gesellschaftliche Überalterung, auch die der Arbeitnehmer*innen.

Jede*r zweite Deutsche ist laut Statistischem Bundesamt über 45 Jahre alt, jede fünfte Person sogar älter als 66 Jahre. In den kommenden zehn Jahren gehen 20 Millionen Menschen der sogenannten Babyboomergeneration in den Ruhestand. Nach Berechnungen und Studien unter anderem von der Bundesagentur für Arbeit und ihrem Chef Detlef Scheele werden dadurch in Deutschland zwischen 150.000 und 250.000 qualifizierte Facharbeiter*innen und Fachkräfte jährlich fehlen.

Eine Lösung soll die Zuwanderung von bis zu 400.000 Fachkräften aus dem Ausland sein. Dazu müssen im Ausland erworbene Berufsqualifikationen und Abschlüsse hierzulande besser anerkannt werden – aktuell sind die Quoten, auch bei Studienabsolvent*innen, noch zu gering, um den Herausforderungen am Arbeitsmarkt gerecht zu werden.

Bevor ich mich genauer mit der Frage beschäftige, welche Berufe es in der Zukunft geben wird, zunächst einmal eine Statistik, die dir verdeutlicht, wo wir Anfang 2022 beim Thema offene Stellen stehen. Nicht zuletzt aufgrund der gefühlten Endlosschleife der Coronapandemie haben sich viele Fachkräfte aus dem medizinischen Bereich bewusst aus ihren Berufen verabschiedet. Laut der Präsidentin des Deutschen Pflegerats, Christine Vogler, fehlen aktuell sogar 200.000 Fachkräfte in der Pflege. Bis zum Jahr 2030 wird diese Zahl auf 500.000 steigen.[36] Das sind auch die Folgen einer immer älter werdenden Gesellschaft.

Die größte Nachfrage nach Fachkräften gibt es allerdings in der Logistik, ein wirklicher Hemmschuh in Sachen Wirtschaftswachstum.

Die Auswirkungen des Fachkräftemangels auf die Realwirtschaft

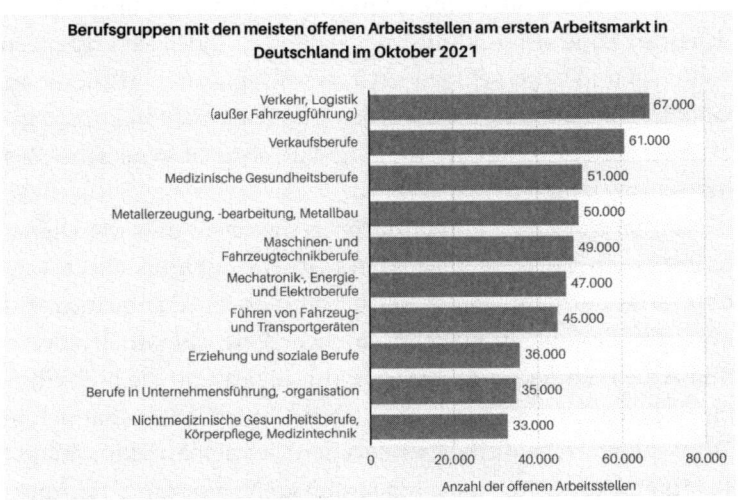

Berufsgruppen mit den meisten offenen Arbeitsstellen am ersten Arbeitsmarkt in Deutschland im Oktober 2021

Berufsgruppe	Anzahl der offenen Arbeitsstellen
Verkehr, Logistik (außer Fahrzeugführung)	67.000
Verkaufsberufe	61.000
Medizinische Gesundheitsberufe	51.000
Metallerzeugung, -bearbeitung, Metallbau	50.000
Maschinen- und Fahrzeugtechnikberufe	49.000
Mechatronik-, Energie- und Elektroberufe	47.000
Führen von Fahrzeug- und Transportgeräten	45.000
Erziehung und soziale Berufe	36.000
Berufe in Unternehmensführung, -organisation	35.000
Nichtmedizinische Gesundheitsberufe, Körperpflege, Medizintechnik	33.000

Anzahl der offenen Arbeitsstellen

Einordnung
Es ist ein großes Problem, dass im Bereich Erziehung und in den sozialen Berufen immer mehr Arbeitskräfte fehlen – und dabei

---

[36] https://www.aerzteblatt.de/nachrichten/128103/Wir-wissen-dass-2030-circa-500-000-Pflegekraefte-fehlen-werden

sind sie doch gerade in diesen Feldern so besonders wichtig. Vor allen Dingen seit dem Inkrafttreten des Betreuungsanspruchs, der rechtlich einklagbar ist, suchen Kommunen auch hier in der Nähe von Frankfurt immer wieder händeringend nach qualifizierten Mitarbeiter*innen. Die Ansprüche an das Personal auf der einen Seite, aber auch der Stress der Tätigkeit auf der anderen Seite sind Gründe dafür, weshalb immer weniger Menschen den Weg in diese so wichtigen Berufe finden. Von der leider immer noch zu geringen Bezahlung und den langen Ausbildungszeiten gar nicht erst zu sprechen.

Den Bedarf an Fachkräften unterschiedlichster Art hast du nun mithilfe der Tabelle einordnen können. Aber welche Art Unternehmer*innen, Arbeitnehmer*innen und Firmen braucht eigentlich unser Land, um zukünftig mit anderen globalen aufstrebenden Nationen und Unternehmen wettbewerbsfähig zu sein? Facebook, Google, Amazon und Tesla wurden jedenfalls nicht in Europa gegründet, und es drängt sich die Frage auf, ob nicht so mancher Zug bereits abgefahren ist.

Ich habe ja schon vorher davon gesprochen, dass die Digitalisierung ein ganz wichtiger Markt ist: ein Zukunftsmarkt. Und dass in Deutschland, in der westlichen Welt im Allgemeinen, viel Wert auf die Einhaltung der Menschenrechte, auf Arbeitsschutz- und Arbeitnehmergesetze gelegt wird. Menschen, die hier arbeiten, sollen auch von ihrer Arbeit leben können. Leider hat sich in Deutschland trotz allem besonders der Niedriglohnsektor mit gut 10 Millionen Arbeitnehmer*innen zum größten seiner Art in Europa entwickelt. Viele Menschen brauchen mehrere Jobs, um über die Runden zu kommen. In den USA ist dieses Phänomen schon seit Jahrzehnten bekannt – nun haben wir gleichgezogen.

Unsere Industrielastigkeit macht uns im internationalen Wettbewerb angreifbar. Gleichzeitig setzt sie aber auch Standards, wie im Maschinenbau und in der Automobilindustrie. In beiden Branchen sind wir immer noch sehr erfolgreich. Aber auch hier muss die Transformation hin zu grüner, klimafreundlicher und noch schnellerer Technologie erfolgen. Sonst werden Großaufträge und Kundenprojekte künftig mehrheitlich an Unternehmen vergeben, die die Klimavorgaben der COP26 stärker einhalten und die Wahrung von Arbeitnehmerrechten besser gewährleisten können. Wichtig ist, dass Deutschland nicht isoliert wird, sondern als stärkste und größte Volkswirtschaft in der EU vorangeht. Der bereits erwähnte Green Deal könnte so was wie ein Kickstart sein, für die Transformation einer Arbeitsgesellschaft, die zukünftig einen größeren Wert auf Nachhaltigkeit, Umweltschutz, Menschenrechte und gerechte Bezahlung legt. Seine Anreize zur Förderung der Klimaneutralität könnten Europa wieder ins Zentrum der globalen Wirtschaften führen.

Damit setzen wir natürlich auch einen Gegenentwurf zu aufstrebenden Emerging Markets, also Ländern wie China und Indien. Das kann sich für Europa – vorausgesetzt, wir bewegen uns mehr in Richtung Pragmatismus und weniger in Richtung Bürokratie – zum wahren Wettbewerbsvorteil entwickeln.

New Work – arbeiten in der Welt von morgen

Wenn die Pandemie eines ganz deutlich gemacht hat, dann dass Menschen vor allen Dingen die Flexibilität ihrer Arbeitsplätze zu schätzen gelernt haben. Sie wollen im Homeoffice arbeiten, wenn das möglich ist, sie möchten aber auch reisen, wenn das geht. Außerdem wollen sie sich ihre Arbeit selbst einteilen und eigenverantwortlich agieren, mit konkreten Zielen und Vereinbarungen.

Das betrifft nicht nur Onlinemeetings, Teamkonferenzen und Abstimmungen mit Kolleg*innen innerhalb von Projekten, sondern auch Entwicklungsgespräche und Empowermentmöglichkeiten, duale Studien und Weiterbildungschancen im Unternehmen und neben der Arbeit.

Die viel zitierte Work-Life-Balance spielt eine wichtige Rolle, die Bezahlung ist sogar vielerorts nur zweitrangig. Auch das gediegene Eckbüro im Hochhaus ist nicht mehr das Symbol von Seniorität und Kompetenz, das junge Arbeitnehmer*innen heute noch anstreben. Ausnahmen bilden wahrscheinlich prestigeträchtige Anwaltskanzleien und die Topadressen der globalen Bankenliga.

Die Vereinbarkeit von Privatleben, Freizeit, Beruf und Familie steht genauso hoch im Kurs wie die neue Art der Arbeitsteilung. Da ist es nicht verwunderlich, dass auch in Führungspositionen Stellen prozentual aufgeteilt werden. Warum auch nicht? Ebenso möglich und für das ein oder andere Projekt sogar effizienzsteigernd ist das Remote-Arbeiten unterwegs im Zug oder im Flugzeug.

Der Begriff New Work beschäftigt sich aber nicht nur damit, wo und wie wir arbeiten, sondern auch damit, welche Gedanken sich Unternehmen und Arbeitgeber*innen künftig machen müssen, um neue Mitarbeiter*innen zu gewinnen. Employer-Branding heißt das Zauberwort für Unternehmen, also sich zum Anreiz für qualifizierte und willige Mitarbeiter*innen in ein gutes Licht rücken.

Da ist es für Firmen eminent wichtig, zu verdeutlichen, welche besonderen Chancen und Weiterentwicklungsmöglichkeiten sie ihren Angestellten bieten und was sie gleichzeitig für den Umweltschutz und gegen den Klimawandel tun. Wichtiger als Geld ist Arbeitnehmer*innen mittlerweile auch der sogenannte Purpose, also das Warum eines Unternehmenszwecks. Sinnstiftend muss es zugehen in der schönen neuen Arbeitswelt. Mit eigenen Wünschen und Zielen, aber vielleicht auch doch mit dem »Höher, schneller, weiter!« so mancher Firmenlenkenden.

Was sich daraus für soziale Berufe ergibt – es »menschelt«
Dass wir alle immer mehr an Computern, Rechnern und mobilen Endgeräten sitzen, verstärkt bei den meisten von uns das Bedürfnis

nach sozialen Kontakten. Für mich müssen diese nicht häufig stattfinden, aber Qualität haben. Ganz gleich, ob ich beim Bäcker in der Schlange stehe und mich mit der Fachkraft dort unterhalte, ob ich tanke oder mit Honorarfachleuten spreche. Ab und an muss es menscheln.

Menschen haben das starke Bedürfnis, mit anderen Menschen zu interagieren, miteinander zu sprechen, zu lachen, zu kommunizieren. Das macht offen und locker und hilft dabei, über den Small Talk hinauszugehen, um eine Art der Zugehörigkeit zu etablieren.

Gleichzeitig wächst der Anspruch an die Qualität der Interaktion. Besonders Menschen in Bildungs- bzw. Pädagogikberufen, also Lehrkräfte, Erziehungsfachleute und Sozialarbeiter*innen, sehen sich stetig steigenden Anforderung an sich und die eigenen kommunikativen Kompetenzen ausgesetzt. Diese Berufsgruppen sind auch im Hinblick auf die ihnen übertragenen Zuständigkeiten besonders gefordert, denn sie müssen in Zeiten von Lockdowns und der Pandemie im besonderen Maße Aufgaben übernehmen, die im Präsenzunterricht nicht an sie gestellt werden. Bei uns Eltern stellt sich in Zeiten des Homeschoolings Zufriedenheit ein, wenn eben eine solche Lehrkraft über die notwendigen zwischenmenschlichen Qualitäten verfügt, um bei ihren Gegenüber für Verständnis zu werben oder ihnen Sachverhalte und Situationen lebenswirklich und menschlich und dabei auch noch freundlich zu erklären. Was ergibt sich aus diesen Bedürfnissen jetzt für die Führungskräfte der Zukunft und für die Ausrichtung unserer Firmen und Unternehmen? Darauf werfe ich mal einen genaueren Blick.

New Work und die Folgen für die Unternehmensführung von morgen

Erinnerst du dich auch noch an die Zeit, als deine Eltern vom Arbeiten nach Hause kamen und eigentlich nicht wirklich über die Arbeit sprechen wollten, weil sie sie so sehr belastete oder sie schlicht zu müde waren? Ich gewann damals fast den Eindruck, Arbeitnehmer*innen würden zwei Leben führen. Das eine auf der Arbeit, zum reinen Geldverdienen, und das Privatleben, wo dann Familie, Freund*innen und Hobbys eine Rolle spielten und an dem ich teilhaben durfte. Der eine oder die andere versuchte sich dann vom Stress der Arbeit zu erholen, durch ein Schläfchen auf der Couch, Sport oder Fernsehen. Anfang der 2000er, als es mit Google, Yahoo und diversen amerikanischen Internetunternehmen so richtig losging, hatte ich das Gefühl, es reiche Arbeitnehmer*innen zum Entspannen und Hip-Sein bereits, wenn bloß ein Billardtisch oder ein Tischkicker im Aufenthaltsraum ihrer Arbeitsstätte stand. Doch spätestens mit der zaghaften Veränderung des Essensangebots in den Kantinen der deutschen Arbeitswelt, nämlich weg von der klassischen Currywurst hin zum Veggieburger oder dem Gemüsewrap, wurde mir klar, dass der Zeitpunkt für eine Zeitenwende gekommen war. Zu diesem Zeitpunkt kam auch der Begriff Work-Life-Balance auf und man bekam den Eindruck, Hierarchien würden flacher, obschon die wirtschaftlichen Ziele der Unternehmen ambitioniert blieben.

Heute müssen Unternehmen auch in Deutschland erkennen, dass der Wettbewerb um geeignetes Personal ein entscheidender Wettbewerbsfaktor ist – und schwieriger denn je. Anreize wie Tischkicker oder besondere Urlaubsincentives reichen schon lange nicht mehr aus, um Mitarbeiter*innen langfristig an sich zu binden. In der Folge etablierte sich eine andere Art von Führungsstil, bei dem der Fokus auf den sogenannten Soft Skills liegt. Verbesserte Mitarbeiteransprache und -kommunikation und das oben genannte Employer-Branding entstanden. Unternehmen haben heutzutage nicht mehr nur die Aufgabe, Produkte zu verkaufen oder Dienstleistungen auszuführen, nein, sie müssen auch sich selbst präsentieren. Sowohl den Mitarbeiter*innen als auch den Kund*innen ist wichtig, wofür ein Unternehmen steht, was dessen Corporate Identity ist, das Unternehmensnarrativ. Um im Wettbewerb um die besten Mitarbeiter*innen die Nase vorne zu haben, müssen Unternehmen sich heute ganz schön ins Zeug legen.

Bewertungsportale wie Kununu, Indeed und Glassdoor tragen ihren Teil zu einer veränderten Mitarbeiterführung bei. Denn du willst als potenzielle*r Arbeitnehmer*in ja wissen, mit welcher Art von Unternehmen du es zu tun hast. Wie ist der Teamspirit, der Umgang miteinander innerhalb der Projektteams, sind die Teams wirklich divers und international, besteht die Möglichkeit, auch mal für ein Projekt ins Ausland zu gehen, welche Qualität hat die Mitarbeiterführung und gibt es Teilzeitmodelle, die es allen ermöglichen, basierend auf der Qualifikation und nicht auf den gewünschten Arbeitszeiten beurteilt und gefördert zu werden?

Human-Resources-Abteilung – Schmiede der CEOs der Zukunft?

Basierend auf meinen Erfahrungen in unzähligen branchen- und industrieübergreifenden Jobs bei Firmen wie Siemens, Merck in Darmstadt, BMW, Infineon, Puratos, Samsung und vielen mehr bin ich mir ganz sicher, dass die CEOs der Zukunft aus den HR-Abteilungen von heute stammen werden. »HR« steht für Human Resources und bedeutet schlicht Personalabteilung. Ganz so schlicht wird es aber künftig mit diesen sehr qualifizierten Mitarbeiter*innen nicht weitergehen.

Bei gleicher Verantwortung gilt für die CHROs noch mehr als für ihre Kolleg*innen aus den anderen Fachabteilungen, also die CFOs, COOs etc., dass sie ihre Fertigkeiten und Netzwerkfähigkeiten mit einer maximalen Anzahl von Mitarbeitenden zu ihrem Vorteil nutzen und das Unternehmen als Chef*in führen können.

HR-Manager*innen verfügen über die nötigen Personalführungs- und Führungskompetenzen, um die Art von Chef*innen zu sein, die sich alle wünschen, und um der Verantwortung von CEOs auf authentische Weise fachlich gerecht zu werden.

Lange wurde HR-Manager*innen diese Möglichkeit verweigert, weil man sich weniger auf das Humankapital eines Unternehmens fokussierte, sondern eher auf die Beschaffung von Finanzmitteln, den Vertrieb oder das Controlling. Doch damit allein wird künftig kein Blumentopf zu gewinnen sein.

Laut einer Studie des weltberühmten Managementgurus Dave Ulrich, bekannt durch sein »HR Business Partner Model« und unter anderem sein Buch *Human Resource Champions*, werden die CEOs der Zukunft ein starkes Gespür für die Arbeitsplatzkultur und ausgezeichnete soziale Fähigkeiten haben. Wer außer HRs zeichnet sich in diesem Bereich aus? Es ist laut Ulrich so, dass die Persönlichkeit eines Chief Human Resource Officers (CHRO) der eines CEOs viel ähnlicher ist als die aller anderen CXOs.

Das zeigt sich laut Ulrich auch in ihren ähnlichen Reaktionen auf Stresssituationen und in ihrem vergleichbaren Führungsstil. Viele HR-Menschen zeichnen sich durch ihre Soft Skills und ihre gute Beziehung zur Belegschaft aus.

CEOs müssen neben exzellenten Kommunikationsfähigkeiten ein tiefes Verständnis für das Tagesgeschäft mitbringen. Das erfordert eine strategische Denkweise und komplexe Datenanalysefähigkeiten. Bis vor Kurzem wurden diese Fähigkeiten vor allen Dingen außerhalb des Zuständigkeitsbereichs der Personalabteilung wahrgenommen. Aber auch HRs haben diese Fähigkeiten entwickelt und sich aufgrund sich ändernder Bedürfnisse und Anforderungen in der strategischen Planung der Bottom-Line-Mitarbeiter*innen darauf fokussiert. Sie liefern wertvolle Einblicke in die Angelegenheiten des Unternehmens. Auch sie sind in der Lage, unternehmerisch-strategische Entscheidungen zu treffen, und auch andere Führungskräfte haben die Bedeutung der Belegschaft als wichtige Ressource des Unternehmens erkannt. Ein anderer sich stark im Wandel befindlicher Aspekt ist, dass Mitarbeiterführung nicht als Belohnung von starken Leistungen im Unternehmen verstanden werden darf, sondern als Verantwortung. Das Schulen für den Umgang mit dieser Verantwortung muss den wichtigsten Teil eines jeden Unternehmens bilden. Wer, außer der HR-Abteilung, kann die Zügel der Belegschaft besser organisieren, hat ein offeneres Ohr und größere Kompetenzen im verantwortungsvollen Umgang mit den unterschiedlichen Bedürfnissen der Menschen? Im Übrigen sind auch bei Fusionen und Firmenzusammenschlüssen die Personalleiter*innen diejenigen, deren Skillset sie für CEO-Posten auszeichnet. Warum? Bei dem ständig wachsenden Trend von Fusionen und Übernahmen ist die Zusammenarbeit mit Menschen unterschiedlicher Ideologien, das gemeinsame Hinarbeiten auf ein Ziel, eine Herkulesaufgabe. In diesen herausfordernden Situationen müssen CEOs sicherstellen, dass Mitarbeitende aus verschiedenen Organisationen zusammenpassen, die gleichen Ziele verfolgen, harmonisch zusammenarbeiten und dadurch die Rendite des Unternehmens steigern können. Erfahrene HRs können als CEOs die Situation auf der profundesten Ebene einschätzen und managen, ohne dass diese Anpassungsprozesse zu Reibungsverlusten der Belegschaft und geringerer Produktivität oder Leistungsfähigkeit führen.

Fazit

In der heutigen, übermäßig wettbewerbsorientierten Welt ist eine schnellere Entscheidungsfindung in Kombination mit dem Einsatz modernster Technologien die Lösung, um ein Unternehmen zu etablieren und konstant an der Spitze zu halten. Man spricht in dem Zusammenhang davon, das Unternehmen »agil« zu machen. Mehr Menschen zeichnen dafür verantwortlich, eigene Entscheidungen zu treffen und möglicherweise auch mit der Konsequenz des Scheiterns konfrontiert zu werden, um aus den eigenen Fehlern zu lernen.

Neugierig bleiben, den Mitarbeiter*innen Autonomie geben, um dadurch die Innovationskraft innerhalb des Unternehmens zu fördern, eine Arbeitsumgebung schaffen, die dazu beiträgt, dass Unternehmen und ihre Mitarbeiter*innen agiler handeln und agieren können, das alles sind Eigenschaften und Fähigkeiten, die versierte HRs ausmachen und für den CEO-Posten qualifizieren. Außerdem kennen sie das Unternehmen in- und auswendig, haben einen guten Draht zur Belegschaft, treffen strategische Entscheidungen auch basierend auf zwischenmenschlichen Synergien und schaffen auf diese Weise eine angenehme Arbeitsatmosphäre.

Auf diese Fähigkeiten kommt es bei HR-CEOs an:

1. **Strategisches Denken** und Handeln und die Mitgestaltung des Wandels bei Personalfragen.
2. **Exzellentes Netzwerk** sowohl innerhalb als auch außerhalb des Unternehmens. Denn diese Kontakte können die nächsten disruptiven Entwicklungen zugunsten der Firma vorantreiben.
3. **Unternehmerisches Denken** und ein klares Verständnis davon, wie das Unternehmen Geld verdient.
4. **Soziale Kompetenzen,** denn Menschen stehen im Mittelpunkt. Deshalb bedarf ihre Führung Empathie, Verständnis und Integrität. Gepaart mit objektivem Denken verleiht das Authentizität und Glaubwürdigkeit.
5. **Offenheit für Technologie** ist ebenfalls ein wichtiger Faktor – über den positiven Einfluss der Digitalisierung haben wir ja schon gesprochen.
6. **Verhandlungsgeschick und Kommunikationsfähigkeit** sind ebenso zentraler Bestandteil, um Klarheit, Souveränität und Vertrauen auszustrahlen.
7. **Gespür für Talente** und **Erfahrung im internationalen Umfeld**. Highperformer*innen wollen gesehen und gefördert werden, neue Talente ins Unternehmen geholt. Auch aus dem Ausland.
8. **Awareness für die Unternehmenskultur** ist extrem wichtig, um den Pfad, auf dem das Unternehmen kulturell unterwegs ist, zu vertreten und mitzubestimmen.

9. **New Work verstehen** und als Lebensinhalt begreifen sowie bei Change-Management-Prozessen federführend mitwirken zu können, ist ein weiterer Aspekt, der HRs zu geeigneten CEOs macht.

Fazit

Führung ist ein Begriff, der in den modernen Gesellschaften des 21. Jahrhunderts wie kein anderer einem stetigen Wandel unterlegen war und ist.

Wenn du dich tiefer mit den führenden Köpfen dieser Welt, also den wahren Human-Resource-Gurus, auseinandersetzen willst, dann schau doch mal bei Jason Averbook, Dave Ulrich oder bei meinem Favoriten zum Thema Transformation des Rollenverständnisses von Arbeitnehmer*innen & Arbeitgeber*innen vorbei, Simon Sinek. Vielleicht kennst du den TEDx-Speaker wegen seines berühmtesten Claims:»Consumers do not buy what you do, they buy why you do it«, also:»Konsument*innen kaufen nicht, was du tust, sondern warum du es tust.« Ich bin jedes Mal begeistert, wenn ich ihm mit seiner ruhigen und so auf den Menschen und dessen Bedürfnisse zugeschnittenen Art lausche. Vielleicht auch jemand für dich? Falls ja, wünsche ich dir viel Spaß dabei!

VII. Blockchain, Bitcoin, digitaler Euro – Geldsystem 4.0

Vorbemerkung

Ich muss gestehen, dass ich in meiner Vorbereitung auf dieses Kapitel einen Heidenrespekt davor hatte – jedoch gepaart mit einer riesengroßen Portion Neugier und Vorfreude. Mit meinen Mitte vierzig dachte ich anfangs, das Thema sei vor allem für meine jungen Leser*innen interessant, auf ihrem Weg in die schöne neue Bitcoin-Blasen-Welt. Aber weit gefehlt! Denn das Tolle an der Blockchain-Technologie – und ich erkläre gleich, wie sie funktioniert – ist, dass sie uns allen offensteht. Dadurch, dass diese Technologie noch recht neu ist, können wir sie mitgestalten und auf ihr basierend neue Jobs und Betätigungsfelder erschließen. Somit trägt sie im Grunde meinem Credo »Finanzbildung für alle« zu 100 % Rechnung.

Wie du also schon herauslesen kannst, bin ich mittlerweile ein großer Fan – und das sicher auch durch die Arbeit an diesem Buch. Wenngleich die Entwicklung und die Nutzung dieser Technologie natürlich nicht ganz ohne Nebenwirkungen daherkommen, um die sich dringend gekümmert werden muss. Und auch diese betrachten wir auf den kommenden Seiten.

Auch wenn man jedoch die vermeintlichen Nachteile berücksichtigt, ist diese Technologie wirklich aufregend, ja, sie hat beinahe schon einen philosophischen Ansatz, indem sie dazu ermuntert, unsere Welt, unsere Verhaltensmuster und Gewohnheiten radikal zu verändern und dabei sinnvoller und schlauer zu gestalten. Hinter der Technologie steckt ein zutiefst demokratischer Grundgedanke, der nicht weiter auf der Idee basiert, dass es eine »allwissende Instanz« braucht oder gibt, die alles gut und richtig macht – also Zentralbanken, Behörden, Krankenkassen etc. Stattdessen wird die Welt durch die Demokratisierung der Digitalisierung, so bezeichne ich die Blockchain-Technologie, zu einem faireren und transparenteren Ort.

Ich werfe einen Blick darauf, wie grün die Blockchain-Technologie schon ist und noch werden kann. Der Bitcoin steht jedenfalls im

Verdacht, ein Umweltsünder erster Güte zu sein. Ist das wirklich so? Oder ist sein Ruf schlechter als die Realität? Und wann kommt eigentlich der digitale Euro?

Die Anwendungsbandbreite der Blockchain-Technologie und die Lebensbereiche, in denen sie künftig eingesetzt werden wird, sind mannigfaltig. Denn nicht nur im Finanzkontext, sondern auch im Maschinenbau, der Mobilität, dem Gesundheitswesen und sogar beim Staat sind ihre Anwendungsmöglichkeiten nahezu grenzenlos.

Ich möchte gerne den Unterschied zwischen zentralen und dezentralen Finanzströmen erörtern. Vorweg sei noch gesagt, dass ich natürlich mitnichten auf meiner Reise für dieses Buch vom Wirtschaftsjournalisten zum Blockchain- oder Bitcoin-Papst avanciert bin. Ich bin kein Spezialist, aber praktischerweise kenne ich eine Menge Spezialist*innen und werde dir, neben allgemeinen Erklärungen und Wirkmechanismen, einige davon vorstellen. Beispielsweise durch Interviews wie das mit Prof. Dr. Philipp Sandner, dem Leiter des Blockchain Center Frankfurt an der Frankfurt School of Finance and Management. Er ist eine Koryphäe auf dem Gebiet der Blockchain-Technologie, und ich bin sehr froh, Insights aus erster Hand von ihm erhalten zu können.

Im ersten Teil des Kapitels werde ich die Grundlagen des komplexen Universums von Kryptowährungen, Blockchain & Co. erläutern. Als der Bitcoin »ins Leben gerufen« wurde, das war bereits 2008, bedeutete das eine neue, revolutionärere Weltsicht und die Veränderung vieler Denkansätze, die dich und mich beim Bezahlen, beim Gang zum Bürgerbüro oder in die Arztpraxis bisher begleitet hatten.

Künftig werden Technologien wie diese viele unserer aktuellen Problem- und Fragestellungen komplett auf den Kopf stellen und einige der herausforderndsten Aufgaben unserer Zukunft lösen. Da das Thema wie schon gesagt sehr komplex ist, werde ich versuchen, »vorne« anzufangen, nämlich mit einer Erklärung:

Was ist die Blockchain?

Seit einigen Jahren ploppen immer häufiger die Begriffe Blockchain und Blockchain-Technologie auf. Doch was das genau ist und wie es funktioniert, wissen die wenigsten. Der Begriff aus der Informationstechnik, der IT, ist im Übrigen auch gar nicht mehr so neu, wie du denken könntest. Begonnen hat alles sehr idyllisch in den 1990er-Jahren mit Stuart Haber und Scott Stornetta, die u. a. die Grundlagen für die kryptografische Verkettung von Rechenleistungen beschrieben haben. Also Verschlüsselungstechnologie, die wir auch schon von Onlinebanking & Co. kennen.

Bereits 1998 arbeitete der Informatiker Nick Szabo an einem Mechanismus für eine dezentralisierte digitale Währung, die er »bit gold« nannte. Man könnte sagen, das war der konzeptionelle Startschuss für den Bitcoin, aber eben nur in der Theorie.

Das Konzept der Blockchain als verteiltes Datenbankmanagementsystem, das nicht zentral, sondern von den Teilnehmenden verwaltet, organisiert und kontrolliert wird, wurde erstmals 2008 von einer Person oder Personengruppe unter dem Pseudonym Satoshi Nakamoto in einem Bitcoin-Whitepaper beschrieben. Ein Whitepaper ist eine schriftliche Abhandlung, die typischerweise in Fachzeitschriften, Foren und Blogs veröffentlicht wird. Im Jahr darauf veröffentlichte Satoshi Nakamoto die erste Implementierung der Bitcoin-Software und startete dadurch die erste öffentlich verteilte Blockchain.

Die Idee und die technische Umsetzung für den Bitcoin waren geboren. Dabei handelt es sich im Grunde um sich selbst synchronisierende Datenbanken, mit allen jemals getätigten Transaktionen, die in den Blöcken der Blockchain verschlüsselt gespeichert werden.

Der Bitcoin wird auch als entmaterialisierter Rohstoff bezeichnet. Er ist zwar ein digitales Konstrukt, aber um ihn zu »schürfen«, also Mining zu betreiben, wird Rechenleistung benötigt.

Das Besondere am Bitcoin ist, ähnlich wie beim physischen Gold, seine Endlichkeit. Er ist in der absoluten Zahl auf 21 Millionen Stück begrenzt. Die Folge daraus ist, dass aufgrund der zunehmenden Zahl bereits geschürfter Bitcoins bei jedem weiteren Schürfvorgang ein immer geringerer Anteil an Bitcoins geschürft wird.

Das Bitcoin-Mining bzw. -Schürfen ist ein Prozess, bei dem zur Transaktionsverarbeitung, Absicherung und Synchronisierung aller Nutzer*innen im Netzwerk Rechenleistung zur Verfügung gestellt wird. Die sogenannten Miner*innen erhalten eine Entlohnung in Bitcoin, die durch die Transaktionsgebühr beim Bitcoin-Handel finanziert wird. Mittlerweile benötigt man eine ganze Menge Rechenleistung und demnach auch sehr viel Strom. Das ist im Übrigen auch der Punkt, den Kathrin, unsere CMO aus Kapitel 2, beim Bitcoin kritisiert und der sie noch von größeren Investments abhält. Welche klimafreundlicheren Alternativen es gibt, bespreche ich später in diesem Kapitel. Jetzt werfe ich erst mal einen Blick auf die Motivation, die zum Erschaffen einer dezentralen Währung geführt hat, denn der Gedanke und die Idee dahinter sind wirklich faszinierend.

Bei meinen Recherchen bin ich auf diese einprägsame Visualisierung der Blockchain gestoßen:

Die Ideen und Konzepte hinter Blockchain, Bitcoin & Co.
Es klingt kryptisch, ich weiß, aber die Idee zu einer Möglichkeit, Finanztransaktionen dezentral vorzunehmen, zu überprüfen und als korrekt zu bestätigen, also zu validieren, hat ihre Berechtigung und durchaus viele Anhänger*innen. Welche unterschiedlichen Varianten und Verfahren es gibt, schauen wir uns im Folgenden genauer an.

Proof of Work, Proof of Stake, Proof of History, Token & ICO

- **Proof of Work** ist als ein Konsensmechanismus zu verstehen, der für die Validierung und Generierung neuer Blöcke einer Blockchain genutzt wird. Bei diesem Modell bekommen Teilnehmer*innen eine komplexe Aufgabe vorgegeben, die sie mithilfe ihrer Hardware lösen müssen. Wer es zuerst schafft, die Aufgaben für einen neuen Block zu lösen, darf diesen an die Blockchain anhängen und wird zum Beispiel in Bitcoin belohnt. Wer die richtige Lösung gefunden hat, kann damit im Netzwerk seine Arbeitsleistung nachweisen. Ob die Lösung korrekt ist, lässt sich wiederum relativ einfach überprüfen.
  Die Miner*innen generieren nach dem Lösen der Aufgabe einen Hash aus der Lösung und dem Inhalt des Blocks. Wenn dieser Hash bestimmte Bedingungen erfüllt, wird er von anderen Netzwerkknoten, den Nodes, geprüft. Bestätigen diese Nodes seine Gültigkeit, erhält der oder die Miner*in eine Belohnung. Der Block gilt als validiert und kann an die Blockchain angehängt werden.
  Je nachdem wie viele Teilnehmer*innen an der Validierung arbeiten beziehungsweise wie viel Rechenleistung zum Einsatz kommt, wird die Komplexität der Aufgabe künstlich erhöht, um die Generierung neuer Blöcke gezielt zu verzögern. Daher dauert es auch einige Zeit und verbraucht entsprechend viel Strom,

bis Blockchains mit Proof of Work, PoW, neue Transaktionen aufnehmen können. Auch hier bespreche ich zu einem späteren Zeitpunkt in diesem Kapitel klimafreundliche Alternativen.

- **Proof of History** ist eine Berechnungssequenz, die eine Möglichkeit bietet, den Zeitverlauf zwischen zwei Ereignissen kryptografisch zu überprüfen. Sie verwendet eine kryptografisch sichere Funktion, die so geschrieben ist, dass die Ausgabe nicht anhand der Eingabe vorhergesagt werden kann, und die vollständig ausgeführt werden muss, um die Ausgabe zu generieren.

- **Proof of Stake** ist ein Verfahren, durch das ein Blockchain-Netzwerk einen Konsens darüber erzielt, welche*r Teilnehmer*in den nächsten Block erzeugen darf. Das macht auch Staking möglich.

- **Staking** wiederum bedeutet, dass Kryptowährungen für einen gewissen Zeitraum in einer Proof-of-Stake-Blockchain aufbewahrt werden. Einzelne Transaktionen sind so für alle einsehbar.

- **Beim Initial Coin-Offering** handelt es sich um einen vergleichbaren Ansatz, allerdings ist diese Methode der Ausgabe neuer Coins nicht juristisch durch strenge regulatorische Richtlinien und Gesetze von Börsen und Gesetzgebern gedeckt. Wenn du danach suchst, empfiehlt es sich, ein Security Token Offering (STO) abzuwarten. Hier kommen strengere Vorschriften zum Einsatz, ähnlich einem IPO, dem Börsengang eines Unternehmens mit dessen Aktien an einer Wertpapierbörse.

- **Token** ist eigentlich nur ein anderes Wort für Kryptowährung oder Kryptovermögenswert. Token verfügen über eine Vielfalt potenzieller Funktionen und unterstützen alles, von dezentralisierten Börsen bis hin zum Verkauf seltener Gegenstände in Videospielen. Außerdem können sie gehandelt oder gehalten werden, wie jede andere Kryptowährung auch. Doch der Begriff hat je nach Kontext noch einige spezifischere Bedeutungen angenommen. In der ersten Bedeutung beschreibt der Begriff alle Kryptowährungen, abgesehen von Bitcoin und Ethereum. In der zweiten Bedeutung wird der Begriff dazu verwendet, bestimmte digitale Vermögenswerte zu beschreiben, die auf die Blockchain einer anderen Kryptowährung aufgesetzt sind, wie dies bei vielen dezentralisierten Finanztoken der Fall ist.

Bezahlen mit Bitcoin: So gehts

Damit du mit Bitcoin bezahlen kannst, brauchst du eine digitale Geldbörse, ein sogenanntes Bitcoin-Wallet.

In diesem digitalen Bitcoin- Portemonnaie sammelst bzw. bewahrst du die Coins auf und leistest deine Zahlungen direkt daraus. Eine digitale Geldbörse ist streng genommen ein digitaler Schlüsselbund, mit dem du nachweist, dass dir eine gewisse Menge an Bitcoins gehört und der es dir erlaubt, diese zu überweisen.

Die»Hüterin des Geldes« ist die Notenbank. Im Euroraum ist das die Europäische Zentralbank (EZB), in den USA die Federal Reserve Bank (FED).

Bleiben wir mal beim Euro. Wer kann Geldscheine und Münzen drucken, prägen und ausgeben? Richtig, die Notenbanken. Die EZB ist sozusagen die Chefin der Notenbanken der Nationalbanken, also Deutscher Bundesbank & Co., und gibt den finanzpolitischen Rahmen vor. Die nationalen Notenbanken sind auch monetär an der EZB beteiligt und die Staaten an den jeweiligen nationalen Notenbanken, weshalb man unter dem Strich sagen kann, dass der Staat auch finanziell für die EZB haftet.

Notenbanken haben Bilanzen, genauso wie andere Geschäftsbanken und Unternehmen, sowie einen Überblick über die sich aktuell im Umlauf befindende Geldmenge. Mehr noch, die EZB kann die Geldmenge sowohl indirekt als auch direkt steuern, indem sie das »Gut« Geld durch Zinsänderungen der sogenannten Leitzinsen verteuert oder verbilligt oder Wertpapiere von Staaten und neuerdings auch Unternehmen aufkauft.

Als Reaktion auf die wirtschaftlichen und finanziellen Herausforderungen im Zusammenhang mit der Coronapandemie hat die EZB den Ländern und Finanzmarktteilnehmern Liquidität mit fiskalpolitischen Mitteln zur Verfügung gestellt. Wie macht die EZB das? Indem sie Schuldverschreibungen von Staaten und anderen Finanzmarktteilnehmern aufkauft. Denn Staaten und Unternehmen vergeben zur Finanzierung ihres Geldbedarfs Anleihen. In Deutschland heißen diese beispielsweise Bundesanleihen, Bundesobligationen oder Bundesschatzanweisungen.[37]

Diese Verflechtungen und die Tatsache, dass Banken oder sogenannte Intermediäre, also zwischengeschaltete Institutionen, die Risiken und Statistiken der EZB, aber auch die von Geschäftsbanken überprüfen und »absegnen«, gefällt so manchen nicht. Viele würden sich wohler fühlen, wenn nicht Institutionen und damit ja letztlich Staaten über Währungen bestimmen, sondern es ein demokratisches Netzwerk von Menschen gäbe, das Zahlungsflüsse steuert, lenkt und überwacht. Denn das Vertrauen vieler in manche Institutionen ist aktuell angekratzt. Außerdem hat die Digitalisierung des Geldes auch zur Folge, dass das Geld »intelligenter« wird und nicht nur die bekannten Funktionen und Aufgaben hat wie bisher in der analogen, nur halbdigitalen Finanzwelt.

Übrigens beinhaltet das Konzept des Geldes neben dem Vertrauen derer, die es nutzen, folgende Punkte:
- Geld ist Zahlungsmittel,
- Geld hat eine Tauschmittelfunktion,
- Geld hat eine Recheneinheitsfunktion,
- Geld hat eine Wertspeicherfunktion.

---

[37] Mehr zu Anleihen in meinem Buch *Geld kann jeder & du jetzt auch*, Edel Books 2020.

Mein Exkurs zum heutigen zentralen Geldsystem & wo die Reise hingeht

Du und ich, wir nutzen Geld auf vielfältige Art und Weise. Als Scheine, Münzen, Karten, bei ApplePay und im Onlinebanking. Ich möchte mal einen Blick in die Entwicklung des Geldes in Deutschland und Europa in den letzten knapp 60 Jahren mit dir werfen, denn unser Geldsystem und die Bezahlverfahren haben sich – wenn wir die letzten 60 Jahre betrachten – fortlaufend weiterentwickelt.

Ab 1957 wurde in der BRD von der physischen Lohntüte auf bargeldlose Lohn- und Gehaltszahlungen umgestellt, das Girokonto wurde eingeführt und machte weite Teile von Privathaushalten erstmals bankfähig.

- In den 60er-Jahren wurden Lastschriftverfahren und Daueraufträge eingeführt. Beide Finanzinnovationen trugen dazu bei, dass der bargeldlose Zahlungsverkehr kontinuierlich zunahm.

- 1970 wurden die ersten Bargeldautomaten in der BRD aufgestellt, mit den 80er-Jahren erlebte man dort die Neueinführung von Kredit- und EC-Karten, in den 90er-Jahren dann die ersten Zahlungen über das Internet.

- Ende der 90er-Jahre wurden die Voraussetzungen für eine gemeinsame europäische Geld- und Währungspolitik geschaffen. Am 1. Juni 1998 wurden die EZB und das europäische System der Zentralbanken eingerichtet. Der Euro existierte ab 1999 zunächst nur als Buchgeld. Die Ausgabe als Bargeld an die Bevölkerung begann am 1. Januar 2002.

- Mit der Einführung von SEPA im Jahr 2014 wurde in Europa ein einheitlicher Zahlungsraum für bargeldlose Zahlungen in Euro geschaffen.

- All diese Entwicklungen stellten große Zäsuren in den Geldprozessen und bei der Handhabung mit Bargeld dar. Immer verbunden mit Vorteilen für Kontoinhaber*innen, unter anderem durch schnelle und bequeme Zahlungen und mehr Sicherheit durch geringe Bargeldhaltung.

Der Zahlungsverkehr in Europa steht momentan wieder vor großen Veränderungen. Zum einen durch die digitale Transformation der Industrie (Industrie 4.0) unter Anwendung der Blockchain-Technologie und ein verändertes Verbraucherverhalten bedingt unter anderem durch die Coronapandemie. Damit einher geht ein Rückgang der Bargeldnutzung und das Vordringen von großen globalen Technologieunternehmen, sogenannten Big Techs mit Angeboten von privaten Währungen, die die digitale und monetäre Souveränität von Europa gefährden können. Neue Akteure und Wettbewerber wie Amazon, Google, Facebook, Alibaba drängen auf den Finanzmarkt.

Derzeit prüfen die EZB und die nationalen Zentralbanken des Euroraums im Rahmen einer zweijährigen Untersuchungsphase, welche Vorteile und Risiken ein digitaler Euro hätte. Die Idee des dezentralen Geldes, das von einer Gruppe, also einem Netzwerk vieler Menschen, kontrolliert wird, ist auch der Versuch, möglichen Manipulationen oder zu starker politischer Beeinflussung von Zentralbankentscheidungen durch die Politik etwas entgegenzusetzen.

Wir erleben immer wieder Abwertungen des Geldes, beispielsweise durch die Hyperinflation in Europa nach den beiden Weltkriegen und die daraus hervorgehenden Währungsreformen. Die Folgen waren und sind, dass breitere Schichten der Bevölkerung Teile ihrer Geldvermögen und ihre Ersparnisse verlieren, sofern sie diese nicht in Form von Sachgütern besitzen, also Immobilien, Gold, Silber oder Streuobstwiesen. Ein Beispiel für die Geldabwertung und eine starke Inflation konnten wir in der jüngeren Geschichte unter anderem in der Türkei beobachten, wo eine massive Abwertung der Türkischen Lira gegenüber dem US-Dollar stattfand. Ein weiteres Beispiel ist die Abwertung des Argentinischen Pesos.

Die Gründe für diese Abwertungen sind sehr vielfältig und ich möchte an dieser Stelle nicht zu sehr ins Detail gehen, aber ein Ereignis wie dieses hat das Misstrauen der Bevölkerung gegenüber dem Staat und seinen Institutionen zur Folge. Ob berechtigt oder nicht – im Fall von Korruption ist die Sache klarer, wie wir am Beispiel der politischen Unruhen des Jahres 2021 in Chile, Südamerika, gesehen haben.

Hast du schon mal den Ausdruck »Fiatgeld« gehört? Er bezeichnet alle aktuellen, von Regierungen unterstützten Währungen, also unser Geld, und ist vom Vertrauen in die von mir genannten Institutionen getragen, also die Notenbanken und die fiskalpolitische Stabilität, die damit einhergeht. Im Gegensatz zum Warengeld hat das Fiatgeld keinen sogenannten inneren Wert, wie zum Beispiel Gold- oder Silbermünzen. Dadurch wäre es der EZB und anderen Notenbanken theoretisch möglich, unbegrenzt viel davon in Umlauf zu bringen. Das wiederum bewerten Kritiker*innen als nicht richtig und haben sich Alternativen erdacht.

Bevor wir uns diese genauer ansehen, möchte ich mal einen Blick auf eine mögliche Zukunft des digitalen Euro mit dir werfen.

Digitaler Euro – Hirngespinst oder bald Zahlungswirklichkeit?

Ein digitaler Euro wäre genau wie eine Euro-Banknote ein Euro, nur eben in elektronischer Form. Beim digitalen Euro geht es um die Überführung von physischem Bargeld in die digitale Welt. Analog zu Münzen und Scheinen würden die EZB und die nationalen Zentralbanken des Euroraums ihn ausgeben. Privatpersonen wie du und ich könnten genauso mit ihm bezahlen wie Unternehmen und Institutionen. Das Euro-Bargeld würde durch ihn nicht ersetzt, sondern ergänzt.

Das Eurosystem wird auch in Zukunft dafür sorgen, dass dir überall im Euroraum Bargeld zur Verfügung steht. Ein digitaler Euro würde die bestehende Auswahl an Zahlungsarten erweitern, das Bezahlen vereinfachen und zu Verfügbarkeit und Inklusion beitragen.

Die EU-Kommission und EZB sind sich einig, dass die Bedeutung des Bargeldes schrittweise zurückgeht. Auch wenn Studien in Deutschland zeigen, wie sehr wir am Bargeld hängen, so ist perspektivisch davon auszugehen, dass es eine Transformation zu weniger Bargeld und mehr digitalem Geld und Zahlungsverkehr geben wird. Einen digitalen Euro betrachten beide Institutionen als zusätzliche Möglichkeit zum Bezahlen und Sparen. Dieser E-Euro soll das Bezahlen im internationalen Handel und im Internet einfacher und vor allem schneller machen.

Nicht nur Europa will digitales Geld auf den Markt bringen: Die USA, Kanada, China und auch Facebook als Unternehmen arbeiten an eigenen E-Währungen. Vor der Einführung von digitalem Zentralbankgeld müssen allerdings die gesamtgesellschaftlichen Wirkungen durchdacht werden, denn die Auswirkungen auf den Banken- und den Finanzsektor, die gesellschaftliche Akzeptanz und die geldpolitischen Optionen der Zentralbank hängen entscheidend von dessen Ausgestaltung ab und sind zu berücksichtigen. Wie ist dein Gefühl, deine Haltung zum E-Euro?

Weitere noch zu klärende Aspekte wären Datenschutzfragen und IT-Sicherheit. Ein digitaler Euro benötigt eine absolut sichere technische Infrastruktur.

Du sollst auch in einer digitalen Welt weiterhin Zugang zu Zentralbankgeld haben. Derzeit ist es für dich ausschließlich in Form von Bargeld verfügbar. Mit einem digitalen Euro könntest du z. B. deine Zahlungen im Onlinehandel abwickeln, ohne dass deine persönlichen Daten mit Dritten geteilt würden und ohne Abstriche bei Stabilität, Sicherheit und Vertrauen machen zu müssen. Ein digitaler Euro ist von der breiten Bevölkerung in ähnlicher Weise nutzbar wie das Euro-Bargeld – nur eben in virtueller Form. Aufbewahrt bzw. gespeichert werden könnte er dafür zum Beispiel in einem Wallet auf dem Smartphone.

Im Gegensatz zum aktuellen Bezahlsystem wird also nicht bloß ein Anspruch auf Überweisung durch deine Bezahlungen geschaffen, der dann über Banken abgewickelt wird, sondern direkt zwischen den Wallets das Geld ausgetauscht. Künftig brauchst du auch nicht mehr auf die Überweisung von einem Konto zu warten. Du kannst dein digitales Euro-Konto jederzeit wieder auffüllen, indem du von deinem Konto neues Guthaben auf dein Wallet lädst.

Derzeit prüfen die EZB und die nationalen Zentralbanken des Euroraums im Rahmen einer zweijährigen Untersuchungsphase, welche Vorteile und Risiken ein digitaler Euro hätte. Nach Ablauf dieser Frist soll mit seiner Entwicklung begonnen werden. Die EZB rechnet mit einer Einführung des digitalen Euro frühestens im Jahr 2026.

Der E-Euro ist noch Zukunftsmusik, aber in der Kryptowelt gibt es mittlerweile neben Bitcoin, Ether, Cardano, Binance Coin, Dogecoin & Co. ca. 14.000 Digitalwährungen. Manche mit sehr guten Ideen und Absichten dahinter, wenn es um die Demokratisierung von Tauschmitteln wie Geld etc. geht.

Distributed Ledger Technology & Decentralized Finance

Ein Beispiel für die Anwendungsmöglichkeiten der Blockchain ist die sogenannte DLT – Distributed Ledger Technology. Im Grunde genommen handelt es sich hierbei um ein dezentral geführtes Kontobuchsystem. Das bedeutet, dass alle Teilnehmenden im Netzwerk in Sekundenbruchteilen Transaktionen vornehmen, überwachen und akzeptieren bzw. bestätigen. Dies erfolgt in Blöcken, die funktionieren wie oben beschrieben, die also aufeinander aufbauen. So wird ein Block auf den nächsten »gestapelt«, wie ein großer Turm aus Würfeln, bei dem jeder neue Block die Richtigkeit des vorherigen bestätigt und verifiziert.

Decentralized Finance, kurz DeFi, gilt als spezielles Ökosystem in der Blockchain-Welt, das verschiedene Arten von Finanzdienstleitungen ermöglicht, in den meisten Fällen basierend auf der Blockchain Ethereum. Diese dezentralisierten Applikationen, die

auch als DApps bezeichnet werden, sind speziell auf den Finanzsektor zugeschnitten. Die Besonderheit daran ist aus meiner Sicht,
dass diese Applikationen nach Belieben programmierbar sind.
Unterschiedliche Bausteine können zusammengefügt werden. Das
alles erinnert mich ein wenig an den Lego-Baukasten unserer Kids.
Sobald die DApp auf der Blockchain implementiert ist, läuft sie je
nach Ausgestaltung unabhängig und dezentral. Das Spannende
daran ist, dass diese App und das System pausenlos, also 24/7 läuft
und von niemandem ausgeschaltet werden kann.

Damit das Ganze funktionieren kann, bedarf es sogenannter
Smart Contracts, das sind selbstausführende Verträge. Diese
Verträge treten bei bestimmten zuvor festgelegten Ereignissen
selbstständig in Kraft und bedürfen daher keiner menschlichen
Überwachung. Sind die vorher festgelegten Eintrittsbedingungen
erfüllt, ähnlich einer Wenn-dann-Kausalität, so veranlasst der
zugrunde liegende Algorithmus des Smart Contracts automatisch
eine Transaktion. Diese wird im Anschluss validiert und in einem
Block (Blockchain) gespeichert.

Durch das Vehikel des Smart Contracts werden Transaktionen
vertrauenswürdiger und Vereinbarungen zwischen verschiedenen
Parteien auf ewig festgeschrieben. Diese digitalen Verträge sind
durchaus mit klassischen Verträgen vergleichbar – beispielsweise
mit einem Kaufvertrag oder dem Abschluss einer Versicherungs-
police. Da ein solcher intelligenter Vertrag ohne menschliches Ein-
greifen abgewickelt wird, lassen sich auch typische Fehlerquellen
ausschließen.

Jetzt fragst du dich bestimmt, ob das Ganze rechtlich bindend ist, denn gewöhnlich werden Verträge von allen Vertragsparteien unterzeichnet und es werden Regeln und Vereinbarungen
getroffen, die von Jurist*innen oder Notar*innen dann für richtig
befunden oder beglaubigt werden. So ähnlich läuft das tatsächlich auch beim Smart Contract. Allerdings werden die Vertragsbedingungen gleich in die Programmierung integriert, was dann
eben zu der von mir so bezeichneten Wenn-dann-Kausalität führt.

»Code ist King«, wenn du so willst. Nicht das, was geschrieben ist, ist Gesetz, sondern das, was programmiert wurde.

Die wohl bekannteste Blockchain-Plattform zur Entwicklung solcher digitalen Verträge ist Ethereum. Die dazugehörige Kryptowährung ist der Ether.

Anwendungen der Smart Contracts & (d)ein persönlicher Nutzen

Diese intelligenten Verträge sind im Grunde kleine Blockchain-basierte Programme, die bei der Abwicklung nicht von einem Intermediär beeinflusst werden. Vielmehr finden sämtliche Transaktionen auf der Blockchain statt, wodurch die Kosten sinken.

Innerhalb des Distributed Ledgers werden diese digitalen Verträge wie ein eigenes Konto mitsamt einer Public Address behandelt, ohne dass es tatsächlich eine solche besitzt. Die Folge ist, dass auch niemand den Private Key besitzt. Das ist eine persönliche Entschlüsselungsmöglichkeit, eine Art digitale PIN, wie du sie von deiner EC- oder Kreditkarte kennst.

Die Vertragsinhalte sind in Form von Handlungen und Bedingungen zu definieren, sodass das Konto sie automatisiert ausführen kann. Auf diese Weise kann es sich mit anderen Konten verbinden und mit ihnen interagieren.

Anwendungsgebiete der Smart Contracts
- **Immobilien**
  Digitale Verträge können zum Einsatz kommen, wenn du künftig deinen Mietvertrag aushandelst und regelst. Die Ausgestaltung könnte z. B. eine automatische Anpassung der Miete bei Reparaturen in der Wohnung oder am Haus beinhalten und natürlich auch die Staffelung der Prozente im Rahmen der normalen Mietanhebung.
  Ein Smart Contract könnte aber eben auch Bedingungen von Verkäufer*in und Käufer*in einer Immobilie enthalten, z. B. sämtliche Umlagekosten und Nießbrauchrechte etc.

- **Versicherungen**
  Durch den Einsatz intelligenter Verträge können Versicherungen Schadensfälle automatisch abwickeln. Nehmen wir mal an, du sitzt im Zug oder bist im Urlaub und ein Versicherungsfall tritt ein. Dann können SCs alle Zahlungen direkt veranlassen und transparent und irreversibel auf der zugrunde liegenden Blockchain dokumentieren. Lästige Telefonate mit Hotlines sind für simple Versicherungsfälle unnötig und die Nutzung von Smart Contracts ist deshalb nachhaltig kostensparend.

- **Lieferketten**
  Von den komplexen Problemen von Lieferketten hatte ich ja schon berichtet. Smart Contracts machen das Product-Tracking leichter, besonders bei Containerlieferungen im Überseehandel. Globale Lieferketten sind vielschichtig und beinhalten zudem oft mehrere Vertragsparteien, also Hersteller, Zwischenhändler, Lieferanten usw. Digitale Verträge ermöglichen es den Vertragsparteien, ohne viel bürokratischen Aufwand auf einer gemeinsamen Basis zu kooperieren. Der Geldtransfer erfolgt dann mit dem E-Euro, Ether oder einer anderen Kryptowährung.

Weitere Anwendungsgebiete könnten folgende sein:
- Urheberrechte
- Leasing von Autos und Maschinen
- Versandhändler
- Finanzindustrie:
  - Clearing von Wertpapiergeschäften
  - Kreditgeschäftapplikationen
- Crowdfunding-Plattformen
- Patentregister oder Grundbuch
- Identitätsregister (Personalausweis, Führerschein)
- usw., usw.

Vorteile:

+ Dezentralität
Durch die dezentrale Organisation eines intelligenten Vertrags sind Drittparteien wie Banken oder Notare nicht notwendig. Stattdessen übernimmt die Blockchain die Validierung der Transaktion. Es greift der Grundsatz »code is law«. Die Gültigkeit des Vertrags hängt ausschließlich von der Erfüllung der Vertragsbedingungen ab.

+ Verlässlichkeit
Korrekt programmierte Smart Contracts haben nahezu keine Interpretationslücken bei den Vertragsbedingungen. Auch gehen Dokumente nicht verloren, denn sie befinden sich auf der Blockchain.

+ Effizienz
Um einen Smart Contract zu programmieren, bedarf es nur wenig Zeit. Die anschließende Verarbeitung findet automatisiert statt. Im Vergleich zu klassischen Verträgen sind sie kosten- und zeiteffizienter.

+ Sicherheit
Kryptografische Verschlüsselungsverfahren der Blockchain-Technologie machen die Smart Contracts so sicher gegenüber Manipulationen von außen. Im Nachhinein kann niemand die ausgehandelten Vertragsbedingungen verändern.

Nachteile
Durch den Aufbau und die Struktur von Blockchain sind nachträgliche Korrekturen nur sehr schwer bis gar nicht möglich. Da die Programmierungen heutzutage von Menschen erledigt werden, könnte es zu Fehlerquellen in den Apps kommen.

Machine-Learning ist auch hier auf dem Vormarsch, sodass ich das, was die Machbarkeit angeht, für ein temporäres Phänomen halte, aber ein weiterer Aspekt sind unterschiedliche Interpretationen juristischer Grundlagen. Bis sich international anerkannte Standards etabliert haben, wird es wahrscheinlich bei der Auslegung der Bedingungen der Smart Contracts nicht immer ganz eindeutig zugehen.

Fazit

Kurzum, wir stehen am Anfang einer Entwicklung, die durch unterschiedliche Startvoraussetzungen zurzeit noch anfällig für Fehleinschätzungen und Missinterpretationen ist. Dennoch überwiegen für mich die positiven Chancen und Perspektiven. Ich hoffe, dass wir da weiterhin viel Gehirnschmalz reinstecken, denn in diesen Kontexten können sich auch ganz neue Berufszweige ergeben.

Mithilfe der Smart Contracts lassen sich bereits heute Verträge vollständig rechtssicher automatisieren und sie sind aufgrund der verwendeten Technologie gegenüber »Attacken« von außen sehr gut geschützt. Besonders im Finanzdienstleistungssektor, also bei Banken und Versicherungen, wittere ich enorme Dynamik durch neue und einfachere Abwicklungen von aktuell sehr analogen Prozessen. Die teilweise eher lästigen Excel-basierten Arbeiten können dann automatisiert ablaufen und es werden Human-Resource-Kapazitäten frei für eine Beratung von Mensch zu Mensch. So grotesk das zunächst klingt, aber Maschinen und Algorithmen könnten uns künftig wieder mehr Gelegenheit dazu geben, Mensch zu sein.

Nach diesen Grundlagen komme ich nun zu den unterschiedlichen Kryptowährungen und erläutere, welche aus meiner Sicht die interessantesten sind, wo du sie wie handeln kannst, wie es jeweils mit dem CO_2-Footprint aussieht und wie es aktuell um die Zukunftsperspektiven der Assetklasse bestellt ist, also der Anlageklasse Bitcoin, Ether & Co.

Die ersten Bitcoin-Transaktionen & der Beginn des Hypes

Zu Beginn, so die »Überlieferungen«, sollen Satoshi Nakamoto und das Team dahinter 50 Bitcoin »geschürft« haben. Die erste Transaktion war mutmaßlich am 12. Januar 2009. Die berühmteste erste Transaktion bzw. Zahlung war aber wohl die aus dem Mai 2010, bei der der Programmierer Laszlo Hanyecz sich zwei Pizzen bestellte und liefern ließ – für insgesamt 10.000 Bitcoin. Dieser Tag wird in der Community der »Bitcoin Pizza Day« genannt. Nur fürs Protokoll, aktuell entsprechen 10.000 Bitcoin einem Gegenwert von etwa 589.870.000 US$. Die wohl teuerste Pizza der Welt, oder?!

Auf die Frage, warum er die Bitcoins nicht gehalten habe, sagte Hanyecz mal in einem Interview, dass er zwar von der Technologie angetan war, aber eben auch die beste Technologie nutzlos sei, wenn sich niemand dafür interessiere und niemand sie nutze.

So viel zu den lustigen Anekdoten rund um den Bitcoin – aber es gab und gibt auch immer wieder Meldungen über Diebstähle und Betrügereien von Fakeplattform-Betreiber*innen. Darüber will ich gar nicht so viele Worte verlieren, sondern dir eigentlich nur einen Tipp mit an die Hand geben: Wenn du dein Fiatgeld in Kryptoassets anlegst, solltest du dich vorab darüber schlaumachen, wo du seriöse Anbieter*innen findest und welche Kryptos es gibt. Dazu erfährst du in diesem Kapitel mehr. Auch ein Blick auf die Webseiten meiner empfohlenen Kryptogurus und -expert*innen kann immer hilfreich sein.

Zudem sollte dir bewusst sein, dass es bei allen Chancen und vergangenen sehr positiven Entwicklungen der Kurse so mancher digitalen Coins auch immer darum gehen muss, wie anwendbar das ganze System ist. Es lebt ja, wie du gelesen hast, vom Mitmachen, Bezahlenkönnen, Tauschen und von den vielfältigen Facetten wie den Smart Contracts und Anwendungsmöglichkeiten.

Dahinter steht ein ganz pragmatischer Ansatz. Manches ist aber eben auch Quatsch und treibt ganz schöne »Blüten«, wie man das auf Oldschooldeutsch sagt. Dogecoin ist so ein Beispiel. Er wurde vor allem durch die Erwähnungen und Kommentare von Tesla-Chef Elon Musk eine viel beachtete Kryptowährung mit unglaublichen Zugewinnen, ähnlich wie Shiba Inu Coin. All diese Storys gingen viral, aber wie seriös ist die Assetklasse, was ist wirklich ein potenzielles Investment für Mittel- und Langfristziele? Ich habe das mal genauer unter die Lupe genommen.

Die größten Kryptowährungen nach Marktkapitalisierung[38]

Platz 10: Dogecoin (DOGE)

Dogecoin, erschaffen im Jahr 2013 von dem IBM-Programmierer Billy Markus und dem Adobe-Programmierer Jackson Palmer, bringt es mit einer Marktkapitalisierung von rund **27 Milliarden US$** auf den zehnten Platz der größten Kryptowährungen 2021. Das Besondere an Dogecoin ist das Logo. Diese Digitalwährung basiert auf einem Doge-Meme, das sich das Bild eines Hundes der Rasse Shiba Inu zu eigen gemacht hat. Ein Meme ist ein in der Netzkultur verbreiteter, kreativer humoristischer Bewusstseinsinhalt, der als eine Art »Zeitzeuge« von kulturellen Strömungen im Netz verstanden werden kann. Im Unterschied zu anderen Kryptowährungen nutzt Dogecoin die sogenannte Scrypt-Technologie. Damit sind die Transaktionen der Digitalwährung gegenüber Mitbewerbern beschleunigt.

Platz 9: Polkadot (DOT)

Die Kryptowährung **Polkadot** schafft es mit einer Marktkapitalisierung von rund **34,80 Milliarden US$** auf den neunten Platz des Rankings. Die Digitalwährung wurde im Jahr 2017 ins Leben gerufen und setzt ebenfalls auf Blockchain-Technologie.

---

[38] Stand 26. November 2021

Spannend an dieser Kryptodevise ist, dass verschiedene Block-chains miteinander zu einem Netzwerk verbunden werden und untereinander kommunizieren können. Ich selbst bin ein großer Fan dieser Technologie, automatisiert sie doch künftig sehr viele aktuell noch analoge Arbeitsabläufe und macht diese überflüssig.

Platz 8: USD Coin (USDC)
Auf den achten Platz der größten Kryptowährungen schafft es der **USD Coin** mit einer Marktkapitalisierung von gut **37,4 Milliarden US$**. Wie bei anderen Stablecoins – also Kryptowährungen, die an eine Fiatwährung gekoppelt sind – ist die Digitalwährung nicht so starken Kursschwankungen unterlegen wie andere Coins, die schnell mal um zweistellige Prozentpunkte schwanken können. Wie der Name USD Coin erahnen lässt, ist die Kopplung hier 1 : 1 mit dem US$.

Platz 7: XRP – Ripple (XRP)
Die Digitalwährung **XRP** wurde von den Gründern der Zahlungs-plattform **Ripple** geschaffen und sollte eine der großen Alter-nativen zu anderen Kryptowährungen darstellen. Aktuell beträgt die Marktkapitalisierung rund **44,6 Milliarden US$**.

Ethereum und Bitcoin wurden unter der Prämisse ins Leben gerufen, ein von Banken und Staaten unabhängiges Geld- und Zahlungssystem zu etablieren. Ripple dagegen geht den entgegen-gesetzten Weg und kooperiert mit den Banken, um deren Inter-bankenkonten-Probleme zu lösen.

Es gibt im Interbankenaustausch von Zahlungsströmen nämlich hohe Risiken, z. B. die Inflation. Diesen widmet sich XRP gezielt. Es bestehen sogar schon Kooperationen mit namhaften Geldhäusern.

Platz 6: Cardano (ADA)
Auf Platz sechs der marktkapitalisierungsstärksten Kryptos liegt **Cardano**. Ähnlich wie bei Ethereum ist Cardano eine Blockchain-Plattform mit der Kryptowährung **ADA**.

Als Gründer gilt der Ethereum-Mitinitiator Charles Hoskinson. Als CEO von IOHK hat er auch die Blockchain von Cardano mitentwickelt. Die Marktkapitalisierung der sich im Aufbau befindenden Digitalwährung beträgt aktuell rund **51,5 Milliarden US$.**

Um dir mal ein Gefühl für den Hype um die Kryptos zu geben: Zu Beginn des Jahres 2021 belief sich die Marktkapitalisierung noch auf 5,45 Milliarden US$. Ihre größte Marktkapitalisierung erreichte ADA, die Kryptowährung von Cardano, dann am 3. September bei rund 95 Milliarden US$.

Platz 5: Solana (SOL)

Solana ist erst seit Kurzem in den Top 10 der Coins mit der höchsten Marktkapitalisierung zu finden. Das Initial Coin-Offering fand erst im Juni 2021 statt. Seitdem gibt es nur eine Richtung für die, wie sie sich selbst nennt, »schnellste Blockchain der Welt« und das am schnellsten wachsende Ökosystem im Bereich Krypto mit über 400 Projekten, die DeFi, NFTs, Web3 und mehr umfassen.[39] Die Kryptowährung wurde 2019 von Anatoly Yakovenko gegründet.

Solana setzt auf einen neuen Timestamp-Algorithmus, der den Namen »Proof of History« trägt. Dieser Zeitstempel ermöglicht es, Transaktionen automatisiert aneinanderzureihen, die in Bruchteilen von einer Sekunde erfolgen. Eine Effizienzsteigerung, die diese Kryptodevise so massentauglich macht.

Die Skalierbarkeit und die Transaktionsgeschwindigkeit sind wichtige Faktoren und das zunehmende Interesse an Solana zeigt sich auch an der Marktkapitalisierung. Diese liegt aktuell um die **57 Milliarden $**, damit landet Solana aktuell auf Rang fünf der größten Kryptowährungen. Anfang 2021 lag die Marktkapitalisierung noch bei rund 85,5 Millionen US$. Damals lag der Kurs bei 1,84 US$, stieg dann aber am 6. November auf das aktuelle Allzeithoch von 259,40 US$.

---

[39] https://solana.com, Stand 26. November 2021

Platz 4: Tether (USDT)

Auf den vierten Platz der größten Kryptowährungen schafft es **Tether**. Genau wie USD Coin handelt es sich bei Tether um einen Stablecoin, der stets an den Kurs des US-Dollar gebunden ist. Durch die geringen Kursschwankungen bekommt das Investment der Kryptoanleger*innen mehr Sicherheit und Stabilität.

Kritisch betrachtet werden sollte bei dieser Kryptodevise, dass es eine zentrale Firma gibt, die den Coin ausgibt. Sehr auskunftsfreudig ist diese Firma nicht, und die Verbindung des Tether zur Umtauschbörse Bitfinex, die unter dem Verdacht steht, sich durch Adressen in der Karibik grundlegenden Idealen der Kryptogemeinde zu entziehen, wird von der Kryptogemeinde ebenfalls kritisch beäugt. Anscheinend zieht Tether trotz allem noch immer ausreichend viele Investor*innen an, sodass die Marktkapitalisierung der Kryptowährung aktuell bei rund **72,7 Milliarden US$** liegt.

Platz 3: Binance Coin (BNB)

Unter den Top 3 der Kryptodevisen liegt auf dem dritten Platz der **Binance Coin**, auch bekannt als BNB, mit einer Marktkapitalisierung von derzeit rund **96,4 Milliarden US$**.

Binance ist zudem eine Kryptobörse, auf der Kryptowährungen und Derivate gehandelt werden können. Gegründet wurde sie von dem chinesisch-kanadischen Geschäftsmann Changpeng Zhao. Als Binance, wie auch andere Betreiber und Anbieter von Kryptotransaktionen bzw. entsprechender Infrastruktur, auf den Radar der Finanzaufsichtsbehörden geriet, wurde der Hauptsitz der Firma nach Malta verlegt.

Auch die BaFin hat das Unternehmen auf dem Schirm, sie moniert, dass der deutsche Ableger von Binance gegen die Prospektpflicht verstoßen habe. Binance bietet auch eine eigene Plattform für NFTs an.

Platz 2: Ethereum (ETH)

Platz zwei der größten Kryptowährungen belegt mit großem Abstand zu Platz drei **Ethereum**. Mit rund **481 Milliarden US$** ist die

Marktkapitalisierung von Ethereum derzeit fünfmal größer als die des Drittplatzierten Binance Coin.

Grundsätzlich ist Ethereum ein dezentrales Blockchain-System samt eigener Kryptowährung, Ether. Ziel der Kryptoplattform ist es, dezentrale Anwendungsplattform u. a. von Smart Contracts für Nutzer*innen aus der ganzen Welt zu werden. Die Programmiersprache, die dafür zur Anwendung kommt, ist komplexer als C++, Java & Co. und heißt Solidity.

Platz 1: Bitcoin (BTC)
Auf dem ersten Platz der größten Kryptowährungen nach der Marktkapitalisierung 2021 liegt weiterhin der **Bitcoin**. Die Marktkapitalisierung der ältesten Kryptowährung beträgt derzeit rund **1038 Milliarden US$**. Am 10.11.2021 erreichte der Bitcoin hinsichtlich der Marktkapitalisierung ein neues Rekordhoch von 1,44 Billionen US$ bzw. einem Kurs von 68,763 US$.

Die beiden Platzhirsche unter den Kryptowährungen entsprechen rund 60 % des aktuellen Gesamtmarktes und zeigen die Dominanz und Verbreitung. Was den Dino unter den Kryptos so langsam macht, ist seine Durchsatzgeschwindigkeit und die begrenzte Speicherkapazität. Die Blockgröße beträgt 1 MB und die Blockverarbeitung nimmt 10 Minuten in Anspruch.

Zwischenfazit
Jetzt kennst du schon mal zehn der wichtigsten Kryptodevisen und hast in Ansätzen ihre Unterschiede kennengelernt. Es gibt allerdings noch zwei Punkte, die ich genauer unter die Lupe nehmen möchte: nämlich wo, also an welchen Börsen, du sicher am Handel teilnehmen kannst und wie es um die Klimafreundlichkeit der digitalen Innovationen steht.

Das ist ja, wir erinnern uns, auch für Kathrin der Knackpunkt, und sie war happy zu sehen, dass es zumindest Schritte in die richtige Richtung gibt. Ihr Fazit aus der Erkenntnis ist, dass sie mit ihrem Investment die klimafreundlicheren Kryptos gezielt unterstützt und bei diesen sogar von überdurchschnittlichen Renditen ausgeht – langfristig.

Wo und wie du Kryptowährungen sicher kaufen kannst

Du stehst oder sitzt also in den Startlöchern zum Kryptotrading. So weit, so gut, aber wo kaufen? Denn es gab ja auch immer wieder Medienberichte über kriminelle Machenschaften im Bitcoin-&-Co.-Universum. Außerdem ist ein eigenes Wallet auch anfällig für Hackerangriffe und Manipulationen, die direkt auf deinem PC, Tablet oder Smartphone stattfinden können. Deshalb kannst du auf unterschiedliche Art am Hype partizipieren. Denn nicht nur ein Direktinvestment ist möglich, es gibt auch sinnvolle Alternativen. Welche das sind und wem du dein Vertrauen schenken kannst, darauf werfe ich mit dir jetzt einen genaueren Blick.

Seriöse Kryptobörsen & Plattformen sind unter anderem:

- Coinbase
- Etoro
- BSDEX (Börse Stuttgart Digital Exchange)
- Binance
- Kraken
- Scalable Capital
- Trade Republic
- Justtrade

Zwischen den genannten gibt es jedoch große Unterschiede, und du solltest dich im Vorfeld genau fragen, wie du an der Wertentwicklung von Bitcoin & Co. teilhaben möchtest. Es gibt drei Möglichkeiten: entweder echte Kryptowährungen kaufen, in digitale Coins über ETPs investieren oder Kryptoderivate kaufen.

Die echten Kryptowährungen haben wir ausführlich besprochen – aber was sind ETPs und Kryptoderivate? Zu dieser Gruppe zählen beispielsweise CFDs, Futures und Optionsscheine. Anleger*innen kaufen nicht die Kryptowährung selbst, sondern wetten lediglich auf die Wertentwicklung – die kann sowohl positiv als auch negativ ausfallen.

Vorsicht bei CFD-Plattformen, denn mehr als 72 % der Privatanleger*innen verlieren hier statistisch ihr Geld. So oder so ähnlich liest du das im jeweiligen Disclaimer. Das liegt vor allem an den Hebeln, die hier beim Trading zur Anwendung kommen. Genauere Infos zu CFDs bekommst du beim Blick in mein erstes Buch, *Geld kann jeder & du jetzt auch*, dort habe ich mich ausführlich mit diesem Finanzinstrument beschäftigt. Ein Vorteil dieses Handelsansatzes ist, dass du dich nicht um die Verwahrung sorgen musst und somit die Gefahr von Hackerangriffen oder Diebstahl entfällt.

Bei Krypto-ETPs handelt es sich dagegen um Wertpapiere, die über eine Börse gehandelt werden können. Sie sind nicht die eigentliche Kryptowährung, sondern bilden ganz einfach die Wertentwicklung der Währung ab, auf der sie basieren. Auf diese Weise kannst du in Kryptos investieren, ohne sie tatsächlich besitzen und aufbewahren zu müssen.

Auch bei ETPs können echte Coins als Sicherheit hinterlegt sein. Das ist aber nicht bei allen ETP-Emittenten der Fall. Die Handelszeiten von ETPs orientieren sich an den Handelszeiten der Kryptowährungen an den jeweiligen Börsen. Als Besonderheit hast du die Wahl, ob du den ETP kaufen oder verkaufen, also long oder short gehen willst, womit du sowohl auf steigende als auch auf fallende Kurse setzen kannst. Zusätzlich werden auch Sparpläne angeboten.

Kurz und knapp einige Konditionen zusammengefasst

Manche Börsen nehmen eine pauschale Ordergebühr. Für die sogenannten Daytrader*innen oder Semis oder Profis werden auch die Maker- und Takerfees berechnet. Diese fallen an, wenn du eine Kryptowährung anbietest oder kaufen willst, deine Order aber gerade nicht ausgeführt werden kann. Sie sind eine Art Platzierungsgebühr deiner Order auf der jeweiligen Plattform.

Daneben verlangen manche Börsen eine Depotführungsgebühr und/oder Gebühren, wenn du Gewinne aus dem Kryptohandel zurück auf dein Bankkonto überweisen willst. Diese Withdrawal-Fees, also Abhebungsgebühren, gibt es teilweise auch bei CFD-Transaktionen. Einige Börsen ermöglichen es neben einem Referenzkonto oder PayPal auch, Kryptowährung direkt über die Kreditkarte zu kaufen.

Aufgrund der verschiedenen Bezahlarten können auch hier weitere Gebühren anfallen, PayPal ist meist kostenlos. Eine weitere Beobachtung: Je einfacher die Benutzeroberfläche ist, umso höher ist der Preis, den du dafür bezahlst. Die Plattformbetreiber*innen lassen sich diese übersichtliche Struktur und Funktionsweise vergüten.

Anbieter	Gebühren	Gebühren Bitcoin Kauf 1000 €	Gebühren Bitcoin Kauf 5000 €
Etoro	0,75 %	7,50 €	37,50 €
BSDEX	0,2 % Maker-Order / 0,35 % Taker-Order	2 € für eine Maker-Order / 3,50 € für eine Taker-Order	10 € für eine Maker-Order / 17,50 € für eine Taker-Order
Binance	0,1 %	1 €	5 €
Coinbase	1,49 %	14,90 € + Spread	74,50 € + Spread
Justtrade	min. 0,3 % Spread	3 € bei einem Spread von 0,3 %	15 € bei einem Spread von 0,3 %
Trade Republic	1 €	1 € Pauschale + Spread	1 € Pauschale + Spread

Wie klimafreundlich sind die Coins von heute?

In den Medien konnte man gut verfolgen, wie ungeheuer groß der Energieverbrauch, genauer gesagt der Stromverbrauch, für die vielen Transaktionen der Kryptowährungen weltweit ist – besonders der von Bitcoin.

Tesla-Gründer Elon Musk hatte im Mai 2021, nachdem er Bitcoin gekauft und als Zahlungsmittel zugelassen hatte, den enormen

Verbrauch völlig ausgeblendet – und das als jemand, der in einer globalen Community mit seinen E-Autos den enormen Verbrauch fossiler Energieträger bekämpft. Zunächst erlaubte er jedoch die Zahlung für seine Fahrzeuge in Bitcoin. Doch als hätten umsichtige Mitarbeiter*innen ihn dann zur Seite genommen, folgte nur einen Monat später die Abkehr von dem Bekenntnis zum Bitcoin – aus eben diesem Grund, dem hohen Verbrauch fossiler Energie. Der Kryptoplatzhirsch erlitt auch dadurch einen Rücksetzer von damals 50.000 US$ auf 30.000 US$. Äußerungen von US-Finanzministerin Janet Yellen und der chinesischen Administration, denen der Handel und die Bewertungen schon lange ein Dorn im Auge waren, trugen ihren Teil zum Kurssturz bei.

Unabhängig von den Kursentwicklungen und der Einschätzung von Digitalwährungen sind die exorbitanten Mengen an Energie, die sie verbrauchen, auf keinen Fall klimafreundlich. Zumal sogar in manchen Ländern und Regionen bereits ausgediente fossile Kraftwerke reaktiviert wurden, nur um Rechenzentren mit ausreichend Strom für die Nutzung und Kühlung ihrer Server zu versorgen, damit geschürft und gerechnet werden kann. Der Bitcoin erweist sich also als richtiger Klimakiller, oder doch nicht?

Werfen wir doch mal einen Blick auf die Schätzungen des Stromverbrauchs für den Bitcoin, die pro Jahr höher ausfallen sollen als der Strombedarf der gesamten Niederlande mit ihren immerhin knapp 17,5 Millionen Einwohner*innen.

Stromverbrauch des Bitcoin[40]

Alles nicht ganz so erbaulich. Aber die zentrale Frage ist, wie wir die Vorteile von Kryptowährungen nutzen können und gleichzeitig unseren CO_2-Fußabdruck gegenüber dem aktuellen Status quo beim Bitcoin-Mining verbessern.

---

[40] Stand Februar 2021

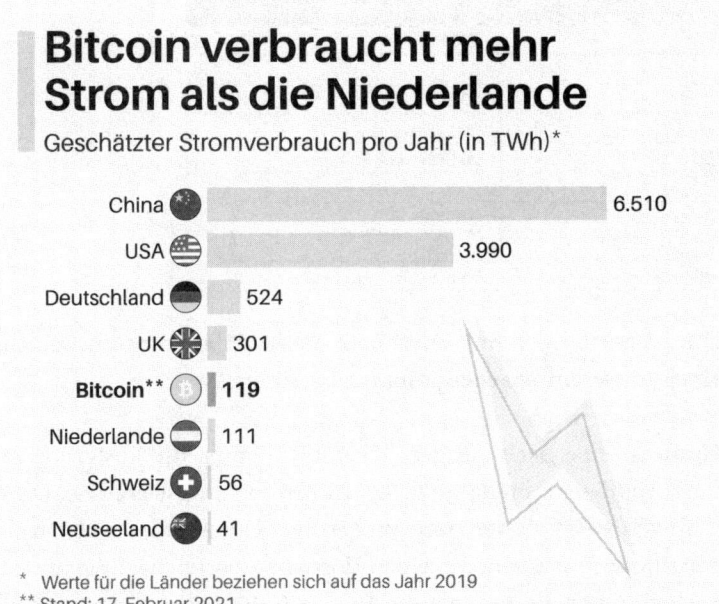

Bitcoin verbraucht mehr Strom als die Niederlande

Geschätzter Stromverbrauch pro Jahr (in TWh)*

China	6.510
USA	3.990
Deutschland	524
UK	301
Bitcoin**	**119**
Niederlande	111
Schweiz	56
Neuseeland	41

* Werte für die Länder beziehen sich auf das Jahr 2019
** Stand: 17. Februar 2021

Um energieeffiziente Kryptowährungen zu finden, müssen wir den Prozess der Erstellung und Aufrechterhaltung der jeweiligen Blockchain untersuchen. Wie du weißt, werden die meisten Kryptowährungen durch das Mining kreiert. Beim Bitcoin auf Basis des Proof-of-Work-Konsens. Da die neuen Blöcke neue und kompliziertere mathematische Probleme enthalten, benötigen die Miner*innen mehr Rechenleistung, also mehr Strom, um sie zu errechnen. Ihre Belohnung erhalten sie in der jeweiligen Kryptowährung. Würde der Preis an der Kryptowährungsbörse stark sinken, wäre das gesamte Konstrukt des Minings und der Bezahlung nicht lukrativ. Jedenfalls sofern die Stromrechnung den Wert der erhaltenen Kryptowährung übersteigt.

Schauen wir uns mal unterschiedliche Kryptos und ihre Transaktionskosten pro Kilowattstunden an:

Name	Transaktionskosten/kWh in US$
Nano	0,000112
Cardano	0,5479
Stellar	0,00003
IOTA	0,00011
EOS	0,00122923
Ripple	0,0079
Algorand	0,000008
Ethereum	62,56
Bitcoin	1,544

Die Frage, die sich hier anschließt, ist natürlich, warum manche Kryptos wesentlich energiesparender sind als andere.

Nano ist eine nachhaltigere Kryptowährung, die kostenlos genutzt werden kann, da sie nicht auf Mining angewiesen ist. Diese skalierbare Kryptowährung mit geringer Latenz stützt sich auf ein Abstimmungssystem, um einen Konsens zu erreichen. Bei diesem System, Open Representative Voting (ORV), stimmen die Nutzer*innen über jede Transaktion ab. Das führt zum signifikant geringeren Energieverbrauch ohne komplexe Rechenaufgaben.

Das Nano-System macht vom »block lattice ledger design« Gebrauch, das Transaktionen asynchron verarbeitet. Jeder Netzwerkknoten, also Node, sichert jede Transaktion unabhängig ab. Bei diesem System können nur Kontoinhaber*innen Blöcke auf ihren Accountchains signieren. Das schützt auch das gesamte Ökosystem vor Angriffen und passiert in Bruchteilen von Sekunden.

Auch **Stellar (XLM)** kann als energieschonende Kryptowährung bezeichnet werden, da sie nicht auf Mining angewiesen ist. Die Nutzer*innen des Netzwerks können eigene Token für nachhaltige Initiativen erstellen. Das Konsensprotokoll des Stellar-Netzwerks, SCP, verwendet eine Reihe vertrauenswürdiger Nodes, um Netzwerktransaktionen zu validieren. Das macht den Prozess schlanker und effektiver als der Proof-of-Stake- beziehungsweise Proof-of-Work-Algorithmus.

Fazit: Nachhaltigkeitsbetrachtung der Kryptowährungen

Die gute Nachricht ist, dass die Blockchain-Branche mit jedem Jahr, das vergeht, mehr Interesse an der Schaffung nachhaltiger und umweltfreundlicher Kryptowährungen zeigt. Die Merkmale Nachhaltigkeit und Skalierbarkeit werden zu Kernkriterien für bestehende und neue Kryptowährungen. Bei deinen eigenen Recherchen, zu denen ich dich auf jeden Fall anregen möchte, wirst du künftig sicherlich noch mehr nachhaltige Kryptowährungen kennenlernen.

Kathrin hat nach ihren Recherchen und Gesprächen mit mir angefangen, einen Teil ihres Kapitals in ein gestreutes Kryptoportfolio zu investieren. Über die Coinbase-Börse wird sie in Cardano, IOTA und Bitcoin investieren. Tatsächlich hat sie sich trotz des hohen Energieverbrauchs zum Bitcoin entschlossen, da sein Status als Nr. 1 ihrer Ansicht nach Erfahrung und Sicherheit suggeriert und großes Vertrauen schafft. Um den negativen Umweltaspekten Rechnung zu tragen, will sie Kompensationszahlungen für Umweltprojekte leisten, die ihr von einem darauf spezialisierten Unternehmen angeboten wurden. Mittelfristig hofft sie auf zwei entscheidende Faktoren bei dieser noch jungen Assetklasse. Erstens, dass der Strom künftig stärker aus erneuerbaren Energien gewonnen werden kann und dann grüner wird, und zweitens, dass Updates der jeweiligen Kryptodevise dazu führen, dass es energieeffizienter zugehen wird. Ethereum hat das mit ETH 2.0 für das Jahr 2022 bereits angekündigt. Beim Update soll vom Proof-of-Work- zum Proof-of-Stake-Konsensverfahren gewechselt werden. Sollte das der Fall sein, wird Kathrin nicht bloß 2 bis 3 % ihres Gesamtvermögens dort investieren, sondern bis zu 5 %.

Da ich selbst kein Krypto-Experte bin, möchte ich an dieser Stelle ein weiteres Interview mit dir teilen, das ich im Dezember 2021 mit Prof. Philipp Sandner geführt habe, dem Leiter des Frankfurt

School Blockchain Center (FSBC) an der Frankfurt School of Finance & Management. Hier sein Blick auf die Teilaspekte dieses so zukunftsträchtigen Themas. Viel Spaß!

Professor Sandner, was Kryptowährungen angeht, befinden wir uns aktuell in sehr spannenden Zeiten. Der Bitcoin hat im Oktober 2021 neue Rekordstände markiert. Woran liegt das Ihrer Einschätzung nach?

Bereiche wie Decentralized Finance (DeFi), Non-Fungible Tokens (NFTs) und Tokenization haben sich seit dem letzten Jahr zunehmend fest etabliert und sind der Beweis für funktionierende Blockchain-Applikationen und Geschäftsmodelle. In einer Zeit, in der der Euro, der Dollar und im Grunde alle Währungen immer weicher werden, stellt Bitcoin durch seine Knappheit einen festen Gegenwert dar. Manche Anleger*innen glauben an diese Knappheit, tendenziell werden es zunehmend mehr. Je stärker die Inflation steigt, desto eher überlegen Anleger*innen, wohin sie ihre Kaufkraft verlagern können. Raus aus dem weichen Euro, rein in härtere Sachwerte oder andere knappe Assets, die die Kaufkraft erhalten. Aktuell hat sich der Zinssatz von der Inflationsrate abgekoppelt, was diese Nachfrage weiter befeuern könnte. Und in dieser Situation reiht sich der Bitcoin nun ein in etablierte Sachwerte, wie Aktien, Immobilien oder Gold.

Ist Ihrer Ansicht nach das Thema Krypto bereits im Anlegermainstream angekommen? Was braucht es noch dafür?

Kryptowährungen und andere Blockchain-basierte Assets sind auf einem sehr guten Weg dahin, vollständig im Mainstream anzukommen. Mit stetig steigender Marktkapitalisierung, immer mehr Blockchain-basierten Geschäftsmodellen und zunehmender Institutionalisierung deuten alle Zeichen aktuell darauf hin, dass Kryptos sich zunehmend weiterentwickeln.

Und doch sind wir noch ganz am Anfang der Entwicklung. Bis dato schätzt man die Zahl der Bürger*innen in Deutschland, die

Bitcoin & Co. besitzen, auf 2 bis 3 %. Natürlich gab und gibt es durch unterschiedliche unseriöse Angebote von Handelsplatt-formen auch immer wieder kriminelle Machenschaften. Woran erkenne ich als Anleger*in seriöse Angebote von Tradingplatt-formen? Welche empfehlen Sie?

Plattformen, die hierzulande von der BaFin zugelassen sind, gel-ten durchaus als seriös. Diese reguliert und beaufsichtigt sie. Hier könnte man beispielhaft die Bison-App von der Börse Stuttgart nen-nen oder auch Coinbase oder Nuri. Diese Einschätzung macht eine eigene gründliche Recherche aus unterschiedlichen Quellen im Vor-hinein aber natürlich nicht weniger wichtig.

Es gibt auch zahlreiche seriöse Plattformen aus dem Ausland. In Summe jedoch kann man sagen, dass der BaFin-Stempel gerade beim Einstieg sehr hilfreich ist.

Die chinesische Administration hat sich klar gegen Krypto-währungen positioniert und den Handel damit als illegal be-zeichnet. Warum ist das Ihrer Ansicht nach so? Warum hatte das nur kurzfristig negativen Einfluss beispielsweise auf den Bitcoin?

Viele Fachleute hatten gedacht, dass nach dem chinesischen Verbot im Frühsommer 2021 der Kryptomarkt zusammenbrechen würde. Das Gegenteil ist der Fall. Der Bitcoin notiert heute 30 % über dem Niveau zum Zeitpunkt des Verbots. Das zeigt, dass diese Öko-systeme auch unabhängig von einzelnen großen Staaten funktionie-ren. China möchte seine eigene digitale Währung durchsetzen und ein nicht unter Kontrolle zu bringender Bitcoin passt hier schlecht ins Bild.

Auch US-Finanzministerin Janet Yellen sieht die Entwicklungen in der Assetklasse skeptisch. Können Sie diese Skepsis verstehen und warum ist ihre Haltung Ihrer Meinung nach so kritisch?

Beim Thema Kryptovermögenswerte ist es so, dass all jene Posi-tionen in der Politik, die direkt oder indirekt mit dem Geldmonopol des Staates zu tun haben, ein Interesse daran haben, dass dieses

Monopol natürlich nicht ins Wanken kommt. Gerade bei Facebooks Projekt Libra, das inzwischen in Diem umbenannt wurde, konnte man beobachten, dass Zentralbanken und Regierungen sehr skeptisch sind. Diese kritische Haltung lässt sich also einordnen, teilen kann ich sie aber deswegen nicht. Wichtig ist zu betonen, dass gerade Bitcoin komplett anders funktioniert. Bitcoin ist auf 21 Millionen Tokens beschränkt und damit vom Konzept her komplett anders als unsere heutigen Währungen, die weicher werden können – wie es die Inflation gerade zeigt.

Betrachten wir mal die Energie- und Ökobilanz beim Schürfen von Krypto-Coins. Was frisst da eigentlich so viel Energie und wie könnte man das Ganze umweltfreundlicher und nachhaltiger gestalten?

Es stimmt, dass der Stromverbrauch aufgrund des Proof-of-Work-Konsensmechanismus ein Problem darstellt. Dabei werden komplexe mathematische Verschlüsselungsalgorithmen ausgeführt, die entsprechend viel Energie konsumieren. Allerdings gibt es auch gute Nachrichten: Schon heute stammt der von Bitcoin verbrauchte Strom zu 50 bis 60 % aus erneuerbaren Energien. Wie übrigens auch eine normale Kilowattstunde, wie sie aus einer deutschen Durchschnittssteckdose kommt.

Und weiterhin: Mehr und mehr Firmen, die mit Bitcoins handeln, erklären sich bereit, CO_2-Emissionen zu kompensieren. Aber beschönigen darf man es nicht: Der Stromkonsum ist enorm. Ich wehre mich nur gegen eine Moralisierung und das Urteil darüber, was »guter« und was »schlechter« Stromverbrauch ist. Was meiner Meinung nach zählt, ist, ob Strom aus fossilen oder erneuerbaren Energieträgern zum Einsatz kommt.

Des Weiteren nutzen neuere Blockchain-Projekte meist alternative, stromsparende Konsensmechanismen wie z. B. Proof of Stake. Damit ist leider vor allem Bitcoin der Stromfresser, nicht die zugrunde liegende Blockchain-Technologie. Und dennoch glaube ich, dass Bitcoin nicht verschwinden wird. Ganz im Gegenteil.

Welche Veränderungen sind notwendig, um mehr Anleger*innen mit einem ökologischen, renditestarken Bewusstsein diese Assetklasse »schmackhaft« zu machen? Worauf müssen sich Anleger*innen mit ökologischem und renditeorientiertem Anlageverhalten in den kommenden Monaten und Jahren einstellen?

Die gesamte Themenwelt rund um Krypto, Blockchain, Decentralized Finance (DeFi), digitale Vermögenswerte und deren viele Abspaltungen ist so komplex, dass sie den Anleger*innen nicht innerhalb von drei Sätzen einleuchtend klargemacht werden kann. Das liegt in der Natur der Sache, denn zum Verstehen ist technisches, wirtschaftliches und ökonomisches Verständnis erforderlich. Hier verhält es sich wie mit anderen Wertpapieren und Anlageklassen: Die eingehende Beschäftigung mit Vermögensgegenständen, in die man investiert, ist ein Muss. Das betrifft Kryptowährungen in hohem Maße, aber auch Aktien, Rohstoffe und Immobilien. Wer sich damit beschäftigt und Zeit und Muße investiert, wird vermutlich mit guten Investitionsentscheidungen belohnt.

E-Euro/digitaler Euro: Sie beraten seit vielen Jahren auch die Politik und Wirtschaftsgremien. Wie steht es aktuell um die Einführung eines E-Euro und wo liegen die besonderen Herausforderungen? Was unterscheidet den E-Euro beispielsweise vom Bitcoin?

Der digitale Euro ermöglicht gänzlich neue Geschäftsmodelle und auch grenzüberschreitende Zahlungen, rund um die Welt und in Echtzeit. Auch Industrieunternehmen und Unternehmen am Kapitalmarkt werden davon profitieren – durch nahtlose Prozesse, entfallende Ineffizienzen etc.

China ist mit seinem System der digitalen Währung schon sehr weit: 140 Millionen Chines*innen testeten 2021 die neue digitale chinesische Währung. In Europa sind wir hier noch ganz am Anfang. Die Europäische Zentralbank, EZB, hat dieses Jahr erst eine zweijährige Analysephase zur Evaluation eines digitalen Euros gestartet. Dennoch ist zu betonen, dass gerade Banken hierzulande sich intensiv mit dem Thema beschäftigen. Die Commerzbank etwa hat, gemeinsam mit Evonik und der BASF, bereits den digitalen Euro erprobt – auch ohne EZB.

Hinter den Kryptos steht ja die sogenannte Blockchain-Technologie. Was glauben Sie, wie wird diese Technologie auch in anderen Bereichen unsere Arbeitswelt verändern und Jobs schaffen und kreieren, die es heute noch nicht gibt?
In Zukunft werden Blockchain-Systeme eine wichtige Basis für Geschäftsmodelle darstellen. Dafür gibt es unendlich viele Anwendungsfälle, die von Lieferketten bis zur Speicherung von Gesundheitsdaten reichen. Alles 100 % datenschutzkonform. Zahlreiche Firmen in Deutschland, Europa und der Welt arbeiten an solchen Ideen. Allerdings stehen wir noch sehr am Anfang. Die Finanzbranche ist hier schon weiter und erprobt in diesen Tagen das elektronische Wertpapier. Also ein Blockchain-basiertes Wertpapier anstatt eines, das auf einer ausgedruckten Papierurkunde beruht.

Die Blockchain schafft heute bereits zahlreiche Jobs an der Schnittstelle zwischen der traditionellen Finanzwelt und dem zukünftigen Finanzmarkt. Am dynamischsten jedoch entwickelt sich der Bereich der Krypto-Start-ups. Von Programmierer*innen zu Projektmanager*innen, die Krypto- und Blockchain-Strategien ausfeilen, wird alles gesucht. Wichtig ist ein grundlegendes technisches Verständnis für die Blockchain-Systeme und Kryptowährungen. Wer sich heute mit dieser Thematik beschäftigt und in den Bereich einsteigt, wird die nächsten Jahre eine beeindruckende Entwicklung erleben dürfen. Arbeitslosigkeit im Blockchain-Bereich gibt es zum Beispiel überhaupt nicht.

Sehr geehrter Prof. Sandner, ich bedanke mich sehr herzlich für das Interview.

PaTrick: Wenn du dir weitere Informationen und Wissensupdates dazu holen möchtest, empfehle ich dir Podcasts, Blogs und Social-Media-Kanäle, mit deren Hilfe du den »Gurus der Szene« global folgen kannst.

Webseiten zu Blockchain und Kryptowährungen
1. https://coincierge.de
2. https://www.btc-echo.de
3. https://de.cryptonews.com
4. https://kryptoszene.de
5. https://bitcoinblog.de

Podcasts zu Blockchain und Kryptowährungen
1. Honigdachs
2. Einundzwanzig
3. Bitcoin im Turm
4. Konsens & Nonsens
5. Bitcoin, Fiat & Rock 'n' Roll
6. Bitcoin, Bier & Bernadette
7. Bitcoin verstehen
8. BTC Echo Podcast
9. Bitcoin & Co.
10. Die Kryptohelden

Ich möchte die Gelegenheit nutzen und dir an dieser Stelle die Möglichkeit zur Interaktion und zum Austausch mit mir geben. Wenn du möchtest, kannst du mir unter patrick@finanzcoach.tv jederzeit deine Anregungen, Anmerkungen und Feedback senden, besonders zu den Erfahrungen und Themen rund um NFTs, die wir nicht ausführlich besprochen haben.

VIII. Demo-kratisierung der Börsen & Finanzmärkte

Die Renaissance der Privatinvestor*innen
an der Börse

Mein Fokus liegt in diesem Kapitel darauf, ein paar Hypethemen zu beleuchten und deinen Blick vom »schnellen Geldverdienen an der Börse« auf solides Geldverdienen und Investieren zu lenken.

Wir werfen einen Blick auf Social Trading und Copy-Trading bzw. die in Mode geratenen SPACs, aber auch auf den Hype rund um die Aktien des Gamingfilialisten Gamestop zu Beginn des Jahres 2021.

Der Trend geht hin zu mehr Partizipation – nicht zuletzt weil Finanz- und Kapitalmärkte sich über Smartphones und Tablets browsergesteuert und spielerisch ihren Weg in unsere Onlinekonten und Depots gebahnt haben. Das ist insgesamt wirklich positiv. Aber es gibt ein paar Dinge zu berücksichtigen. Bei aller Euphorie ist eine gewisse Vorsicht immer ein guter Ratgeber. Vor allem wenn du ganz neu an der Börse investierst.

Ich werde immer wieder dazu angeschrieben, was man besonders in Zeiten von Krisen und Kriegen beachten sollte, wenn man sein Geld in Aktien, ETFs & Co investieren möchte. Schließlich haben die Schwankungen an den Börsen- und Finanzmärkten im Russland-Ukraine Konflikt wieder stark zugenommen.

Ich empfehle, dass du dein ganz eigenes Verlustrisiko gegen deine Vermögensverhältnisse und deinen Anlagehorizont abwägst, also über welchen Zeitraum du investieren möchtest. Bist du jemand, der regelmäßig investiert oder in Tranchen von drei bis fünf Portionen, lieber auf einmal?

Wie gelassen reagierst du, sollte sich dein Depotwert zwischendurch mal um 5 bis 15 % nach unten entwickeln, also in den negativen Bereich? Kannst du damit gut umgehen und wirst nicht panisch?

Eines schon mal vorweg: Wie die folgende Grafik des Deutschen Aktieninstituts zeigt, agieren die älteren Investor*innen mit mehr Risikobewusstsein und setzen gezielt auf Kapitalstreuung mittels ETFs und Fonds.

Die junge Generation investiert stärker in einzelne Aktien

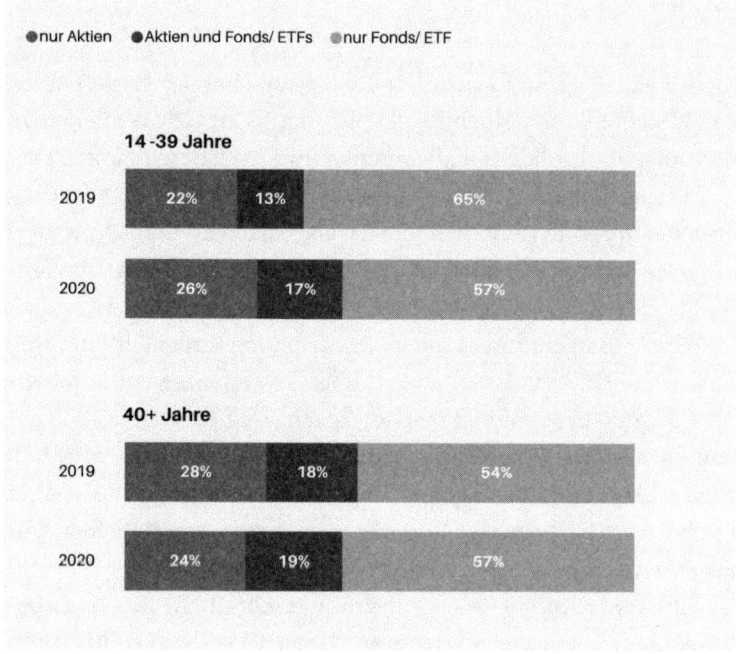

● nur Aktien   ● Aktien und Fonds/ ETFs   ● nur Fonds/ ETF

14 -39 Jahre

2019 22% 13% 65%

2020 26% 17% 57%

40+ Jahre

2019 28% 18% 54%

2020 24% 19% 57%

Das Deutsche Aktieninstitut hat sie für das Jahr 2020 ein-
drucksvoll festgehalten: Die Zahlen der neuen Investor*innen
am Deutschen Kapitalmarkt – und zwar die der privaten. Diese
sind im Jahr 2020 auf einem Niveau angekommen wie zuletzt
zu Beginn des Neuer-Markt-Booms Anfang der 2000er-Jah-
re. Die rechten Balken verdeutlichen, dass der Anteil an Investor*innen, die in Fonds und ETFs investiert haben, sich von
5,5 Millionen im Jahr 2019 auf 7 Millionen im Jahr 2020 erhöht hat. Vor allen Dingen aber hat sich die Zahl der Menschen um 15 % erhöht, die nur in Aktien investieren, und auch
die Zahl derer, die in Aktien, Fonds und zusätzlich ETFs investieren, ist signifikant gestiegen, nämlich von 1,6 Millionen
auf 2,3 Millionen.

Deutschland entdeckt 2020 die Liebe zu Aktien

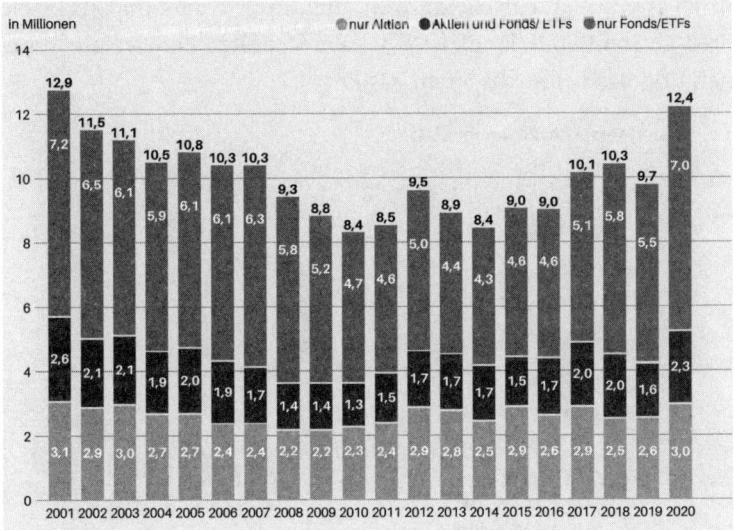

In diesem Kapitel wollen wir näher beleuchten, wer da eigentlich Aktien und Fonds beziehungsweise nur Fonds und ETFs gekauft hat. Ich beschäftige mich auch mit der Frage, wie hoch der Anteil der Frauen ist, die ihr Geld in der Aktienvorsorge angelegt haben, denn wie ich bereits in meinem Buch *Geld kann jeder & du jetzt auch* erörtere, hinken sie beim Thema Geldanlage ihren männlichen Artgenossen leider noch immer hinterher. Das zeigt eine weitere Grafik. Geldanlage ist immer noch zu männlich. Und das, obwohl es gerade für Frauen besonders wichtig ist, sich beim Thema Altersvorsorge den Realitäten zu stellen. Denn die oftmals durch Kinder- und Erziehungszeiten bzw. Teilzeitarbeit lückenhaften Lebensläufe führen dazu, dass vor allen Dingen sie benachteiligt sind, wenn es um das Thema Rente und Altersvorsorge geht. Sie erwerben in ihrem Berufsleben oftmals zu wenige Rentenpunkte. Diese Lücken müssen geschlossen werden, um tatsächlich auch im Alter finanziell so gut aufgestellt zu bleiben wie zu der Zeit der Erwerbstätigkeit. Sehr positiv ist, dass Frauen mit ihren Investmententscheidungen, die durch Fonds und ETFs oft breit gestreut sind, langfristig bessere Renditen erzielen als Männer, und das bei niedrigerem Risiko.

Frauen setzen 2020 mehr auf Fonds

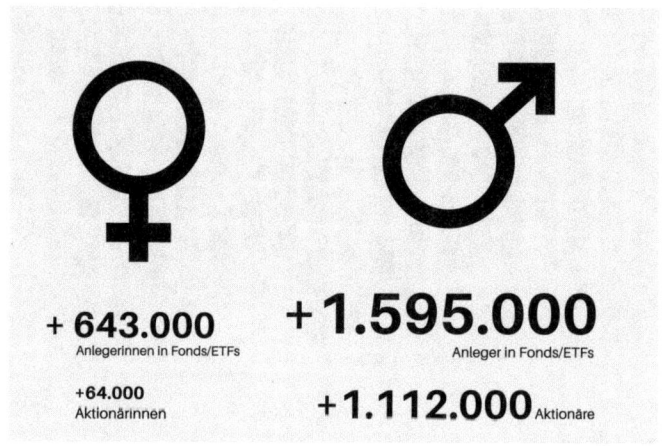

+ 643.000
Anlegerinnen in Fonds/ETFs

+**1.595.000**
Anleger in Fonds/ETFs

+64.000
Aktionärinnen

+**1.112.000**Aktionäre

Ein weiterer Aspekt dieses Kapitels wird sein, inwieweit die Nachfrage nach Aktien auch in den einschlägigen Communitys besprochen worden ist. Denn die Demokratisierung der Geldanlage findet vor allen Dingen dort statt, in den Chatforen wie wallstreetbets, in Börsenforen und anderen Finanzcommunitys. Inwieweit sind Aktien wieder salon- und diskussionsfähig geworden?

Außerdem schauen wir uns an, ob diese Tendenz nur ein vorübergehender Boom ist oder vielleicht doch eine nachhaltige Wirkung hat. Denn die Generationen Y und Z haben längst andere Priorisierungen definiert, wenn es um die sogenannte Work-Life-Balance geht. Sie kreisen vor allem um den Faktor Zufriedensein.

Bei all der Euphorie und den vielen neuen Depots, nämlich rund 1,7 Millionen, die im Jahr 2020 eröffnet wurden, und weiteren

1,4 Millionen im 1. Halbjahr 2021,[41] stellt sich natürlich auch die Frage, inwieweit Neobroker vom Boom profitieren und welche Fallstricke auf die neuen Aktionär*innen warten. Es ist auch heutzutage nicht alles Gold, was glänzt, auch nicht in Zeiten der Aktienhausse. Deshalb ordne ich das Ganze etwas genauer ein und gebe ein paar Empfehlungen dazu, wo es sich meiner Meinung nach gerade lohnt, am Aktienmarkt einzusteigen, und welche Angebote seriös und kostengünstig sind.

Der Aktienboom treibt vor allem international seine Blüten. Auswüchse wie um die Aktie des PC- und Konsolenspieleverkäufers Gamestop haben deutlich gezeigt, dass die sogenannte Schwarmintelligenz auch zu Marktmanipulationen besonderer Güte führen kann, was von den großen Regulierungsbehörden der Börsen, wie der amerikanischen SEC, eigentlich verhindert werden sollte.

Große Neobroker wie Trade Republic und Robinhood verkaufen ihren Orderflow an große Market-Maker-Häuser wie Citadel Securities und Virtu Americas, bei gleichzeitiger Ankündigung eines Bestpreissystems, das vor allem in normalerweise weniger liquiden Märkten von Vorteil für dich als Endkund*in ist.

Fast 80 % der neuen Depots, die zwischen Juni 2020 und Juni 2021 eröffnet wurden, landeten bei digitalen Brokern. Der Marktanteil der Onlinebroker erhöhte sich damit auf 36 %. Filialbanken hatten auch wegen Corona das Nachsehen.

Niedrigschwellige Angebote und die sogenannte Gamification durch Apps und Onlineangebote lassen den Einstieg in die Börse und die Kapitalmärkte nahezu spielerisch wirken. Aber es geht um echtes Geld – um **dein** echtes Geld. So einfach der Zugang zu den Kapitalmärkten heute ist, so wichtig ist es, sich ein gewisses Maß an Finanzbildung anzueignen und mit genügend Vorsicht zu agieren, um am Ende nicht Schiffbruch zu erleiden – in Form von Verlusten, die verhinderbar gewesen wären.

---

[41] https://de.statista.com/statistik/daten/studie/709806/umfrage/anzahl-der-wertpapierdepots-in-deutschland

Neobroker & Hedgefonds – was sie wollen, wie sie funktionieren

Die gute Nachricht vorneweg: Konkurrenz belebt das Geschäft, das ist auch bei der Geldanlage so. Die sogenannten Neobroker, die durch Trade Republic und Robinhood im Jahr 2019 auch auf dem deutschen Markt Fuß gefasst haben, sind dadurch aufgefallen, dass sie es den etablierten Banken und Kapitalverwaltungsgesellschaften bzw. Vermögensverwalter*innen nicht leichter gemacht haben, Kund*innen zu akquirieren.

Zwei Faktoren waren bei diesem von ihnen angestrebten Wachstum besonders wichtig. Erstens schlanke und kostengünstige Strukturen und zweitens die besonders niedrigschwelligen Angebote, auch durch Apps auf mobilen Endgeräten. Die kostengünstigen Angebote können diese Broker nur dadurch erzielen, dass sie den Orderflow an andere Handelsplattformen weiterleiten und dafür bezahlt werden. Das Konzept dahinter nennt sich »payment for order flow« und war zeitweise umstritten, weil es unter dem Verdacht stand, möglicherweise nachteilig für die Kund*innen zu sein. Meine Recherchen haben aber gezeigt, dass die US-Börsenaufsicht mit der Offenlegungsrichtlinie 606 für ausreichende Transparenz beim Bezahlen für Orderflow gesorgt hat. Dieser muss von den Market-Maker*innen quartalsweise ausgewiesen werden.

Die Art, mit der Neobroker den Zugang zum Trading an den Börsen- und Kapitalmärkten über Apps ermöglichen, ist wie schon gesagt eher spielerisch. Ganz leicht können Wertpapiere unterschiedlichster Art ge- und verkauft werden. Gleichzeitig tauschen sich vor allen Dingen junge (Neu-)Anleger*innen über ihre Handelserfahrungen und Handelspraktiken aus. Es gibt Chatrooms und Communitys, und vor allem in den USA verabredeten sich die Kleinanleger*innen teilweise dazu, gezielt einzelne Unternehmensaktien zu kaufen, und zwangen Hedgefonds, die auf fallende Kurse gewettet hatten, in die Knie. »Alte« Unternehmen wie Black-Berry, Nokia, Gamestop und die Kinokette AMC Entertainment erlebten eine Renaissance und unerwarteten Zulauf. Die Folge: Die Kurse der jeweiligen Aktien schnellten in die Höhe. Auch die Social-Media-Plattform Clubhouse sorgte zu Beginn des Jahres 2021 dafür, dass sich vermehrt junge Menschen zum Kauf von bestimmten Unternehmen verabredeten.

Bevor wir schlussendlich auch einen Onlinebroker-Neobroker-Vergleich machen und uns anschauen, wie die Konditionen sind und mit wie viel Geld du schon einen Sparplan abschließen kannst, möchte ich einmal auf die Kritikpunkte der Vergangenheit an Orderflow, Bestprice und Marktauftritt eingehen.

GameStop, BlackBerry & Co.:
Wenn Meme-Aktien verrücktspielen

Weißt du noch, wo du Mitte August 2020 warst, als die Aktien von Gamestop (Börsenkürzel GME) noch müde und lustlos vor sich hin dümpelten? Miese Quartalszahlen, Filialschließungen und schlechter Service ließen den Computer- und Konsolenspielefilialisten schon vor der Coronapandemie wie den nächsten Pleitekandidaten aussehen. Der Aktienkurs lag bei rund 4 €, war »ausgebombt« und »unsexy«.

Eine börsenspezifische Besonderheit war vor allem die sehr hohe Quote an sogenannten leerverkauften Aktien. Das bedeutet, dass professionelle, institutionelle Anleger darauf gewettet haben, der Aktienkurs werde weiter sinken. Also verkauften sie weiter Aktien, jedoch leer, also ohne sie tatsächlich vorher besessen zu haben. Um die Käufer*innen zu beliefern, liehen sie sie sich bei Fonds und KVGs. Das Ganze hatte solche Auswüchse, dass sich die Anzahl der leerverkauften Aktien auf bis zu 140 % des Freefloat summierte – es wurden mehr Aktien geshortet, als es überhaupt frei handelbar gab.

Das sprach sich in Onlinecommunitys und bei Kleinanleger*innen rum, die zu Hause (im Homeoffice) saßen und nur darauf warteten, es den großen Hedgefonds »mal richtig zu zeigen«. Diese waren u. a. Melvin Capital und Citadel LLC.

Auf der Social-Media-Plattform Reddit und dem Subreddit wallstreetbets tummelten sich eine Menge Glücksritter*innen und Fans des Spielehändlers, und so kam es wie in einem Hollywoodfilm à la *Wolf of Wall Street* oder *The Big Short*, aber eben im Real Life: Die kleinen Fische der Börse schlugen die großen Haie mit deren Mitteln und ließen die Aktie der Einzelhandelskette Gamestop über Nacht in ungeahnte Höhen schießen. »David gegen Goliath«, war da als Schlagzeile zu hören. Innerhalb einer Woche stieg der Kurs auf ein Allzeithoch von 418,40 €. Das war am 28. Januar 2021.

Wie konnte das klappen?

Die Hedgefonds mussten sich mit Aktien eindecken. Sie mussten Aktien kaufen, um ihre Leerverkäufe zu beliefern. Dadurch waren sie auch als Käufer*innen im Markt und der Kurs stieg und stieg und stieg. Dieses Phänomen nennt man im Börsenjargon Short Squeeze – hier für die Profis schmerzhaft exerziert.

Eine gefühlte Ewigkeit wurde zu Beginn des Jahres in den Nachrichten, Börsenblogs und Redaktionen von nichts anderem gesprochen als von Gamestop und wallstreetbets.

Der Aktienkrimi endete dann u. a. mit zwei Anhörungen im US-Kongress und Milliardenverlusten für die beteiligten Hedgefonds. Es war von Marktmanipulation die Rede, das Geschäftsmodell der Leerverkäufe wurde überdacht und die Käufer*innen aus den Chatforen wurden zu Held*innen. Durch dieses nahezu fanhafte Verhalten mancher Trader*innen gegenüber der Gamestop-Aktie, die sich fast schon zu einem Kult entwickelte, entstand eine neue Form der Aktie, die Meme-Aktie. Im Grunde so eine Art Liebhaberaktie, mit Fans, die sie stark unterstützen, kaufen und in Foren besprechen. Manchmal werden diese Meme-Aktien allerdings auch zum Spielball von Daytrader*innen, Aktiennerds und Zocker*innen. Andere bekannte Meme-Aktien neben Gamestop wurden zu dieser Zeit auch BlackBerry, Nokia und AMC Entertainment.

Die Rolle der Neobroker Robinhood & Co., die den Kauf der Aktien teilweise aussetzten, war häufig sehr fragwürdig. Die Hedgefonds wurden von ihren angeschlossenen Neobrokern und deren Kund*innen finanziell ziemlich aufs Korn genommen und mussten sie aufgrund der hohen Ordervolumen und der damit verbundenen Abwicklung gleichzeitig sogar noch finanziell unterstützen. Ohne die Kapitalspritzen der Investor*innen wären die Robinhoods womöglich in eine massive Schieflage geraten – mit allen fatalen wirtschaftlichen wie psychologischen Folgen, auch für ihre Kund*innen.

Das Vertrauen in die Angebote und das Geschäftsmodell wäre nachhaltig zerstört gewesen und das lukrative Geschäftsmodell »payment for order flow« Geschichte. Für die Hedgefonds natürlich keine attraktive Option.

Gott sei Dank ging die Geschichte für die Kleinanleger*innen gut aus und es blieb beim finanziellen Schaden der großen Haie. Ein kleines Wunder – denn bei solchen Kämpfen siegten in der Vergangenheit zu 95 % die Goliaths.

Das Gamestop-Beispiel zeigt auch:
Gewinner der Revolution: die Revolution
Viele Investor*innen und Businessinsider*innen bezeichneten den Short Squeeze der Gamestop-Aktie als unreif, kurzsichtig und manipulativ, doch die Zahlen zeigen etwas ganz anderes.

Gamestop ist heute mit einem Kurs von 125 $ als Unternehmen grundsolide aufgestellt.[42] Es kann also mit Fug und Recht behauptet werden: GME ist als Gewinner aus den Entwicklungen hervorgegangen. Und das, obwohl noch im Jahr 2020 der Ruin kurz bevorstand. Mittlerweile wurde sich mit Manager*innen von Amazon, weiterem neuen Personal und zukunftsfähiger Strategie neu aufgestellt. Auch dank der frischen Liquidität steht das Unternehmen so gut da wie seit Jahren nicht.

---

[42] Stand 17. Februar 2022

Die Börsen wurden mit zutiefst ethisch-wertvoll und empathisch agierenden demokratischen Investor*innen angereichert. Diese Akteur*innen haben den Ansatz der Überbewertung oder der Unterbewertung von Aktiengesellschaften neu definiert und mit ihrer Unterstützung und den Käufen bei den Meme-Aktien eine neue »Spielwiese« aufgemacht für Fans und Liebhaber*innen von Unternehmen und deren Geschäftsmodell. Was wäre wohl erst los, wenn es Unternehmen gäbe, die so ökologisch agieren wie Biobauernhöfe? Dann würden das Kaufbedürfnis und die Unterstützung der Fans wohl keine Grenzen mehr kennen.

Wenn eine Aktie einen solchen Rausch der Aufs und Abs erlebt und zudem bei den jungen, unerfahreneren Anleger*innen die Angst umgeht, diese Chance des schnellen Gewinns zu verpassen, dann spricht man landläufig von FOMO, der »fear of missing out«. Die Gier geht um, und wo Gewinner*innen sind, gibt es auch Verlierer*innen. In diesem Fall ist einer davon der Hedgefonds Melvin Capital. Für ihn endete der Januar mit einem Verlust von ganzen 4 Milliarden US$ in Aktien. Laut Hochrechnungen soll der Short Squeeze für alle beteiligten Shortseller*innen insgesamt 19 Milliarden US$ gekostet haben. Und der Hedgefonds hat seine Verluste durch den weiterhin starken Kurs von GME bis heute nicht aufholen können.

PaTrick: Als ehemaliger Aktienhändler kann ich dir sagen: Wenn du ganz seriös, beständig und erfolgreich an der Börse agieren willst und deinen Nervenkitzel lieber woanders suchst, solltest du ein paar wichtige »Spielregeln« beachten. Ich habe dir mal ein paar Basics zusammengestellt, die dir, wenn es um dein Handeln an den Kapitalmärkten geht, als Orientierung dienen können.
1. Leg dein Geld regelmäßig und in Portionen an und verteile es auf unterschiedliche Anlageklassen. Wenn du nicht so viel Kapital hast, sondern noch im Aufbau bist, geht das auch über Finanzinstrumente, die die unterschiedlichen Anlageklassen widerspiegeln und kopieren.

2. Bitte achte auf sich verändernde Marktgegebenheiten. Das klingt etwas kompliziert, ich weiß. Es geht aber nur darum, dass es manchmal Situationen am Kapitalmarkt geben kann, die neu sind, nicht erklärbar und schon gar nicht dauerhaft. Ich nenne sie die Strukturrisiken der Märkte. Ein Beispiel dafür war im Jahr 2020 der Streit zwischen Saudi-Arabien und Russland über die Ölfördermengen mit der OPEC. Zusammen mit den Werksschließungen und Lockdowns der Zeit gab es ein Überangebot an Öl und die Lagerkapazitäten wurden so knapp, dass am Ende die Ölproduzent*innen »bestraft« wurden, wenn sie ihr Öl lagern und verkaufen wollten. Der Ölpreis war zum ersten und bisher einzigen Mal in seiner Geschichte negativ und kostete Öl-ETF-Investoren ihre Vermögen. Auf solche Besonderheiten kannst du, ja, musst du also beim Investieren unbedingt achten.

3. Finger weg von überbewerteten, zu teuren Aktien und Unternehmen. Überbewertet ist eine Aktie oder ein Unternehmen dann, wenn die Bewertungskennzahlen anzeigen, dass der aktuelle Aktienkurs nicht fundamental zu begründen ist. Zu diesen Kennziffern zählen:

   a. **Kurs-Gewinn-Verhältnis**

   Es gibt die Relation zwischen dem Unternehmensgewinn und dem Aktienkurs an. Je höher das KGV, umso höher die »Prämie«, die Investor*innen bereit sind für eine Aktie des jeweiligen Unternehmens zu bezahlen. Das KGV dient als Indikator für teure oder überbewertete Aktien.

   b. **Eigenkapitalquote (EKQ)**

   Sie gibt das Verhältnis von Eigenkapital zu Fremdkapital an. Fremdkapital sind Kredite und Verbindlichkeiten. Je höher die EKQ ist, desto größer ist die Bonität des Unternehmens und desto günstiger wird die Refinanzierung mittels Kredite. Eine höhere Bonität wirkt sich positiv auf den Zinssatz aus, mit dem ein Unternehmen Fremdkapital bekommen kann. Bitte aufpassen, denn Industrieunternehmen oder Techkonzerne weisen im Vergleich zu Finanzunternehmen abweichende EKQs auf. Immer branchenspezifisch vergleichen.

c. **Kurs-Buchwert-Verhältnis (KBV)**

Das Kurs-Buchwert-Verhältnis drückt das Verhältnis zwischen dem Marktwert pro Aktie und dem Buchwert pro Aktie aus. Um das KBV zu berechnen, dividiert man den aktuellen Aktienkurs durch den Buchwert pro Aktie. Der Buchwert eines Unternehmens ergibt sich aus dem Eigenkapital abzüglich aller Verbindlichkeiten.

KBV = Aktienkurs/Buchwert der Aktie, z. B.:

Kurs 100 €, BW 90 € → KBV von 1,11

Das Unternehmen ist in unserem Fall leicht überbewertet. Bei Werten < 1 ist es eher unterbewertet.

d. **Kurs-Cashflow-Verhältnis (KCV)**

Der Cashflow zeigt die Liquidität eines Unternehmens an und markiert den Saldo aus Einzahlungen und Auszahlungen während eines Geschäftsjahres oder einer Periode wie den Quartalszahlen. Wie bei der KGV-Methode gilt: Eine Aktie ist umso preiswerter, je niedriger ihr KCV ist. Werte mit einem KCV von unter 10 weisen auf eine günstige Cashflowsituation des Unternehmens hin.

e. **Dividendenrendite**

Diese gibt das Verhältnis der Dividende in Bezug auf den Aktienkurs an. Beispiel:

DR = (Dividende 5 € / 100 € Aktienkurs) *100 = 5 %

Die Dividende bezieht sich auf die einzelne Aktie und wird steuerlich entsprechend dem Freistellungsauftrag abgezogen (Abgeltungssteuer 25 %). Bei 100 Aktien bekommst du in obigem Beispiel 500 € abzüglich der Steuern ausbezahlt.

Die Dividendenrendite ist für viele Value-Investor*innen ein wichtiger Indikator dafür, eine Aktie zu kaufen, da sie neben den möglichen Kursgewinnen eine Extraeinnahme ermöglicht. Die Faustformel lautet: Mit der Dividendenrendite steigt das Anlegerinteresse.

4. Herdentrieb und Blasenbildung an Märkten meiden. Damit meine ich, dass es in manchen Anlageklassen manchmal pas siert, dass sich, gefördert durch die Rahmenbedingungen, strukturelle Übertreibungen und Blasen bilden können. Berühmte Beispiele sind der Immobilien- und Lehman-Crash von 2008, als eine ungeheure Zahl an Menschen Häuser und Wohnungen in den USA kaufte, als gäbe es kein morgen, und diese Käufe mit kurzfristigen Zinsen finanzierten, ohne über viel Eigenkapital zu verfügen. Es herrschte die Überzeugung, dass der US-Immobilienmarkt der sicherste Markt der Welt sei. In Kombination mit dem Design immer neuer Derivate auf diese Assetklasse war das der Zündstoff der Krise – mit all den bekannten Konsequenzen. Bitte bei deinen Anlageentscheidungen diese Blasen in mancher Anlageklasse vermeiden.

Neobroker & Onlinebroker im Vergleich

Du hast jetzt also einen Überblick über das Meme-Aktien-Universum und möchtest bei den sich demokratischer entwickelnden Kapitalmärkten mit dabei sein? Vor allem wenn der nächste große Trend startet, das Green Investing 4.0, und nicht nur einen klimatechnischen, ethischen und moralischen Unterschied macht, sondern auch deine Renditen samt Boost positiv beeinflusst?

Stell und beantworte dir dazu ein paar Fragen: Wo liegen deine Präferenzen? Hast du ein Depot? Wenn ja, wo? Wenn nicht, gibt es mehrere Möglichkeiten. Du kannst eines bei (d)einer Filialbank eröffnen, alternativ bei einer Onlinebank, oder eben bei den erwähnten Neobrokern.

Bei den Filialbanken geht das mittels persönlichen Termins in der Filiale, bei Onlinebanken und Neobrokern schnell und einfach über das Post-Ident-Verfahren, einen Videocall mit Mitarbeiter*innen der Post, die dich anhand deines Personalausweises oder Reisepasses identifizieren und »freigeben«. Nun bleibt die Frage nach dem Broker und damit der Bank.

Entscheidend bei der Auswahl sind in jedem Fall ein paar ganz handfeste Kriterien. Diese sollten aus meiner Sicht folgende sein:
- Kosten & Gebühren
- Sparplankonditionen
- Investmentauswahl
- Serviceleistungen
- Wertpapierkreditkonditionen
- Bildungsangebote und Akademien
- Bedienbarkeit von Apps und der Website
- Handelssoftware und Analysetools

Diese Kriterien sind, je nachdem was genau du an Dienstleistung brauchst, unterschiedlich zu gewichten, ich finde sie jedoch alle wichtig. Zum Einstieg wurden auf der vorherigen Seite Gebühren und Konditionen verglichen.

Einordnung

Mein Tipp an dieser Stelle: Sobald du weißt, wann es mit dem Handeln oder Wertpapiersparen losgehen soll, einfach online Angebote vergleichen. Bitte beachte auch die unterschiedlichen Ausstattungen der Angebote und Dienstleistungen. Es wäre ärgerlich, wenn du beispielsweise Währungen oder Finanzinstrumente handeln möchtest, die gar nicht angeboten werden.

Mein Überblick kann an dieser Stelle natürlich nicht tagesaktuell sein, zeigt aber die Unterschiede zwischen den Anbietern und gibt dir einen ersten Eindruck davon, was an Kosten und Services auf dich zukommt. Was dabei nicht berücksichtigt ist, sind – vor allem bei Einzelaktien – immer die Kosten für die Makler*innen und den jeweiligen Börsenplatz. Diese variieren, weshalb es sinnvoll sein kann, die Order nicht über die gängigen Börsenplätze aufzugeben, sondern die Market-Maker*innen der jeweiligen Broker.

Der Orderflow landet nicht an der Börse, sondern wird intern bei den Robinhoods der Brokerwelt verarbeitet. Damit das so kostengünstig geschehen kann, verkaufen die Broker eben diesen Orderflow an ihre Investor*innen.

Das Ganze kommt im Übrigen aus den USA, wo im Gegensatz zu Deutschland auch schon lange ein Kapitalmarkt des Market-Making existiert – namens NASDAQ. Du liest mein Augenzwinkern hoffentlich mit.

Bei deiner Suche nach dem richtigen Broker ist es im Grunde ein bisschen wie beim Handyvertrag, Stromanbieter oder der Kfz-Versicherung: Viel Vergleichen und regelmäßiges Checken hilft. Leider gibt es noch kein Vergleichsportal, das wie bei Versicherungen schön übersichtlich die Daten und Fakten aufschlüsselt. Kommt aber vielleicht noch.

Wenn du loslegen möchtest, solltest du als Erstes das Identifizierungsverfahren absolvieren und ein Depot eröffnen. Ganz simpel. Und wenn du grundlegende Hilfe dabei brauchst, dir ein kleines Vermögen aufzubauen, wirf einfach einen Blick in mein erstes Buch, *Geld kann jeder & du jetzt auch.*

Die Gamification des Tradings – niedrigschwellig investieren

Erste Schritte, Entwicklungen & eigene Erfahrungen

Ich bin schon ziemlich lange als Börsenakteur und Finanzjournalist auf den Brettern des Frankfurter Börsenparketts und darum herum beschäftigt, seit 1997, um genau zu sein. Auch zu meiner Zeit als Serienhauptdarsteller und Sänger hatte ich der Börse nie ganz abgeschworen und habe mich mit Kolleg*innen und bekannten Persönlichkeiten immer wieder zu den unterschiedlichsten Themen, Entwicklungen und Unternehmen ausgetauscht. Die erste Boomphase des Aktienmarktes und der Börse erlebte ich 1999 bis 2001 hautnah mit.

Der Neue Markt, die T-Aktie und die große erste Interneteuphorie waren zu Beginn des Jahrtausends die Treiber an den Börsen. Das war auch die Zeit, in der ich meine Erfahrungen in den USA sammelte und mit nach Deutschland brachte, um gemeinsam mit anderen dieses Wissen zur vollen Entfaltung zu bringen, damals bei der Deutschen Bank.

Im Grunde kann man sagen, dass wir damals bereits das betrieben haben, was heute Robinhood, bux, etoro und Trade Republic als Geschäftsmodell etabliert haben. Market-Making mit der weitgehenden Inhouse-Verarbeitung des Orderflows.

Allerdings gab es damals noch viele juristische Hürden und auch der Markt für das Produkt war klein. Kurzum, die Situation war schwierig für uns, und das Vertrauen in diese wirklich sehr gute Idee, viel kostengünstiger und mit kleinen An- und Verkaufspreisen oder Differenzen (sogenannten Spreads) Kundenorders auszuführen, war recht innovativ und wir unserer Zeit wohl um einiges voraus.

Ein weiteres Handicap waren die damaligen mobilen Endgeräte. Ich hatte früher meistens Nokia-Handys. Smartphones gab es schlichtweg noch nicht. 2004 wurde Facebook gegründet und 2007 kam erst das iPhone I. Und es gab natürlich auch keine Tablets, vor allen Dingen aber kein schnelles mobiles Internet, so wie heute. Damals brauchte eine 5-MB-Bilddatei ca. 30 Sekunden, um hochgeladen zu werden, und das sogar bei den leistungsfähigsten Rechnern. An Apps und das Traden in der Mittagspause war also bei Normalbürger*innen noch überhaupt nicht zu denken.

Heute ist das anders. Du kannst spielerisch den bunten Kurven zusehen, überall blinkt und flackert es auf dem kleinen Bildschirm und du siehst in Echtzeit deine Gewinne und Verluste. Du hast also auf deinem Smartphone das in einer einzigen App, was ich im Jahr 2001 auf 6 Monitoren und unendlich teuren Bloomberg-Terminals verfolgen konnte.

Eine Besonderheit, die es heute neben der wirklich einfachen Handhabung und den guten Zugängen zur Börse gibt, ist die Möglichkeit, die Trades erfahrener Profis zu kopieren.

Social Trading – kuratiertes Handeln und der Herdentrieb der Follower*innen

Wir befinden uns in einer wahrlich spannenden Zeit, denn dadurch, dass aktuell viele Menschen im Homeoffice arbeiten, haben sich eine Menge junger Leute (statistisch definiert als unter 45 Jahre) gefunden, die nun gute Voraussetzungen dafür haben, ihr Geld über Neo- und Onlinebroker an den Kapitalmärkten zu investieren – und das auch tun.

Einer der Gründe ist auf jeden Fall die Erkenntnis, dass das gute alte Sparbuch keine Zinsen abwirft und die steigende Inflation den aktuellen Geldentwertungsprozess noch beschleunigt hat. Eine Inflationsrate jenseits der 5 % hatten wir in Deutschland zuletzt im Jahr 1992, aber dazu später mehr.

Auch das Thema Finanzbildung spielt eine größere Rolle, Podcasts schießen seit Anfang 2020 wie Pilze aus dem Boden, und bei den Anbieter*innen der Tradinginfrastruktur gibt es die Erkenntnis, dass es nicht reicht, eine gefällige App zu bauen, die Pushnachrichten im Fall einer Orderausführung sendet oder wenn FED-Chef Jerome Powell ein Interview gibt.

Nein, die Anleger*innen wollen sich weiterbilden. Sie wollen das Serviceangebot der Broker noch intensiver nutzen, um besser zu verstehen, was Investieren ist. Sie wollen von den Tipps und Tricks der Profis profitieren und sie selbst anwenden.

Deshalb haben immer mehr Broker diesen Wünschen Taten folgen lassen und ihr Angebot erweitert. Heute kannst du dir die Basics aber auch einfach schnell gleichzeitig mit dem »Kaufen«-Button deiner Trading-App zu Gemüte führen. Finanzbildung to go, sozusagen. Und für diejenigen unter euch, denen das noch immer zu viel Aufwand ist, haben die Broker teilweise eine Art Rundum-sorglos-Paket entwickelt und ermöglicht – das Social Trading.

Akademieangebote gibt es unter anderem von: Deutsche Börse Gruppe, XTB, CMC Markets, Nextmarkets, eToro und anderen spezialisierten Anbietern. Sollte dich das Thema interessieren, heißt es auch hier, selbst die Initiative zu ergreifen und mal tagesaktuell auf Recherchereise im Netz zu gehen.

Bei Berührungsängsten kann man auch hier auf die Profis im Social Trading vertrauen und schlicht deren Strategie und Handelsaktivitäten kopieren. Wie das geht, wie sinnvoll das ist und welche juristischen Probleme auftauchen können, erfährst du jetzt.

CopyTrader – eToro & wikifolio als Beispiele für das Social Trading

Annahme & Grundidee
Du hast selbst nicht die Zeit und Lust dazu, dich mit den vielen verschiedenen Finanzinstrumenten zu beschäftigen, Umfang und

Anzahl von Devisen, CFDs, Aktien, ETFs und Fonds sind dir schlicht zu überwältigend? Trotzdem willst du von den mannigfaltigen Möglichkeiten und Chancen an den Börsen und Kapitalmärkten profitieren? Warum selbst buckeln, wenn man doch den Strategien erfolgreicher Daytrader*innen und Börsencoaches folgen kann? Vorerst gilt es allerdings natürlich zu klären, wie erfolgreich diese wirklich sind. Kann Copy-paste-Investieren reich machen? Das klingt zu schön, um wahr zu sein. Und dann würde das ja auch jede*r machen, oder?

Hier ein kleiner Exkurs durch die Angebote der unterschiedlichen Plattformen, ihre Konditionen und die Beurteilung von Expert*innen.

wikifolio

Diese im Jahr 2012 in Wien gegründete Social-Trading-Plattform ist sehr vielfältig und – der Name lässt es schon erahnen – wirklich für jedermann bzw. -frau konzipiert. Hier sind Begriffe wie Schwarmintelligenz und demokratisches Trading tatsächlich anwendbar. Die Plattform ermöglicht dir unter anderem, am Musterportfolio einzelner deiner favorisierten wikifolio-Trader*innen mittels Endloszertifikat zu partizipieren. Diese wikifolio-Zertifikate haben eine eigene ISIN und sind über die Börse Stuttgart gelistet. Egal bei welcher Bank du bist, du kannst ganz leicht über dein eigenes Depot das jeweilige Zertifikat kaufen. Ab diesem Moment entwickelt sich dein Gewinn oder Verlust parallel zum wikifolio-Portfolio der Trader*innen. Er oder sie trifft die Entscheidung über den Kauf- und Verkaufszeitpunkt der einzelnen Positionen im Portfolio und nicht du. Damit du ein Gefühl dafür bekommst, auf welches »Pferdchen« du setzen solltest, hast du die Möglichkeit, ein Demokonto zu eröffnen und erst mal mit nicht realem Geld Trader*innen deiner Wahl zu folgen und dich näher mit ihren Strategien vertraut zu machen.

Das Gute daran ist, dass du nicht mühsam einzelne Aktien, Derivate etc., die dieses Portfolio beinhaltet, selbst nachbilden oder nachkaufen musst, sondern durch das Zertifikat mittelbar erwirbst. Nicht alle Trader*innen auf wikifolio haben ein eigenes Endloszertifikat des Emittenten Lang & Schwarz samt ISIN, das du kaufen kannst. Das sind wirklich nur diejenigen, die genügend Follower*innen haben und an denen ein entsprechendes Interesse besteht. In der Grafik ist die Beziehung zwischen Anleger*innen und Trader*innen mal aufbereitet.

Voraussetzung für die Emission des Zertifikats ist, dass mindestens zehn Nutzer*innen ihre Bereitschaft zeigen, insgesamt mindestens 2500 € in das wikifolio zu investieren.

Von derzeit über 28.000 wikifolios sind mehr als 8500 investierbar und in über 700 haben auch Trader*innen selbst mindestens 5000 € investiert.

Zu den Kosten ist zu sagen, dass sie sich aus dem Spread, also der Differenz zwischen An- und Verkaufskurs des Zertifikats, ergeben sowie einer Zertifikatsgebühr (0,95 %) und einer Performancegebühr: je nach wikifolio zwischen 5 % und bis zu 30 %. Die Performancegebühr fällt bei neuen Höchstständen des Zertifikats an, also wenn die wikifolio-Trader*innen besonders erfolgreich handeln. Bei der Bezahlung der Trader*innen gilt das High-Watermark-Prinzip. Diese Methode berechnet die Gebühren für das Fondsmanagement. Der bisherige Höchststand des Fonds, also die High Watermark, ist die Referenzgröße. Daran werden die Fondsmanager*innen im Folgejahr gemessen.

Der Höchststand wird beispielsweise in Form von Indexpunkten ermittelt. Auf der Website und in der App von wikifolio gibt es eine Art Bestsellerliste der besten Trader*innen des Monats. Angegeben wird hier die Performance seit Beginn des Handelns, aber auch die Monats- und Jahresperformance ist gut ersichtlich. Das Ganze wirbt mit Transparenz, denn du siehst auf einen Blick Trades und Strategien, Fotos, Namen und eben Entwicklungen der Portfolios im laufenden Jahr.

Zum Anlageuniversum ist zu sagen, dass in Aktien, ETPs, Fonds und Hebelprodukte investiert wird, je nach wikifolio und Trader*in.

Das Emittentenrisiko

Juristisch handelt es sich bei den wikifolio-Zertifikaten um Derivate und dein finanzieller Einsatz unterliegt dem sogenannten Emittentenrisiko. Der Emittent der wikifolios ist die Firma Lang & Schwarz. Sollte sie insolvent gehen, trägst du das Ausfallrisiko.

Vielleicht erinnerst du dich noch an die Lehman-Pleite – da wurden ebenfalls zahlreiche Wertpapiere liquidiert.

Damit das Ganze nicht zu 100 % auf deinen Schultern lastet, hat wikifolio sich ein Treuhänderkonstrukt überlegt und gibt an, dass dadurch gut 90 % der finanziellen Risiken durch die Wertpapiere in den jeweiligen Portfolios abgedeckt seien. Meine Anmerkung dazu ist, dass es bei liquiden Unternehmen und ihren Aktien kein Problem ist, diese zu liquidieren, also zu Geld zu machen und daraus dann die Schulden zu begleichen. Aber wenn die Schulden des Emittenten das Treuhandvermögen deutlich übersteigen, dann nutzt das recht wenig und dein Kapital kann weg sein.

Auf der Seite von Lang & Schwarz heißt es:

Die TEAM Treuhand GmbH wurde mit Treuhandvertrag vom 20. Februar 2017 von der Lang & Schwarz Aktiengesellschaft zugunsten der wikifolio-Gläubiger als Treuhänder bestellt. Mit einer Sicherheitenvereinbarung, ebenfalls vom 20. Februar 2017, zwischen der Lang & Schwarz Aktiengesellschaft, der Lang & Schwarz TradeCenter AG & Co. KG und der TEAM Treuhand GmbH sind die finanziellen Verpflichtungen aus den verkauften wikifolio-Indexzertifikaten gegenüber den wikifolio-Gläubigern mittels Pfandrechten an

(a.) Wertpapieren, die aufgrund der verkauften wikifolio-Indexzertifikate erworben wurden,

(b.) bei Drittbanken unterhaltenen Kontokorrentkontoguthaben,

(c.) dem Saldo aus Kontokorrentguthaben auf Kontokorrentkonten bei der Hausbank HSBC Trinkaus & Burkhardt AG besichert worden.

Wie sicher diese Absicherung wirklich ist, wird sich hoffentlich nicht zeigen müssen, da L&S hoffentlich nie in Zahlungsschwierigkeiten kommen werden. Bei ETFs und Fonds handelt es sich um Sondervermögen. Im Fall einer Pleite des Emittenten ist es geschützt und zu 100 % vor Verlusten durch Insolvenz abgesichert.

Ich finde die Ansätze und die Grundidee von wikifolio wohlüberlegt und glaube, dass du, je nach Risikoneigung, mit einer Investition von 5 bis 10 % deines Kapitals in ein solches Portfolio gut beraten sein kannst.

Ein weiterer alternativer Ansatz – wer ist eigentlich eToro?

Die beeindruckenden Userzahlen von gut 19 Millionen Copy-Trader*innen weltweit, davon 2,3 Millionen in D-A-CH, könnten ein Indikator für das stimmige Konzept des Kopierens erfolgreicher Trader*innen sein. Ganz so leicht ist es aber nicht, denn bei einer genaueren Betrachtung der Firma eToro fällt Folgendes auf:

Auf der 2007 gegründeten Plattform mit Sitz in Zypern und Großbritannien können Anleger*innen direkt in Tausende Aktien, Kryptowährungen und auch ETFs investieren. Das Handelsvolumen lag 2020 bei 1,5 Billionen US$. Bekannt ist eToro aber vor allem für den Handel mit Differenzkontrakten, sogenannten CFDs. Anleger*innen erhoffen sich von der Hebelfunktion der Derivate eine Vervielfachung ihres Einsatzes. Diese Finanzprodukte sind jedoch hochspekulativ. Daher findet sich auf der Website von eToro folgender verpflichtender Hinweis:»68 % der Konten von Privatanlegern verlieren Geld, wenn sie CFDs von diesem Anbieter handeln.«

Also verlieren zwei Drittel der Anleger*innen Geld!? Das klingt für mich nicht nach langfristiger Kapitalanlage. CFDs zählen zudem zu den Derivaten. Sie sind Hebelprodukte, mit denen man, je nach Finanzinstrument, mit einem Multiplikator auf Öl, Aktien, Indizes etc. spekulieren kann. Wenn du dich mit Mathe ein bisschen auskennst, verstehst du die Risiken. Hinzu kommen die großen Abstände zwischen Kauf- und Verkaufskursen, die eine Plattform wie eToro selbst festlegt. Sie orientieren sich zwar an den Börsennotierungen, bilden diese aber im CFD-Geschäft nicht wirklich eins zu eins ab.

CopyTrader von eToro

Die Grundidee des Kopierens von anderen ist im Kern erst einmal interessant. Du hast scheinbar weniger Arbeit mit der Geldanlage, da du ja einfach nur den »richtigen« Trader oder die »richtige« Traderin aussuchen musst – und schon legst du ebenso erfolgreich dein Geld an. Oft wird auch behauptet, dass diese Art der Geldanlage demokratisch sei, da sie in einer Art Konsens im Austausch mit anderen auf einer Plattform erfolgt. Allerdings ist es doch etwas zu einfach, sich nach dem vermeintlichen Survival-of-the-fittest-Prinzip jemanden zu suchen, der alles kann. Gäbe es so jemanden und wären die Kapitalmärkte so einfach zu durchschauen, wäre ich der Erste, der sich dort bis über beide Ohren hineinstürzen würde, glaube mir. ☺

Damit du dir aber ein eigenes Bild machen kannst, werfen wir jetzt einmal einen Blick darauf, wie das Ganze funktioniert, was es kostet und welche Risiken auf dich warten.

Auf der Website kann man direkt die Rubrik »Copy Trader« anklicken und sich auf einer »Watchlist« erst einmal umsehen. Es ist in der Aufmachung im Grunde wie bei Facebook oder Instagram und du siehst real wirkende Personen auf Bildern und Angaben darüber, wie viele Menschen deren jeweilige Trades kopieren und welche Performance sie in den letzten 7 Tagen erzielt haben. Dabei wird zwischen Folgenden (Follower*innen) und Kopierer*innen unterschieden.

Ähnlich wie in einem Facebook- oder Instagram-Feed kannst du auch sehen, wenn die tradende Person Charts, Kommentare etc. postet. Diese wiederum können auch je nach Einstellung kommentiert werden und so ergibt sich ein gewisses Communityfeeling.

Dadurch, dass dort ganz gewöhnliche Leute handeln, gibt es keine Hierarchien und man trifft Gleichgesinnte auf Augenhöhe.

Man könnte sagen, dass das Trading eine gewisse Demokratisierung vorantreibt. Das Ziel: Die besten Trader*innen ausfindig machen und ihnen folgen.

Beim Scrollen durch die unterschiedlichen Profilbilder fällt auf, dass man auch ein kurzes Statement der Trader*innen zu ihren Anlage- und Spekulationsphilosophien bekommt. Auch eine Risikoklasse wird angegeben, also eine Angabe dazu, wie spekulativ der Trader oder die Traderin agiert.

Sobald du dich entschieden hast, zu kopieren, werden entsprechend deiner finanziellen Mittel die Trades des- oder derjenigen, dem oder der du folgst, kopiert. Kauft diese*r z. B. für 10.000 € ein CFD auf Öl und ist das Portfolio im Gesamtvolumen 50-mal größer, dann kaufst du für 200 € dieses Öl-CFD.

Es gibt unzählige Filter, nach denen du die jeweiligen Trader*innen sortieren und einteilen kannst: Gewinn, Risiko, Anzahl der Follower*innen/Kopierer*innen, eingesetztes Kapital etc.

Das Spannende daran ist, dass du, um dir ein Bild von den Strategien der jeweiligen Trader*innen machen zu können, zumindest ein bisschen was von der Materie verstehen solltest.

Ganz ehrlich, was nutzt es dir, wenn du siehst, wie viel Prozent Steigerung ein Trader oder eine Traderin im abgelaufenen Jahr gemacht hat, aber eigentlich gar nicht verstehst, wie das erreicht wurde und wie die Instrumente, die benutzt werden, funktionieren? Auch ist es zwar so, dass die Trader*innen zu ihrer Investmentstrategie Angaben machen, diese sind aber freiwillig und nicht juristisch bindend. Im Extremfall kann also »konservatives Depot« draufstehen, aber wenn der*die Trader*in sich plötzlich dazu entschließt, mit sehr hohem Verlustrisiko alles in Derivate zu investieren, dann bist du bei diesem Tradingansatz als Folge ganz genau so investiert wie die Trader*innen, mit all den Risiken. Wenn du zum Gesamtmarkt eine andere Meinung hast und lieber verkaufen als kaufen würdest, aber der*die Trader*in das genaue Gegenteil davon tut, dann gilt der Grundsatz: Mitgehangen, mitgefangen.

Ergänzend dazu gelten bei Banken, KVGs und Fondsgesellschaften Gesetze und Regularien, die die Zusammensetzung des Fonds genau regeln. Wie hoch ist der Aktienanteil, wie hoch darf der prozentuale Anteil von einer einzelnen Aktie im gesamten Portfolio sein, welche Regionen und Länder oder Branchen sind im Fonds vertreten? Diese und weitere Fragen werden in dem Zuge beantwortet.

Ein Anleihefonds kann nicht plötzlich eine 100%ige Aktienquote haben, nur weil das Fondsmanagement denkt, dass dort bessere Renditen lauern. Die eToro-Trader*innen können alles machen, was sie wollen, es gibt keinen juristischen Rahmen, der ihnen das untersagt.

Selbst wenn ein*e Trader*in über einen gewissen Zeitraum eine überdurchschnittliche Performance erzielt, ist das kein Garant für die Zukunft.

Hier unten siehst du exemplarisch mal eine Performanceanalyse, die den Erfolg eines Traders oder einer Traderin zeigt:

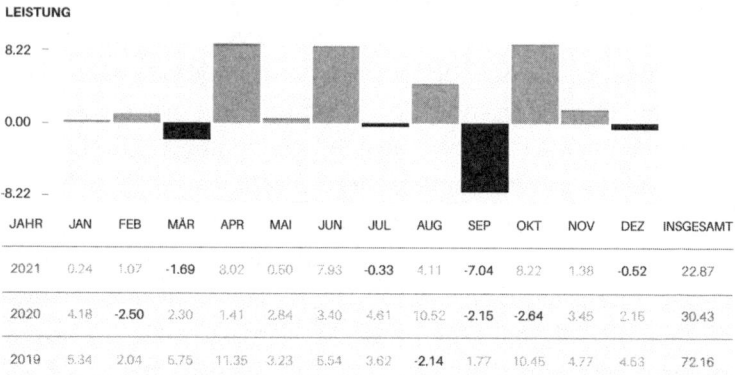

LEISTUNG

JAHR	JAN	FEB	MÄR	APR	MAI	JUN	JUL	AUG	SEP	OKT	NOV	DEZ	INSGESAMT
2021	0.24	1.07	-1.69	3.02	0.50	7.93	-0.33	4.11	-7.04	8.22	1.38	-0.52	22.87
2020	4.18	-2.50	2.30	1.41	2.84	3.40	4.61	10.52	-2.15	-2.64	3.45	2.16	30.43
2019	5.34	2.04	6.75	11.35	3.23	6.54	3.62	-2.14	1.77	10.46	4.77	4.63	72.16

Wahrscheinlich denkst du jetzt, na ja, ich nutze auch ein Flugzeug, um
von A nach B zu kommen, ohne dass ich selbst physikalisch erklären
kann, wie Aerodynamik und Wetter sich auf das Flugzeug auswirken
und warum es letztlich fliegt. Guter Punkt, aber es geht beim Handeln ja um dein Geld und nicht um eine schöne Urlaubserinnerung.

Was mich zudem stutzig macht, ist die Tatsache, dass die Trader*innen und ihre Strategien bei ihren Geschäften nicht von einer
Aufsichtsbehörde wie der BaFin überwacht werden und keinerlei Rechenschaft ablegen müssen. Sie handeln auf eigene Rechnung, haben Leute, die sie kopieren, und das einzige Limit, die
einzige Absicherung, die sie leisten müssen, sind aktuell 20.000 €
Eigenkapital. Dein Geld ist im Übrigen nur bis zu einer Höhe von
20.000 € durch den Einlagensicherungsfonds versichert. Das bedeutet schlicht: Verzockt sich der*die Trader*in, ist dein Geld weg,
und zwar möglicherweise alles – dann hast du Pech gehabt.

Kuratiertes Trading – nextmarkets: Alternative oder dasselbe »in Flieder«?

Curated Investing ist gewissermaßen das Alleinstellungsmerkmal
von nextmarkets. Trader*innen wählen es im Konto anstelle von

CFD-Trading aus. Dann erscheint eine Hauptansicht mit den Fachleuten. Im Gegensatz zu wikifolio und eToro sucht nextmarkets seine Expert*innen direkt aus. Die Kriterien sind, laut Aussage des CEO Manuel Heyden, eine Analyse der Fähigkeiten und Erfahrung der Trader*innen basierend auf Qualität und Quantität sowie die Auswertung der Trackrecord, also der Erfolgsbilanz. Wenn du als Anleger*in dieses kuratierte Tradingangebot nutzt, siehst du die Investitionen des Traders oder der Traderin in Echtzeit, bekommst seine oder ihre Markteinschätzung und wirst beim Trading quasi an die Hand genommen.

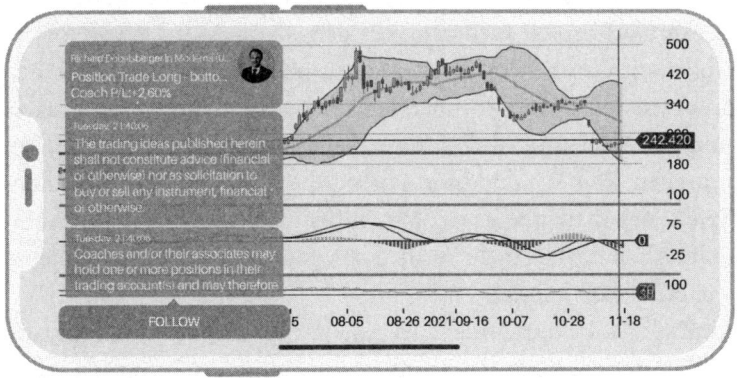

Wer einen Experten oder eine Expertin anwählt, sieht auch gleich zugehörige aktuelle Analysen zu verschiedenen Märkten. Manche Expert*innen analysieren knapp ein Dutzend Märkte, andere auch nur ein oder zwei. Indizes sind genauso im Analysepool wie Einzelaktien, Rohstoffe, Währungspaare und Kryptowährungen. Als Basis für die Analysen wird sowohl die technische als auch die Fundamentalanalyse angewandt.

In ihrem Newsfeed, ähnlich wie auf anderen Social-Trading-Plattformen, gewähren die Expert*innen Einblicke in ihre Anlagestrategien, und das sogar teilweise in Echtzeit. Dabei fällt ins Auge, dass der Zeitpunkt und der Kurs des Einstiegs in einen Markt sowie ggf. Stop-Loss und Take-Profit sehr genau kommuniziert werden. Als Kund*in von nextmarkets kannst du den Empfehlungen der Expert*innen folgen. Mit einem Klick auf »Analyse folgen« öffnet sich das Orderticket. Dann wählst du Stückzahl und Hebel aus. Macht der oder die Expert*in einen Trade, vollziehst du diesen im gewünschten Umfang auf deinem Konto nach. Für mich ist Curated Investing damit eine Mischung aus Social Trading und Analystenempfehlungen.

Laut den Macher*innen von nextmarkets gehört das Curated Investing zur DNA des Brokers mit Hauptsitz in Deutschland. Die beiden Brüder Manuel und Dominic Heyden haben unlängst festgestellt, dass zu viele Privatanleger*innen Geld auf ähnlichen Brokerplattformen verlieren. Mit dem Curated-Investing-Ansatz wollen die Geschwister ihren Kund*innen erfahrene Expert*innen an die Seite stellen, die ihnen langfristig die Grundzüge, Ansätze und Motive beim Handeln vermitteln. Man kann das vergleichen mit einer Musik- oder Sportlehrkraft, die dir die Grundzüge des Spiels, des Instruments erklärt und deinen Blick für das Wesentliche schärft, damit du nach einer gewissen Lernphase alleine weitermachen kannst.

Ziel des Unternehmens ist es, eigenen Angaben zufolge, der Broker mit der höchsten Kundenprofitabilität in Europa zu sein.

Einordnung des Curated-Trading-Ansatzes
Da die Curated-Trading-Rubrik recht transparent ist, kannst du sehr einfach sehen, welche Prognosen Expert*innen in der Vergangenheit abgegeben haben und wie erfolgreich – oder eben nicht – sie damit waren.

Wie im wahren Leben haben manche eine sehr gute Erfolgsquote mit ihrem Trading, aber auch hier gilt: Erfolg in der Vergangenheit bedeutet nicht gleich Erfolg in der Zukunft. Ein detailliertes Profil im Hinblick auf Trefferquote, durchschnittlichen Gewinn pro Gewinntrade und Verlust pro Verlusttrade etc., wie bei eToro und Naga, gibt es noch nicht. Da könnte sich das Angebot von nextmarkets noch weiterentwickeln.

Was ich auch bedauerlich finde, ist, dass es keine Akademie gibt – denn wenn man als eigenen Markenkern auch die Vermittlung von Traderkompetenzen an die Plattform-User*innen definiert hat, wäre es zu begrüßen, wenn das Traden auch sehr konsequent mit der allgemeinen Vermittlung von Finanzbildung einhergehen würde.

PaTrick: Copy-Trading, Social Trading, Curated Trading

Ich habe selbst keine praktischen Erfahrungen mit dem Kopieren von Trader*innen gemacht. Durch meine EUWAX-Trader-Zulassung zur Börse, also die als Terminhändler, und die Tatsache, dass ich das Traden von der Pike auf gelernt habe, war das nie nötig. Seit 2015 ordne ich nun das Börsengeschehen als Journalist ein.

Ich weiß, worauf es mir beim Handeln und Investieren ankommt – und das ist nicht »die Taube auf dem Dach« oder der Lamborghini aus dem YouTube-Video des jungen Schnösels, der mir lachend versichert, wie »easy« Traden geht und dass auch ich über Nacht reich werden kann.

Ich finde Communitys gut und den Austausch mit Gleichgesinnten über Erfahrungen und Strategien sehr wichtig. Jedoch birgt es auch Risiken, völlig fremden Personen dein Geld, wenn du so möchtest, anzuvertrauen und es teilweise in Instrumente zu stecken, die ein hohes Verlustrisiko haben und deren Plattformen sich in juristischen Grauzonen bewegen. Und ganz ehrlich, ein paar US-Tech-Aktien recherchieren und kaufen, Kryptos handeln, vielleicht sogar Gold oder Devisenpaare, das kannst du doch auch allein! Vor allem wenn du dir die Finanzbasics aneignest und ein paar grundlegende Entscheidungen für dein Leben triffst. Dann bist du meines Erachtens »on the long run« besser beraten, wenn du deine Finanzentscheidungen selbst triffst – natürlich gerne auch in der Kommunikation mit anderen. Solltest du nicht genügend Zeit dafür haben, aber dennoch im professionellen Austausch bleiben wollen, können Honorarberater*innen oder Robo-Advisors gute Alternativen für dich und dein Geld sein. Zum Thema Robo-Advisors findest du weitere ausführliche Infos in meinem ersten Buch, *Geld kann jeder & du jetzt auch.*

Fazit

Ich empfinde wikifolio als eine alternative Möglichkeit, Teile des eigenen Geldes anzulegen. Vor allem wenn du keine Lust hast, dich selbst um alle Details des Handelns zu kümmern. Aber es ist nach wie vor Trading und abhängig vom Erfolg anderer Trader*innen. Und wie schon in meinem Grundlagenbuch beschrieben: Statistisch schlägt der Markt auf lange Sicht 85 % aller Trader*innen. Die wikifolio-Variante ist nicht so aggressiv, aber aufgrund der teilweise hohen Performance-Fees und Gebühren für Zertifikate auch nicht ganz billig.

Solltest du professionellen Rat und praktische Tipps von anderen benötigen, hast du unter anderem folgende Recherchemöglichkeiten und Ansprechpersonen:

1. Bank oder KVG
2. Vermögensberatung und Wealthmanagement, auch digitale Robo-Advisors[43]
3. Honorarberatung
4. manche Verbraucherzentralen
5. Ratgeberbücher, Podcasts, andere Finanzfachleute

Und weil wir schon über Spekulation sprachen, möchte ich gerne ein weiteres Fass aufmachen. An der ein oder anderen Stelle ist nämlich viel »billiges und williges« Geld im Umlauf, das gerne angelegt werden möchte und in den letzten Monaten in SPACs landete. Darauf möchte ich mit dir und für dich einen kurzen Blick werfen – denn es stellt sich die Frage: Chance oder Risiko? Investieren oder Finger weg?

---

[43] Siehe *Geld kann jeder & du jetzt auch.*

IPOs & SPACs – Chance oder Neuer Markt 2.0?

An dieser Stelle meines Buches möchte ich dir die Gelegenheit geben, mit einem sehr speziellen Thema Bekanntschaft zu machen, das in den vergangenen zwei Jahren immer wieder in Foren, Blogs und bei diversen Podcasts auf dem Thementableau zu finden war. Die Rede ist von SPACs (Special Purpose Acquisition Companies).

Dieser, wie man ihn bezeichnen könnte, alternative Börsengang von Unternehmen unterliegt anderen Kriterien als das IPO (Initial Public Offering) und hat das Ziel, Unternehmen mit wesentlich kürzerer Vorlaufzeit an die Börse zu bringen, zu übernehmen und dafür am Kapitalmarkt große Summen an Kapital einzusammeln. Darüber, ob das für dich eine Investmentchance ist, wo die Risiken liegen und was du beachten solltest, gebe ich dir nun einen Überblick.

SPACs & IPOs verstehen

Ein SPAC wird in der Regel von einem erfahrenen Managementteam durchgeführt und geleitet und gleichzeitig von Finanzinvestor*innen supported. Oftmals kommen die SPAC-Initiator*innen aus dem Private-Equity-Universum, sind Hedgefonds und große institutionelle Investoren.

Die signifikantesten Unterschiede zwischen einem SPAC-Börsengang und einem herkömmlichen IPO liegen in der Dauer des Prozesses, im Umgang mit Prospekthaftung & Co. und der Offenlegung im Angebotsdokument. Die Prüfung all dieser Dokumente erfolgt durch die amerikanische Börsenaufsichtsbehörde SEC (United States Securities and Exchange Commission).

Üblicherweise sammelt ein Unternehmen über einen SPAC-Börsengang zwischen 50 Millionen und 2 Milliarden US$ ein. Das Geld dient dazu, andere Unternehmen zu übernehmen, die noch nicht an der Börse gelistet sind, ihnen in dieser Unternehmenshülle des SPAC das Listing an der Börse zu ermöglichen und auf diese besondere Art zu vereinfachen. Dafür hat die gegründete Zweckgesellschaft zwischen 12 und 24 Monate Zeit.

Das beim Börsengang eingesammelte Kapital wird auf ein Treuhandkonto eingezahlt und darf nur in sichere Wertpapiere investiert werden. In den USA sind das üblicherweise kurz laufende US-Staatsanleihen. Für die Investierenden, die bei einer geplanten Übernahme nicht mitmachen, besteht die Möglichkeit, ihr investiertes Kapital in die Zweckgesellschaft abzuziehen und auszusteigen. Das passiert auch, falls im vorher definierten Anlagezeitraum kein passendes Übernahmeobjekt gefunden wurde.

Meine Beobachtungen haben ergeben, dass es in der Regel schon Einigkeit über all diese Parameter gibt und SPAC eigentlich eher eine Formalität ist. Das SPAC dient nicht selten auch als Vehikel, um die strengeren Anforderungen des IPO zu umgehen. Dazu gleich mehr Details.

Beim SPAC-Börsengang in den USA werden den Investor*innen Units angeboten, oftmals zu 10 US$ je Unit. Jede Unit besteht aus einer Stammaktie und einem Bruchteil eines Bezugsrechtes für Aktien des zu übernehmenden Unternehmens. Dieses Bezugsrecht nennt man Warrant. Nun stellt sich die Frage, an welcher Stelle bei solch einem Deal das Geld verdient wird!? Du weißt ja, Rendite und Risikominimierung sind für Profiinvestor*innen das A und O.

Die Rendite setzt sich aus mehreren Komponenten zusammen. Zum einen aus der Basisrendite aus den zu Beginn gekauften kurz laufenden Staatsanleihen. Zum anderen daraus, dass nach erfolgreichem SPAC-Börsengang hoffentlich die Aktien an der Börse des neuen Unternehmens steigen, und – last, but not least – mittels der Warrants, die zu Beginn an die Investor*innen ausgegeben wurden. Im Grunde ist so ein Warrant eine Option zum Erhalt weiterer Aktien zu vergünstigten Konditionen. Wenn man überlegt, dass die Initialinvestor*innen und Sponsor*innen eines SPACs üblicherweise 20 % der SPAC-Anteile gratis erhalten, ergibt sich da eine schöne Rendite, vorausgesetzt, es gibt an der Börse ein

Interesse durch weitere Investor*innen. Und es bedarf eines gewissen öffentlichen Interesses – Marketing steht also hoch im Kurs.

Vielleicht hast du den Namen Truth Social schon mal gehört? Im Jahr 2021 hat der ehemalige Präsident der USA, Donald Trump, mit seinem Twitter-Konkurrenten Trump Media & Technology Group versucht, eine Milliarde US$ einzusammeln. Donald Trump ist ja ein Garant für mediale Aufmerksamkeit, ergo wird seine Idee, mittels SPAC an der Börse Geld für seine Plattform Truth Social einzusammeln, vermutlich eher erfolgreich verlaufen, wenngleich ich mir als überzeugter Anhänger des neutralen Journalismus wünsche, dass Trumps Geschäftsgebaren, das ausschließlich seinen Interessen dienen soll, floppt.

Schauen wir uns noch mal IPOs und SPAC-IPOs an
Beginnen wir mit den Gemeinsamkeiten: Sowohl traditionelle IPOs als auch SPAC-IPOs müssen einen Genehmigungsprozess bei der SEC durchlaufen und durch einen Börsengang und die Notierung ihrer Wertpapiere an einer Börse Mittel auf dem öffentlichen Markt aufnehmen. SPACs weisen jedoch einige Unterschiede zu traditionellen Börsengängen auf und werden als eine Art Börsengang durch die Hintertür bezeichnet.

Wie lange braucht ein SPAC bis zum Börsengang?
SPACs können innerhalb weniger Monate gegründet und an die Börse gebracht werden, wohingegen der traditionelle Börsengang, der IPO, einer operativen Gesellschaft zwischen neun Monaten und mehreren Jahren dauern kann, wenn man die erforderlichen Vorbereitungen berücksichtigt. Der Grund für die kürzere Zeitspanne liegt darin, dass SPACs keine operativen Unternehmen sind und in ihrer Registrierungserklärung nur eine begrenzte Anzahl von Informationen offenlegen müssen.

Ein Unternehmen, das mit einem bereits börsennotierten SPAC fusioniert, muss eine Vollmachtserklärung und das SEC-Formular

S-4[44] einreichen und die Zustimmung seiner Aktionär*innen einholen. Jedoch können diese Dinge durch das SPAC-Verfahren schneller erledigt werden, als wenn dasselbe Unternehmen sich für einen traditionellen Börsengang entscheiden würde. Auch eine ausgedehnte Roadshow, um bei potenziellen Investor*innen für das Unternehmen und dessen Produkte und Dienstleistungen zu werben, kann so umgangen werden. Oftmals suchen sich Geldgeber*innen aussichtsreiche Start-ups, denen sie mittels des SPAC einen beschleunigten und vereinfachten Börsengang ermöglichen. Gleichzeitig gibt es *nach* dem Börsengang die Möglichkeit, über die Börse weiteres Geld von »normalen« Anleger*innen zu bekommen. Für das Start-up ist der SPAC-Börsengang, und somit der Zugang zu frischem Geld über die Börsen, ein zusätzlicher Boost in der Unternehmensentwicklung. Viel schneller als der teilweise langwierige Weg des Investmentprozesses, den Start-ups durch Seed-Finanzierungen und die nachfolgenden Investmentrunden durchlaufen müssen.

Ein Blick auf den Preis im Kontext der Marktvolatilität
Durch den Börsengang über ein SPAC ist dem Unternehmen, das übernommen werden soll, bereits der Preis bekannt, zu dem es gekauft wird. Dadurch ist der Übernahmekandidat keinen Marktpreisvolatilitäten mehr ausgesetzt. Die SPAC und das Zielunternehmen können sich auf einen Preis festlegen, bevor sie ihren Deal öffentlich bekannt geben, wodurch das Risiko reduziert wird, dass andere Marktteilnehmer*innen die Bedingungen der Übernahme und deren Parameter beeinflussen.

Weniger Kontrolle
Einem traditionellen Börsengang geht die Bildung eines Banken- und Investorenkonsortiums voraus. Es wird ein auf strengen

---

[44] Die SEC verlangt, dass das Formular S-4 Informationen zu den Bedingungen der Transaktion, Risikofaktoren, Kennzahlen, Pro-forma-Finanzinformationen und wesentlichen Verträgen mit dem zu erwerbenden Unternehmen enthält.

Börsengesetzen basierender Prospekt erstellt, der allen potenziellen Investor*innen und Anleger*innen offen zugänglich sein muss. Konsortialbanken mit einer Konsortialführung legen den IPO-Preis fest. Das Unternehmen, das an die Börse geht, entscheidet, wie viele Aktien es zum Verkauf an die Öffentlichkeit bereitstellen möchte. Im Anschluss führt das Konsortium die Bewertung des Unternehmens durch. Abschließend wird in der sogenannten Bookbuildingphase bei Anleger*innen das Interesse nach den Papieren sowie der entsprechende Preis für die Aktien festgelegt. Am ersten Tag an der Börse wird dann der Startkurs der Aktie bekannt gegeben.

Beispiel SPAC-Fusion: Lilium & Qell Acquisition 2021
Zu Beginn der Verhandlungen sahen die Lilium-Investor*innen den Unternehmenswert bei ca. einer Milliarde US$. Nach der Fusion mit Qell Acquisition seien es 3,3 Milliarden US$ gewesen. Durch den Zusammenschluss flossen weitere 830 Millionen US$ an das Unternehmen. Damit beabsichtigt das Start-up bereits im Jahr 2024 mit seinen geplanten Flugtaxis kommerziell in den Himmel zu gehen. Bis dahin soll auch ein neuer Jet im Einsatz sein, der Platz für sechs Personen plus Pilot bietet.

Für Unternehmen mit innovativen und zukunftsfähigen Ideen sind SPACs eine gute und schnelle Finanzierungsoption, denn bislang gibt es wie im Fall von Lilium kein fertiges Produkt oder nachweisbare Umsätze. Besonders Kleinanleger*innen haben die Möglichkeit, mittels eines SPAC-Börsengangs in aussichtsreiche Techfirmen zu investieren, in die sonst nur Venturecapital-Gesellschaften investieren können.

Dennoch sind diese Deals nicht frei von Kritik. Denn durch die geringere Informationspflicht haben Kleinanleger*innen manchmal ungenügende Einblicke in die Unternehmen. Deshalb ist die Einschätzung schwierig, ob ein Start-up und seine Produkte schon eine gewisse Marktreife haben. Außerdem zeigt sich laut einer Analyse des Wall Street Journals für den Zeitraum Juni 2019 bis

Juni 2020, dass der Wert der Unternehmen nach der Fusion im Durchschnitt um 12 % gesunken ist. Keine einladende Statistik, um nach dem Börsengang bedenkenlos in ein SPAC zu investieren. Ein weiterer Vorwurf an die SPAC-Börsengänge ist, dass professionelle Investor*innen den noch anhaltenden Börsenhype dazu nutzen, sich im Vorfeld als Investor*innen bei Start-ups hervorzutun, um günstige Anteile zu bekommen und diese durch den Börsengang mit Gewinn zu veräußern. Ein langfristiges Interesse am operativen Teil des Geschäfts ist in diesen Fällen zweifelhaft.

Was daraus auch für mich folgt, hat tatsächlich auch die Bundesanstalt für Finanzdienstleistungsaufsicht BaFin sehr gut zusammengefasst:

SPACs ermöglichen Kleinanlegerinnen und -anlegern Investments, die sonst nur finanzstarken Risikokapitalgebern zugänglich sind. Allerdings:

Wer in SPACs investieren will, muss erhebliche Risiken in Kauf nehmen. Insbesondere lassen sich die Chancen und das Kapitalverlustrisiko einer Anlage in SPAC-Aktien nur schwer bewerten. Kleinanlegerinnen und -anleger sollten sich vor einem Erwerb mit dem Geschäftsmodell vertraut machen und prüfen, ob sie bereit und in der Lage sind, die mit der Investition in eine SPAC verbundenen Risiken zu tragen.

SPACs sind Mantelgesellschaften ohne operative Tätigkeit. Sie können deshalb weder eine Unternehmenshistorie noch eine bestimmte Positionierung im Wettbewerb oder eine konkrete Zukunftsstrategie vorweisen. Geschäftszweck ist, innerhalb einer bestimmten Frist ein Zielunternehmen zu finden, das mit der SPAC einen Unternehmenszusammenschluss eingeht, um so indirekt die Börsennotierung zu erreichen. Gelingt dies nicht, muss die SPAC liquidiert werden. Kleinanlegerinnen und -anleger werden in diesem Fall üblicherweise nur einen Teil der investierten Mittel nach Abzug von Kosten zurückerhalten. Risiken bis hin zum möglichen Kapitalverlust bestehen je nach Zielgesellschaft und den vereinbarten Konditionen auch beim Unternehmenszusammenschluss.[45]

PaTrick: Ich möchte dir abschließend wieder ein paar persönliche Erfahrungen und Gedanken mit auf deinen Investmentweg geben. Dieses Kapitel ist nicht den grünen Themen gewidmet. Dennoch formt es gemeinsam mit den anderen Kapiteln ein Gesamtbild und gehört meines Erachtens in dieses Buch. Die Erweiterung deiner allgemeinen Finanzbildung liegt mir sehr am Herzen und die Betrachtung und Erläuterung aktueller Themen und Hypes durch einen Experten kann dir helfen, auch die grünen Themen gut einordnen und aktiv angehen zu können.

Ähnlich wie beim Copy-Trading versprühen auch SPACs in gewisser Weise einen Hauch der Demokratisierung der Kapitalmärkte. Beide bieten auch Chancen und Möglichkeiten für Privatanleger*innen, aber ich finde, der Aufwand und die Risiken überwiegen verglichen mit den Ertragschancen doch deutlich. Mein Eindruck ist, dass sich sogenannte Risikokapitalgeber*innen, denen es nicht um den langfristigen Aufbau einer wirklich guten und sinnvollen Unternehmensentwicklung geht, vor allem Deppen und naive Kleinanleger*innen suchen, die auch endlich mal zum Zuge kommen und schlichtweg schnell reich werden wollen. Ansatzweise erinnert das an die Auswüchse zu Beginn des Jahrtausends. Kurzum: »Gier frisst Hirn«, und zack, leer ist das Konto. Lass uns verhindern, dass dir das passiert!

Wie zu Beginn des Kapitels bereits erwähnt, sind Frauen da konservativer unterwegs und dadurch den hohen Risiken nicht so sehr ausgesetzt wie die männlichen Investoren. Die legen ihr Kapital gerne auch mal in Einzelaktien an.

---

[45] https://www.bafin.de/DE/Verbraucher/Finanzwissen/WA/Aktie/SPACs/SPACs_node.html

IX. Honorarberatung vs. Provivionsgeschäft: Transparenz statt versteckter Kosten

Zunächst möchte ich mich für deine Aufmerksamkeit bis hierhin bedanken. Ich freue mich sehr über dein Engagement, dein Geld grüner und klimaneutraler zu investieren. Du hast bereits eine gehörige Finanzbildungsstrecke zurückgelegt. In diesem Kapitel werfen wir einen Blick auf die Welt der Honorarberatung, auf das ein oder andere Finanzprodukt, das du vielleicht schon seit Jahren besparst, und auf Versicherungen, die du mit besten Absichten abgeschlossen hast, die aber ein echter Rohrkrepierer sind. Ja, solltest du zu den 40 Millionen Haushalten in Deutschland gehören, die eine Kapitallebensversicherung abgeschlossen haben, wird es den ein oder anderen Augenöffnermoment geben. Aber ich kann dir versichern, dass du dich hinterher besser fühlen wirst und sogar tatsächlich finanziell davon profitieren kannst, versprochen. Um dich mit auf die Reise zu nehmen, gibt es auch in diesem Kapitel wieder Definitionen, Erläuterungen und eine Gegenüberstellung mit Beispielen – Finanzbildung zum Anfassen. Und ich rege dich auch unbedingt dazu an, mal deine eigenen Verträge rauszuholen, sie dir samt den Bedingungen genauer anzusehen und zu prüfen, ob du bei gleichzeitig besserer Absicherung durch gezielte Versicherungsprodukte nicht mehr Rendite für dich rausholen kannst. Zum Einstieg nun aber zunächst mal mein Weg der Erkenntnis. Viel Spaß dabei.

Honorarberatung – was verbirgt sich hinter dem Beratungskonzept?

Ich erinnere mich noch gut daran, dass mir die Filialleiterin meines Ausbildungsbetriebs 1998 sagte, ich solle doch bitte auch ein paar Sparbücher und Sparverträge an die Kund*innen bringen und nicht ständig mit ihnen über Aktienneuemissionen sprechen, denn dabei bleibe nicht so viel Provision für die Bank hängen. Das war faktisch bestimmt korrekt – aber schon als 20-jähriger

Auszubildender hatte ich ein mulmiges Gefühl in der Bauchgegend, wenn ich versuchte, den Menschen vor meinem Tresen, die mir ihr Vertrauen schenkten, etwas einzig aufgrund der Profitaussichten der Bank zu vermitteln. Natürlich hatte ich die ganze Produktpalette des damaligen Sortiments parat, aber in Zeiten von Mobilcom, EM.TV und der T-Aktie kamen sogar Rentner*innen mit ihren Enkelkindern an unsere Schalter und wollten »in den Neuen Markt oder wie das heißt« einsteigen.

Mir war also schon als Auszubildender das Kundenwohl wichtiger als das Bankenwohl, weshalb ich 2010 auch aus der Festanstellung als Investmentbanker ausgestiegen bin. Was ich allerdings davon mitgenommen habe, ist – und deshalb auch diese kleine persönliche Anekdote für dich – die Erkenntnis, dass du mithilfe von Finanzbildung gute Entscheidungen für dich und dein Geld treffen kannst, ohne dem Menschen auf der anderen Seite des Schreibtisches einfach blind vertrauen zu müssen. Du musst nicht mehr einfach hoffen, dass der Claim der Werbung für ein Produkt schon stimmen wird, sondern kannst dich, basierend auf deinen Erfahrungen und deinem Wissen, bewusst für eine Beratung und gewisse Produkte entscheiden, die dir dabei helfen, dein Geld noch erfolgreicher anzulegen. Manchmal kann das der Fall sein, wenn du dich von den Berater*innen in einer Bankfiliale unterstützen lässt, ein anderes Mal bist du bei einer Honorarberatung besser aufgehoben. Welche Aufgaben und Pflichten solche Finanzberater*innen in eurer Zusammenarbeit genau haben und warum es sich bei der Honorarberatung um ein stimmiges Konzept handelt, erläutere ich im Folgenden.

Versicherungen & Beratungen: wo und wie Kosten entstehen

Viele von euch werden diverse Versicherungen gegen Unfall-, Haftpflicht- oder Hausratschäden haben und neben der

Krankenversicherung eventuell auch eine Berufsunfähigkeits- oder Lebensversicherung.

Die Wahl der Versicherungen richtet sich nach der jeweiligen Lebenslage und Lebensphase. Vielleicht sparst du auch einen Teil deines Gehalts, um deine Rentenlücke nach dem Erwerbsleben zu schließen. Aber wie machst du das alles? Meist läuft das über Banken oder Versicherungen, manchmal – vor allem in Zeiten der Pandemie – auch online ohne persönlichen Kontakt.

Bestimmt hast du dich schon gefragt, wie Banken und Versicherungen und die entsprechenden Berater*innen ihr Geld mit dir verdienen. Denn wenn du in deiner Bankfiliale sitzt oder Versicherungsberater*innen bei dir zu Hause, entstehen dir keine Beratungskosten. Zumindest denkst du das, denn anders als bei einer Inspektion im Autohaus oder einem Kleidungsshopping bekommst du für die Finanz- und Versicherungsberatung keine Rechnung geschickt. Trotzdem kostet diese Beratung Geld. In dem Augenblick nämlich, in dem du einen neuen Vertrag unterzeichnest, hast du nicht nur einen Versicherungsschutz oder einen Sparauftrag erteilt, sondern löst auch eine Provisionszahlung der Bank oder der Versicherung an die Person aus, die dich beraten hat.

Diese Bezahlung erfolgt durch deinen Beitrag, also den Geldbetrag, den du ab jetzt monatlich in deinen Versicherungsschutz oder in deine Rentenversicherung investierst. Solche Zahlungen machst du in der Regel nicht bewusst, da du ja von deinem Bankkonto nur eine Gesamtabbuchung siehst, ohne eine Erläuterung zu den Einzelbestandteilen und einer Aufzählung, wo welcher Anteil der Summe hingeht. Im Kleingedruckten deines Vertrages steht natürlich, wie es sich mit deinem Versicherungsschutz oder deinem Sparbetrag, den Kosten und der Rendite verhält. Was ich dir aber sagen kann, ist, dass von einem Betrag von beispielsweise 50 €, der von deinem Konto abgeht, lediglich zwischen 65 und 85 % als Sparbetrag in deinem Rentenversicherungsvertrag ankommen. Die Kosten eines solchen Provisionsvertrages sind nämlich für gewöhnlich ziemlich hoch. Ein weiterer grundlegender Hemmschuh, um mit solchen Rentenverträgen vernünftig Kapital aufzubauen, ist die geringe Garantieverzinsung. Diese lag gesetzlich geregelt von 2017 bis Ende 2021 bei 0,9 %, seit Januar 2022 wurde sie auf 0,25 % reduziert. Die seit Mitte 2021 steigende Inflation und die reduzierten Garantiezinsen wirken sich also doppelt nachteilig auf deinen Ertrag aus. Auch wenn die tatsächliche Rendite momentan noch höher liegt als diese 0,25 %, so ist seit dem Jahr 2010 bei sogenannten klassischen Lebens- und Rentenversicherungen ein deutlich negativer Trend erkennbar.

Kurze Erläuterung der Rentenversicherung

Die klassische private Rentenversicherung ist eine Möglichkeit der Altersvorsorge, bei der dir eine lebenslange Rente ausbezahlt wird. Dein angespartes Kapital setzt sich aus zwei Komponenten zusammen: deinen eingezahlten Beiträgen sowie dem damit verbundenen garantierten Zinssatz einerseits und den erwirtschafteten Überschüssen des Versicherungsunternehmens bzw. des Unternehmens, dem du das Geld anvertraut hast, andererseits. Die Schlussüberschüsse, die die Versicherungen gerne mitaufführen, sind keine Garantieleistungen und müssen nicht ausbezahlt werden. Auch die Bewertungsreserven können in ihrer Höhe schwanken oder auch ganz entfallen.

Der garantierte Zinssatz liegt wie erwähnt aktuell bei 0,25 % und gilt für die gesamte Laufzeit des Versicherungsvertrages. Es gibt unterschiedliche Varianten der Rentenversicherung, eine der gängigsten ist die Rentenversicherung mit aufgeschobener Rentenzahlung. Das heißt, du baust deinen Kapitalstock entweder durch regelmäßige Zahlungen über einen längeren Zeitraum auf oder durch Einmalzahlungen, die in der Regel ebenfalls möglich sind. Bei der Auszahlung kannst du zwischen der monatlichen Auszahlung (Rentenzahlung) und einer Einmalauszahlung wählen.

Laufende Verzinsung klassischer Rentenversicherungen[46]

Bei Neuabschluss im Jahr	laufende Verzinsung
2010	4,20 %
2011	4,07 %
2012	3,91 %
2013	3,61 %
2014	3,40 %
2015	2,54 %
2016	2,86 %
2017	2,61 %
2018	2,47 %
2019	2,46 %
2020	2,29 %
2021	2,13 %

Ohne zu sehr auf die Details von Rentenversicherungen eingehen zu wollen, ist meine Hauptkritik die, dass die Kosten und Provisionszahlungen schwer nachzuvollziehen sind. Selbst wenn du diesen Wust an Informationen entwirrt hast, ist ein vernünftiger Kapitalertrag produktbedingt leider kaum möglich. Hier kommen hohe Kosten und schlechte Verzinsung zusammen. Ohnehin sind diese Systeme für uns »gewöhnliche« Menschen, die wir uns nicht in den Details des Renten- und Versicherungslabyrinths auskennen, sehr intransparent, auch ganz unabhängig vom jeweiligen Versicherungsunternehmen – das bringt schlicht das Vergütungsmodell so mit sich.

→ Deshalb habe ich mich nach meinem ersten Buch mehr mit dem Thema Honorarberatung befasst und folgende grundlegende Überlegungen dazu gesammelt.

---

[46] Verzinsung ohne Schlussüberschuss und Beteiligung an Bewertungsreserven, Quelle: Assekurata, Stand Dezember 2021

So unterscheiden sich Provisionsverträge & Honorarberatungen

Grundsätzlich gibt es zwei Möglichkeiten, wie durch Finanzberatung Geld verdient werden kann. Zum einen durch Provisionen und zum anderen durch Honorare.

Bei den Provisionen wird der oder die Berater*in von der Person bezahlt, deren Produkte er oder sie verkauft, angestellt bei einer Bank oder Versicherung oder z. B. selbstständig vermittelnd oder beratend. In letzterem Fall fließt, analog zu meinem Rentenversicherungsbeispiel, nur dann eine Provision, wenn ein entsprechendes Finanzprodukt verkauft wird. Das führt nicht selten dazu, dass dir Produkte verkauft werden, die du nicht wirklich brauchst oder die schlicht nicht für dich geeignet sind. Zu oft nutzen findige Berater*innen deine Ahnungslosigkeit aus und agieren vor allem zu ihrem eigenen Vorteil.

Ein weiterer Grund für eine nicht produktunabhängige Beratung kann die Höhe der Provisionszahlung sein. Je nach Produkt und Gesellschaft kann diese Zahlung stark variieren. So verdient der Berater oder die Beraterin an Produkt A beispielsweise nur 500 €, an Produkt B jedoch 1500 €. Bei Berater*innen, die unterschiedliche Finanzprodukte von verschiedenen Anbietern im Produktportfolio haben, besteht die Gefahr, dass sie das für sie lukrativere Produkt empfehlen anstatt das für dich besser geeignete.

Bei den Kosten gibt es zwar gewisse Anforderungen seitens des Gesetzgebers, z. B. das sogenannte Produktinformationsblatt (PIB), auf dem die Kosten ausgewiesen sein müssen. Aber seien wir ehrlich: Bei gefühlt 25 Blättern in Schriftgröße 7, wer liest beziehungsweise versteht das? Und dann verlassen wir uns zu sehr auf subjektive Eindrücke, die wir beim Beratungsgespräch hatten, um uns emotional zu beruhigen, getreu dem Motto: Die Beraterin war so nett und hat mir einen Kaffee angeboten, das muss einfach auch ein passendes Produkt sein, so gut wie ich mich aufgehoben gefühlt habe.

Berater*innen haben oft eher kein Interesse, dir die für dich wichtigen Informationen zu geben. Denn diese bekommst du später sowieso schwarz auf weiß, und meistens möchte man selbst ebenfalls eine gute Gesprächsatmosphäre ohne kritische Fragen haben. Ich weiß aus eigener Erfahrung, dass man nicht als investigativer Nörgler rüberkommen möchte und die Tendenz hat, eher mal »Habe ich verstanden« zu sagen, ohne direkt kritisch nachzufragen.

Oder wie bist du in solchen Situationen unterwegs? Ich jedenfalls bin beim Lebensmittel- oder Kleidungskauf schon kritischer als bei manchem Finanzprodukt zu Beginn meines Erwerbslebens. Gott sei Dank habe ich das von Berufs wegen kompensieren können, aber es war Lehrgeld, das auch ich habe zahlen müssen.

Aber zurück zur Provisionsberatung. Verdient wird nicht nur durch neu abgeschlossene Verträge, sondern auch indirekt durch sogenannte Bestandsprovisionen oder Kickbacks.

Mein Bruder war früher als Allianz-Generalvertreter selbstständig und hatte durch seine Bestandskund*innen ein relativ gutes monatliches Einkommen, denn ein gewisser Anteil der Versicherungsprämienzahlungen ging auf sein Konto. Das soll der beratenden Person die Möglichkeit geben, ihren Kundenbestand auch zu betreuen. Eigentlich ein guter Einstieg für die Berater*innen, sie telefonieren und mailen ihre Bestandskund*innen an und generieren Neugeschäfte nach Terminvereinbarung.

Grundsätzlich kennen Bestandskund*innen ihre zusätzlichen laufenden Kosten eher nicht, und sie wissen oft nicht, dass die beratende Person einen Teil ihrer Prämie als Bezahlung kassiert. Besonders hoch können diese Zahlungen in sogenannten Strukturvertrieben sein.

Der mit Abstand größte deutsche Strukturvertrieb ist die Deutsche Vermögensberatung (DVAG). Im Fernsehen wirbt ein Premier-League-Trainer für das Unternehmen und erzählt etwas von

Finanzcoach und starken Partnern, leider nichts von den immensen, intransparenten Kosten der Produkte, die vor allem der DVAG und ihren Berater*innen die Taschen vollmachen. Aber wie dem auch sei, weitere große Strukturvertriebe sind Ergo Pro, ehemals HMI, sowie Swiss Life Select, in der der ehemalige Strukturvertrieb von Carsten Maschmeyer, AWD, aufgegangen ist.

Brutto- und Nettopolicen

Es ist wichtig zu verstehen, worin genau der Unterschied zwischen Brutto- und Nettopolicen liegt. Klingt wie bei deinem Gehalt, also netto und brutto, hat aber nichts damit zu tun, sondern bezieht sich darauf, ob im Finanzprodukt Verwaltungskosten der Versicherungsgesellschaft enthalten sind sowie die Abschluss- und Bestandsprovisionen. In so einem Fall ist von der Bruttopolice die Rede. Die überwiegende Mehrzahl aller Verträge.

Folgender Hinweis könnte hier noch nützlich sein: Nettopolicen gibt es in aller Regel nur bei Honorarberatung, weil die Honorierung der Dienstleistung nicht versteckt im Produkt, sondern transparent mit separat ausgewiesenem Honorar erfolgt.

Provisionen bei Bruttopolicen liegen in der Regel zwischen 2,5 und 5 % des Einzahlungsbetrages. Um das plastisch greifbar zu machen, denken wir noch einmal an Mia. Du erinnerst dich noch an die junge Frau, die ca. 10 % ihres Nettogehaltes sparen wollte. Nehmen wir an, sie würde das mit einem Provisionsprodukt tun, dann könnte sich das wie folgt bei ihr auswirken.

Bei einem Provisionsprodukt müsste Mia als 28-Jährige, die rund 200 € monatlich bis zur Rente (67. Lebensjahr) einzahlen möchte, mit folgenden Provisionskosten kalkulieren:

200 € Einzahlung × 12 Monate × 39 Jahre Laufzeit = Beitragssumme von **93.600 €**

Die geplanten Einzahlungen über die gesamte Laufzeit ergeben die Beitragssumme, die als Basis für die Berechnung der

Provision dient. Zwischen 2,5 und 5 % Provision erhalten alle Provisionsberater*innen für die Vermittlung von Altersvorsorgeprodukten.

a. 0,025 (2,5 %) × 93.600 € = **2340 €**
b. 0,050 (5 %) × 93.600 € = **4680 €**

Die beratende Person erhält bei Bruttopolicen bei einem solchen Vertrag zwischen 2340 € und 4680 €. Manche erhalten für die erfolgreiche Vermittlung sogar bis zu 7 % oder in unserem Beispiel 6552 € an Provisionszahlungen. Mia zahlt diesen Betrag im Laufe der Jahre über ihre Beiträge. Das nenn ich mal einen teuren Kaffee mit Plätzchen bei einem netten »Beratungstermin« zu Hause oder in der Geschäftsstelle des beratenden Menschen, stimmts?

Das Schlimmste daran ist aber, dass der Provisionsanteil an den Berater oder die Beraterin direkt fällig wird und innerhalb der ersten 5 Jahre nach Vertragsabschluss auf dich umgelegt wird und nicht gleichmäßig über die 39 Jahre. Hinzu kommen jährliche Verwaltungskosten von ca. 200 €. Dadurch ergeben sich in den ersten 5 Jahren Abschläge von bis zu 33 % auf die gezahlten Beiträge.

Es ist kein Wunder, dass der sogenannte Rückkaufswert[47] so gering ausfällt.

Die hohe Provision wirkt sich aber auch dadurch negativ auf Mias Sparpläne aus, weil sich durch die Reduktion ihres tatsächlichen Sparbetrages auch der Zinseszinseffekt auf eine kleinere Summe bezieht und am Ende nicht so stark wirkt. Um das bildlich zu unterstützen, habe ich diese Grafik erstellt:

---

[47] Rückkaufswert ist der Betrag, den du erhältst, wenn du deine Lebensversicherung vor Fälligkeitstermin kündigst.

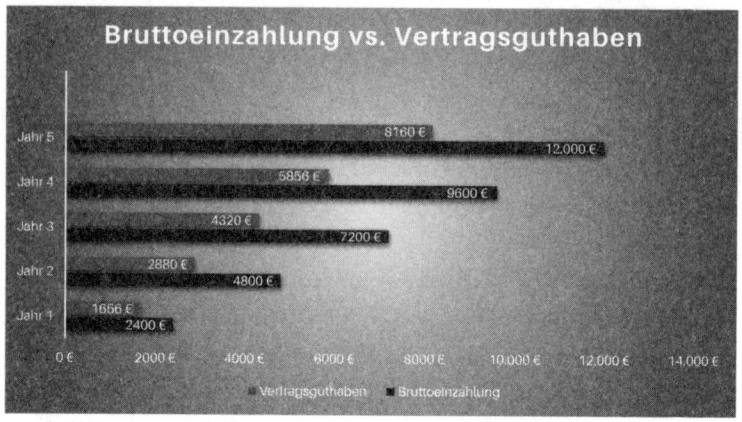

In Großbritannien sind Bruttopolicen verboten, mit gutem Grund, wie du an den Kosten erkennen kannst.

Bitte versteh mich nicht falsch, es darf ruhig Geld in der Finanzindustrie verdient werden, aber die Intransparenz macht Vergleichbarkeit von Konditionen, Kosten und deiner persönlichen Rendite beim Kauf eines bestimmten Finanzproduktes so schwierig. Nicht selten wundert man sich, warum am Ende nach dem aktiven Berufsleben nur so wenig hängen bleibt. Dann wird man oft mit fadenscheinigen Erklärungen wie der allgemeinen Niedrigzinspolitik der EZB vertröstet.

Im Folgenden ein paar Vorteile einer Nettopolice:
- keine Abschlussprovisionen
- keine Bestandsprovisionen
- erheblich geringere Verwaltungskosten (bis zu 70 % weniger)
- große Auswahl an kostengünstigen ETFs (Exchange Traded Funds = kostengünstige Investmentfonds)
- keine oder nur sehr geringe Stornogebühren bei vorzeitiger Kündigung

Unterschied Honorarberatung & Provisionsberatung

Eine Person, die Honorarberatung anbietet, wird direkt von den Kund*innen für ihre Finanzberatung bezahlt, ähnlich der Bezahlung von Notar*innen, Anwält*innen oder Steuerberater*innen. Sie vermittelt nicht, sondern berät, und du zahlst ihre Beratungsleistung bzw. ihre Beratungszeit. Daraus ergibt sich ihre Unabhängigkeit gegenüber den Produkten der Versicherungs- und Kapitalverwaltungsgesellschaften.

Die Finanzprodukte wählt ein*e Honorarberater*in basierend auf den Bedürfnissen der jeweiligen Kund*innen aus. Eine gute Honorarberatung braucht Zeit, ermittelt die aktuelle Situation der Kund*innen, erfragt die Anlageziele und den Anlagezeitraum sowie die Risikoaffinität. Ein ganz wichtiger Aspekt der Arbeit der Honorarberater*innen liegt in der Analyse deiner bereits vorhandenen Finanzprodukte und Bestandsverträge. Bei dieser Überprüfung geht es schlicht darum festzustellen, wie hoch die tatsächlichen Kosten deiner Verträge sind und wie viel von deinem Geld wirklich gewinnbringend angelegt wird. Wie hoch ist die Rendite nach Abzug der Kosten wirklich? Und kannst du mittel- bis langfristig deine gewünschten Finanzziele erreichen?

Was du brauchst, ist ein fundierter Finanzplan, an dem du dich langfristig orientieren kannst. Mia beispielsweise hat sich ganz bewusst auf die Suche nach einer grünen Geldanlagemöglichkeit gemacht und sich bewusst für eine Honorarberatung zur Unterstützung entschieden. Wie genau die Beratung mit diesem Anlageschwerpunkt aussieht, darauf komme ich später noch.

Denn grundsätzlich gibt es bei der Kapitalanlage immer wieder auch Financial Influencer, die sich schwerpunktmäßig dem ETF zum Kapitalaufbau angenommen haben. Ich selbst habe bei meinen Kindern diesen Ansatz für ihre Depots ähnlich gewählt. Was du allerdings nicht unbeherzigt lassen solltest, ist der Aspekt der genaueren ETF-Analyse. Honorarberater*innen können das für dich übernehmen. Sie kennen sich mit den Kostenkennzahlen und der Performance wirklich gut aus, können sie dir fundiert erklären

und entsprechend deiner Präferenzen bei Kosten- und Risiko-
abwägungen als Partner*innen auf Augenhöhe helfen. Ein wirklich ausbalanciertes ETF-Portfolio anzulegen, kann auf eigene Faust
sehr viel Arbeit bedeuten. Außerdem gibt es einen Punkt, den du
bei der Geldanlage nicht unterschätzen solltest: das Thema Steuern.
Was passiert mit deinem Kapital im Todesfall? Was ist mit der
Erbschaftssteuer? Wann sollten Geldbeträge vorab verschenkt werden, um dem Staat keine Steuern zu schenken, die du mit dem richtigen Know-how hättest vermeiden können? Hier kommen qualifizierte Honorarberater*innen ins Spiel.

Wenn du nur bei steigenden Kursen investiert hast und der
nächste Crash kommt, ist eine Honorarberatung, die dir die richtige Strategie für dieses etwas rauere Marktumfeld mitgibt, ebenfalls wieder Gold wert.

Die Kosten einer Honorarberatung[48]

Honorarberater*innen nehmen für ihre Dienstleistung entweder
eine Pauschale oder rechnen nach Stunden ab. Die Konditionen
sollten zum Beispiel transparent in einer sogenannten Honorarnote ersichtlich sein. Für die Betreuung ihrer Kund*innen lassen
sich Honorarberater*innen oftmals über sogenannte Service-Fees
bezahlen, zum Beispiel in Form eines kleinen Prozentsatzes der
Anlagesumme der Kund*innen. Über die Art der Vergütung kann
jeder Honorarberater und jede -beraterin selbst bestimmen.

Die Honorarnote des Honorarberatungsunternehmens revaluate
AG habe ich mir mal genauer angesehen. Der folgende Auszug
bietet einen guten Einblick in die Leistung und Kostengrundlagen
einer Honorarberatung und soll dir als Beispiel dienen. Er stellt
aber keine explizite Empfehlung meinerseits dar.

---

[48] Allgemeine Übersicht:
https://www.bundesverband-honorarberater.com/gebührenordnung-honorarberater

Basispaket pauschal 952 € (800 netto)

- ✓ Strukturierte Erfassung der Vermögens- und Finanzsituation
- ✓ Besprechung der individuellen Lebensziele
- ✓ Erstellung eines persönlichen Risikoprofils
- ✓ Rentenlückenberechnung im Rahmen des gesetzlichen Renteneintritts
- ✓ Analyse der Absicherung Arbeitskraft und Hinterbliebenenschutz
- ✓ Entwicklung und Besprechung eines umfangreichen Vermögensplans
- ✓ Anlageempfehlung

Basispaket Kinder, Jugendliche & Berufseinsteiger pauschal 357 €

- ✓ Besprechung der individuellen Lebensziele
- ✓ Erstellung eines persönlichen Risikoprofils
- ✓ Analyse der Absicherung Arbeitskraft und Hinterbliebenenschutz
- ✓ Darstellung von Einstiegsmöglichkeiten in den Vermögensaufbau

Analyse bestehender Verträge pauschal 357 € pro Vertrag (300 € netto)

- ✓ Erfassung der Versicherungsdaten
- ✓ Überprüfung der Kosten im Vertrag
- ✓ Überprüfung der echten Rendite im Vertrag
- ✓ Erstellung einer finanzmathematischen Untersuchung
- ✓ Erläuterung der Analyse
- ✓ Empfehlung

Analyse bestehendes Wertpapierdepot pauschal 357 € pro Depot (300 € netto)	✓ Analyse der Gebührenstruktur des Depots
	✓ Erstellung der Depotanalyse
	✓ Erläuterung der Analyse
✓ Erfassung der Finanzanlage	✓ Besprechung evtl. Optimierungsmöglichkeiten
✓ Analyse der Einzelfonds	

Neben den Basispaketen für Kinder, Berufseinsteiger*innen und Erwachsene gibt es die Möglichkeit, deine bereits bestehenden Verträge oder dein Depot auf ihre Rentabilität analysieren zu lassen. Aufgrund der vielen schlechten Finanzprodukte eine sicherlich sinnvolle Investition.

Außerdem gibt es die Möglichkeit, dich von der revaluate AG neutral zu deiner Geldanlage beraten zu lassen, die Umsetzung – sofern gewünscht – aber in Eigenregie vorzunehmen.

Solltest du, analog zu Vermögensverwalter*innen, sogar erwägen, den Kapitalaufbau von Honorarberater*innen umsetzen zu lassen, kommen weitere Kosten auf dich zu. Als Gegenleistung bekommst du eine Reihe von Finanzdienstleistungen und Services, die es dir tatsächlich sehr bequem machen, dein Geld anzulegen. Das kann sogar so weit gehen, dass du Musterportfolios von KVGs angeboten und diese in einem Paket in ein eigens für dich angelegtes Depot bekommst.

Einen Auszug aus dem Leistungsspektrum und den damit verbundenen Konditionen[49] siehst du hier:

---

[49] Stand Dezember 2021

Einrichtungshonorar (pro Person, MwSt.-frei)

Pauschal 1000 € Kinder,
Jugendliche, Berufseinsteiger
500 €

✓ Vorlage der
Entscheidungsmatrix
✓ Auswahl der passenden
Anlagelösung

✓ Produktauswahl unter Be-
rücksichtigung von Steuern
und Kosten
✓ Berücksichtigung der indi-
viduellen Ziele
✓ Konkretisierung der
Anlageempfehlung
✓ Finanzmathematische
Untersuchung unter Be-
rücksichtigung der Kosten

Betreuungshonorar

Jährlich 1,0 % auf das
betreute Vermögen
(produktabhängig zzgl.
MwSt.)

✓ Persönliche Kunden-
betreuung inkl. Videovor-
träge und Live-Events
✓ Jahresgespräche mit Über-
prüfung der Anlagen inkl.
Vermögensübersicht
✓ Weiterführende Lebens-
planung – Finanzcoaching
✓ Fortführung begleitende
Beratungsdokumentation
✓ Anpassung der Ziele und
Wünsche
✓ Planung von Geld-
anlagen für die optimierte
Vererbung/Schenkung
✓ Rebalancing

✓ Zuzahlungen, Sparplan-
erhöhungen, Entnahmen
inklusive
✓ Serviceleistungen rund
um das Produkt (z. B.
Freistellungsauftrag,
Vollmachten)
✓ Kunden-App /
Kunden-Cockpit
  > Inkl. Multibanking-Tool
  > Elektronisches
    Dokumentenarchiv
✓ Monatlicher Moneyletter
✓ 100 % Ausschüttung
von Kickbacks und
Bestandsprovisionen
✓ Hausmeinung und
Investmentphilosophie
✓ Unabhängiges
Expertennetzwerk

PaTrick: Für weitere Angebote und zum Vergleich der aktuellen Konditionen empfehle ich dir, dich unbedingt selbst auf die Suche zu begeben. Vielleicht findest du vor Ort eine Person, die eine sichere und vertrauenswürdige, höchst professionelle Beratung anbietet.

Natürlich hat die Coronapandemie uns auch immer mehr Bank- und Beratungsgeschäfte online erledigen lassen, aber ich empfinde einen persönlichen Eindruck von den Menschen hinter den Daten, Zahlen & Fakten immer noch als wichtig. Wo Preistransparenz herrscht, sollte der persönliche, zwischenmenschliche Eindruck nicht fehlen, oder wie schätzt du das ein?

Die Suche nach Mr. & Mrs. Right –
Honorarberatung ≠ Honorarberatung

Die Bezeichnungen »Honorarberater« und »Honorarberaterin« sind nicht geschützt! Die Honorarberatung selbst ist aber durch das Honorar-Anlageberatergesetz gesetzlich geregelt.

Die geschützte Berufsbezeichnung lautet: Honorar-Finanzanlagenberater/-in (GewO § 34h).[50] Nur Berater*innen mit dieser 34h-Zulassung dürfen die Bezeichnung führen. Auf den Webseiten der Honorarberater*innen findest du die Angaben dazu meist im Disclaimer oder im Impressum. Daran erkennst du schlussendlich echte Honorarberater*innen. Sie dürfen keine Provisionen verlangen bzw. müssen diese an ihre Kund*innen auszahlen (sofern sie welche erhalten haben).

Es gibt über 38.000 Finanzanlagenvermittler*innen in Deutschland. Nur rund 245 von ihnen sind Honorar-Finanzanlagenberater*innen mit der Erlaubnis nach § 34h GewO.

Werfen wir mal einen Blick auf die unterschiedlichen Beratertypen:

→ Versicherungsberater*innen
→ Versicherungsvertreter*innen/Versicherungsvermittler*innen

---

[50] sowie § 94 WpHG

→ Mehrfachagent*innen/Mehrfachvertreter*innen
→ Honorarberater*innen

Versicherungsberater*innen
Er oder sie ist Kaufmann*Kauffrau nach dem Handelsrecht und nicht an ein bestimmtes Versicherungsunternehmen gebunden. Versicherungsberater*innen arbeiten ausschließlich im Auftrag der Kund*innen. Sie generieren den Verdienst meist durch Provisionen, die von den unterschiedlichen Gesellschaften für eingereichte Verträge und die Verwaltung der Verträge bezahlt werden.

Die Frage, ob Versicherungsberater*innen *unabhängige* Berater*innen sind, kann ich nicht eindeutig mit Ja oder Nein beantworten. Sie agieren in der Beratung und bei der Produktwahl unabhängig, aber da sie in aller Regel auf die Bezahlung durch die jeweilige Gesellschaft angewiesen sind, können sie der Verlockung erliegen, das Produkt auszuwählen, das die höchste Provision verspricht.

Versicherungsvermittler*innen
Die Versicherungsvermittler*innen sind vertraglich an eine Versicherungsgesellschaft gebunden und vermitteln ausschließlich deren Produkte. Der Schwerpunkt der Tätigkeit ist es, die hauseigenen Produkte der Versicherung in persönlichen Terminen an den Mann oder die Frau zu bringen. Für diese Art der Vermittlung fließt dann die Abschlussprovision.

Mehrfachagent*innen/Mehrfachvertreter*innen
Diese Agent*innen haben Vermittlungsverträge mit mehreren Versicherungsgesellschaften. Es herrscht zwar eine größere Produktvielfalt im Portfolio, aber rechtlich handeln die Mehrfachvertreter*innen immer im Interesse der einen Versicherungsgesellschaft, deren Produkt sie gerade verkauft haben. Dadurch kann man nicht wirklich von einer Unabhängigkeit sprechen, denn der Beratungsfokus liegt weniger bei den Kund*innen als bei der Gesellschaft und ihren Produkten.

Die Honorarberater*innen

Bei der produkt- und provisionsunabhängigen Beratung stellen dir die Berater*innen »nur« ihre Zeit und ihr Know-how in Rechnung – unabhängig davon, welche Produkte und Leistungen sie dir als beste Lösung empfehlen. Sie sind an keine Gesellschaft gebunden. Die Honorarberatung gilt bei der Bundesregierung und den Verbraucherorganisationen als die fairste und transparenteste Form der Finanzberatung und ist durch das Honorar-Anlageberatergesetz gesetzlich geregelt.

Trotzdem sind in Deutschland aktuell über 90 % der Policen Provisionsprodukte.

Mias klimaneutrale Honoraranlageberatung

Mia hat sich nach einem Blick auf die Geldanlageberechnungen einer klassischen Rentenversicherung direkt auf den Weg zu einer Honorarberatung gemacht.

Das Erstgespräch war komplett kostenlos und hat Mia geholfen, sich ein Bild davon zu machen, was Honorarberater*innen eigentlich tun, auf welche Produktportfolios sie beraten und wie es mit ihrem Wusch steht, sich beim Investieren möglichst klimaneutral zu verhalten bzw. klimaneutral zu investieren.

Im Erstgespräch ging es vor allem darum herauszufinden, wie lange Mia das Geld anlegen möchte und über welchen Rentenbetrag sie später zusätzlich zu ihrer staatlichen Rente verfügen möchte. Außerdem wurden Fragen besprochen, die sich um Familienplanung, den Erwerb einer Immobilie und ein mögliches Sabbatical drehten.

Mia entscheidet sich für ein Basispaket, das sie als Berufseinsteigerin für einen Preis von 357 € bekommt. Darin enthalten:

→ Besprechung der individuellen Lebensziele
→ Erstellung eines persönlichen Risikoprofils
→ Analyse der Absicherung Arbeitskraft und Hinterbliebenenschutz
→ Darstellung von Einstiegsmöglichkeiten in den Vermögensaufbau

Gleichzeitig werden ihr sogenannte Artikel-8-ETFs empfohlen, die aktuell den größtmöglichen Anteil an Klimafreundlichkeit in einem Portfolio ermöglichen. Mit dem ETF BNP Paribas Easy Low Carbon 100 Europe PAB UCITS, der seit seiner Auflage im Juni 2017 bereits 128 % Kursgewinne einfahren konnte[51] und ein Fondsvolumen von rund 880 Millionen € hat, dem ETF Xtrackers EUR Corporate Green Bond Ucits und dem ETF Deka Oekom Euro Nachhaltigkeit UCITS bespart Mia drei ETFs, die grün und dunkelgrün sind und bei den Kosten so günstig, dass eine größtmögliche Rendite für sie herausspringt. Mit der Anlage in Aktien und Anleihen hat sie zudem ihr Volatilitätsrisiko reduziert. Die 200 € hat sie in Portionen investiert, und zwar 100 € in den Anleihe-ETF von Xtrackers und jeweils 50 € in die beiden anderen. Sie will nicht voll in Aktien-ETFs gehen, sondern zur Diversifizierung nur einen Anteil von 50 % Anleihen haben.

Mia war für die individuelle Beratung und die Einordnung der verschiedenen Angebote sehr dankbar, weshalb sie bei unerwarteten Geldmittelzuflüssen oder Einmalzahlungen wieder auf das Team der Berater*innen zukommen würde. In weiteren Schritten würde es dann eher um einen kompletten Beratungsansatz gehen, bei dem eine Einmalsumme in die unterschiedlichen ETFs angelegt wird. Hier können weitere Leistungen wie eine eigene App, das Rebalancing von Portfolios, gezieltes Finanzcoaching und weiterer Finanzbildungscontent und Austausch mit anderen Anleger*innen ins Spiel kommen.

Beratung ist das A & O – was tun, wenn das Kind schon im Brunnen liegt?

Ich habe in den vergangenen Jahren immer wieder von Freund*innen und Bekannten ihre Geschichten und Erfahrungen berichtet bekommen, bei denen sie brav und regelmäßig in ein Finanzprodukt

---

[51] Stand 13. Dezember 2021

investiert hatten, z. B. in eine Kapitallebensversicherung oder in eine Lebensversicherung mit zusätzlicher Berufsunfähigkeitsversicherung oder in die von mir bereits thematisierten Rentenversicherungen. Die überwiegende Mehrheit all dieser Verträge sind Bruttoverträge, also intransparent und im Kern teuer und wenig renditestark.

Werfen wir mal einen Blick auf das Lieblingsprodukt von uns Deutschen: die KLV, die kapitalgedeckte Lebensversicherung. Drei meiner Bekannten bzw. ihre Partner*innen haben eine solche KLV als Rundumlösung, wie sie es selbst für den nicht erhofften Todesfall mit gleichzeitigem Anlageprodukt nennen. Aber du erahnst es schon: Wie so oft im Leben funktioniert das Kaufen von Kombiprodukten nur selten. Also Finger weg davon! Denn diese Produkte sind im Paket in aller Regel zu teuer und es wird nicht klar, welcher Geldbetrag für welche Versicherungsleistung anfällt.

Du benutzt ja zum Orangensaftpressen auch nicht deine Kaffeemaschine und schmeißt die leckeren Südfrüchte in das Mahlwerk für die Bohnen, oder?! Auch wenn die Vergleiche ein bisschen hinken, du kannst meinen Punkt nachvollziehen, oder? Bezogen auf die KLV bedeutet das im Grunde Folgendes: Wenn ich mein mögliches Ableben finanziell für meine Hinterbliebenen absichern möchte, sollten folgende Überlegungen meine Motivationen für eine Risikolebensversicherung sein:

☑ Ich will meine Familie finanziell absichern, denn wenn ich tot bin, fehlt mein Einkommen, und das muss finanziell kompensiert werden.

☑ Ich habe noch Verbindlichkeiten wie einen Kredit auf das Haus o. Ä. und sichere dieses Risiko finanziell durch die RLV ab.

☑ Ich sichere mit der Todesfallsumme die Zukunft meiner Familie ab und wahre für meine Kinder unterschiedliche Lebenswege, z. B. ihre Ausbildung.

☑ Ich sichere mit der Risikolebensversicherung auch die Kosten für meine Beerdigung und ein schönes Fest ab, weil ich mir vielleicht eine besondere Zeremonie ausgedacht habe und das »Abschiedsfest« schön und kostspielig gestalten will. ☺

Kriterien meiner eigenen Altersvorsorge:

☑ noch zu erwartende Erwerbszeit
☑ Finanzbedarf im Rentenalter
☑ mögliche Rentenlücke durch geringe gesetzliche Rente etc.

Ja, solche Überlegungen und Abwägungen können langwierig sein, aber sie lohnen sich, denn die Kosten einer Risikolebensversicherung sind deutlich geringer und das Preis-Leistungs-Verhältnis von Beitrag zu Todesfallsumme deutlich fairer.

Die Faktoren, die dabei eine Rolle spielen und den Preis bestimmen, sind dein Alter beim Abschluss der RLV, die Höhe der Todesfallsumme, dein Gesundheitszustand bei Abschluss des Vertrages und die Laufzeit. Du hast bei Vergleichsportalen die Möglichkeit, einen ersten Eindruck über die Tarife und ihre Kosten zu bekommen.

Ich habe mal beispielhaft geschaut, was ich als 45-jähriger verheirateter Journalist, Nichtraucher, mit drei Kindern für eine Todesfallsumme von 100.000 € monatlich bezahlen müsste. Es wären je nach Sonderleistungen bei Krankheit und Hochrisikohobbys wie Bergsteigen, Tauchen und Motorradfahren, was ich alles nicht mache, zwischen 13 € und 20,50 € monatlich. Nehmen wir mal an, ich hätte 100 € als Anlage- und Absicherungssumme, dann hätte ich gut 80 € monatlich zum Sparen übrig. Würde sich der MSCI World Index ungefähr so weiterentwickeln wie in den vergangenen 20 Jahren[52] mit all den Krisen (Finanzkrise, Eurokrise, Corona und Co.), dann würde ich aus meinen 80 € nach 20 Jahren folgende Sparsummen erzielen:

---

[52] vor der Russland-Ukraine-Krise

Beispielrechnung:

20 Jahre Laufzeit, Einzahlung monatlich 80 € bei einer durchschnittlichen Nettorendite von 5,5 % pro Jahr = 19.200 € eingezahlte Beträge

+ 14.274 € an Zinsen oder **Kapitalerträgen**[53]

= Endkapital 33.474 €

Zum Vergleich: Ein sehr guter Freund hatte eine Kapitalversicherung auf den Todes- und Erlebensfall mit steigender Todesfallsumme abgeschlossen. Sie beinhaltete noch eine Berufsunfähigkeitszusatzversicherung, kurz BUZ. Der Versicherungsbeginn war das Jahr 1999, als er 24 Jahre alt war. Der monatliche Beitrag für dieses Kombiprodukt betrug 54,50 €.

Die Beiträge für die einzelnen Teile des Kombiproduktes teilten sich so auf:
- 37,73 € bezahlte er für Lebensversicherungsanteil
- 16,77 € bezahlte er für den BUZ-Anteil
→ Die Todesfallsumme lag bis zum 01.11.21 bei 16.569 € und seine Berufsunfähigkeitsrente bei rund 490 € pro Monat.

Diese Informationen sind für die Betrachtung der Rentabilität und Kosten wichtig für dich.

In den Jahren 2019/2020 lief es bei meinem Freund auch wegen Corona beruflich nicht mehr so gut und er erfragte bei seiner Versicherungsgesellschaft den Rückkaufswert. Man sagte ihm dort, er solle sich das mit der Kündigung sehr gut überlegen, weil er in seinem »Altvertrag« 4 % Garantieverzinsung bekommen würde und

---

[53] Kann bei thesaurierenden Versionen mehr sein.

das wäre unter den aktuellen Niedrigzinsbedingungen am Kapitalmarkt »wie Weihnachten und Geburtstag zusammen«.

Mein Freund fühlte sich von der Versicherungsmitarbeiterin fast schon bedrängt, die Versicherung zu behalten, obwohl er in einer finanziellen Notlage war. So ein Vertrag ist ein schlechtes Geschäft und auch er hatte Bauchschmerzen bei der Kündigung, aber es ging nicht anders. Er zahlte 228 Monate lang (umgerechnet in €) 54,50 €/Monat ein. Das ergibt einen Gesamtbetrag von 12.426 €. Der Rückkaufswert lag aber nur bei 9879 €. Er hatte noch Glück im Unglück, denn durch den Abschluss im Jahr 1999 war die Verzinsung nicht noch geringer.

Er erhielt neben dem Rückkaufswert von 9879 € auch noch 1104 € anteilig an der BUZ, einen Überschussanteil von 527 € sowie einen Schlussgewinn aus Bewertungsreserven (92 €) und den Schlussgewinn aus Bewertungsreserven der BUZ (45 €). Zusammen bekam er also eine Erstattungssumme von **11.647 €.**

→ Damit steht fest, dass er nach über 20 Jahren Geld verbrannt hat. Auf die LV bezogen ist das ein Anteil von 20,5 % seines Kapitals, also 2547 €. Dieser Verlust wurde anteilig durch die anderen Zahlungen etwas kompensiert, aber auch in der Hinzurechnung dieser Beträge liegt sein Verlust immer noch bei 779 € oder 6,2 % gegenüber seinen eigenen Einzahlungen.

Was wäre die Alternative gewesen?
Hätte mein Freund im zarten Alter von 24 Jahren (wohlgemerkt ohne Vorerkrankungen und als Nichtraucher) eine Risiko-LV über 20 Jahre Laufzeit mit 100.000 € Todesfallsumme abgeschlossen, hätte ihn das ca. 2,50 € im Monat gekostet. Die Berufsunfähigkeit hätte bei ca. 8,95 € gelegen, um monatlich mit 490 € abgesichert zu sein. Die Differenz wäre in diesem Fall 43,05 € gewesen, die mein Freund in einen ETF wie den MSCI World hätte investieren können, um vernünftigen Kapitalaufbau zu betreiben. Die Durchschnittsrendite des MSCI World lag zwischen 1999 und 2020 bei jährlich ca. 5,6 %.

> Daraus ergibt sich folgende Rechnung:
>
> 43,05 € Einzahlung monatlich in einen ETF über 240 Monate
> = **10.332 €**
> Anfallende Zinsen/Erträge 5,6 % auf die 240 Monate Laufzeit
> = **7874 €**
> **Endkapital im Jahr 2020** = **18.206 €**

Die Differenz zwischen einer Kombi-Provisionsversicherung und den exakt gleichen Versicherungsleistungen als Einzelabschluss in einem breit gestreuten und relativ risikoarmen ETF beträgt in diesem Fall sage und schreibe **6559 €**. Das ist bezogen auf die real erhaltene Auszahlung der Versicherung von 11.647 € ein Plus von 56,3 %.

PaTrick: Außerdem gibt es einen weiteren sehr negativen Aspekt dieser Produkte. Nehmen wir mal an, du bist während der Vertragslaufzeit deines Kombiproduktes berufsunfähig geworden und beziehst die Berufsunfähigkeitsrente, stellst aber gleichzeitig fest, dass die Vertragsbedingungen und die Kapitalentwicklung der Lebensversicherung schlecht sind und du gerne kündigen würdest, um dein Geld in einen ETF anzulegen. Das geht dann nicht, ohne dass du auch deine monatliche Berufsunfähigkeitszahlung verlierst. Kombiprodukte sind für die anbietenden Gesellschaften so etwas wie ein doppelter Boden, um die Kund*innen auch im Krankheitsfall im Vertrag halten zu können. Wenn du mich fragst, ist das Ganze eine ziemlich ausgemachte ...... auf dem Rücken der ahnungslosen Kund*innen.

Hier schließt sich der Kreis zu meinem allgemeinen Steckenpferdthema, der Finanzbildung. Den meisten Menschen in Deutschland fehlen einfach die Basics an Finanzbildung. Sie sind verunsichert, unwissend und müssen Produkte und Mechanismen beurteilen, von denen sie selbst nichts bis wenig wissen. Sie sind darauf angewiesen, an kompetente und wohlwollende Berater*innen zu geraten, die jedoch auch ein eigenes Leben mit Wünschen, Zielen und Einkommensvorstellungen haben. Diese Ausgangslage ist, wie ich finde, eine Katastrophe, und viel zu oft sind Kund*innen diesem System schutzlos ausgeliefert. Nicht der*die Berater*in per se ist schlecht, um Gottes willen. Das Provisionssystem ist einfach zu verlockend.

Deshalb bin ich ein Verfechter der Bezahlung der Beratungsleistungen im Stile der Honorarberatung. Daran sollten sich auch Banken und Versicherungen ein Beispiel nehmen und damit Vertrauen und Transparenz herstellen. Eine Randbemerkung dazu ist, dass Kund*innen zu Finanzberater*innen im Allgemeinen eine sehr voreingenommene Meinung haben. Aus meiner Sicht liegt im Bezahlungs- und Provisionssystem der Hund begraben. Natürlich werden sich einige Kund*innen zu Beginn wundern, wenn sie plötzlich für einen Gesprächstermin Geld bezahlen sollen, aber wenn von Anfang an klar ist, dass Banken und Versicherungen auch Geld verdienen sollen und dürfen, dann finde ich das völlig okay, oder wie stehst du dazu?

Die Transparenz führt dazu, dass wir als Kund*innen mit einem besseren Gefühl zu unseren Berater*innen gehen und gerne einen Teil unserer Rendite oder unserer Erträge für eine gute Beratung ausgeben. Denn klar ist doch auch: Wenn das Geld nur auf unseren Girokonten versauert oder auf dem nahezu zinslosen Sparbuch, wird es früher oder später von der Inflation aufgefressen. ☺

Das Bild verdeutlicht, worauf es aus meiner Sicht ankommt, um Kosten wo nötig zu vermeiden und so viel Rendite für dein Geld zu erzielen wie möglich:

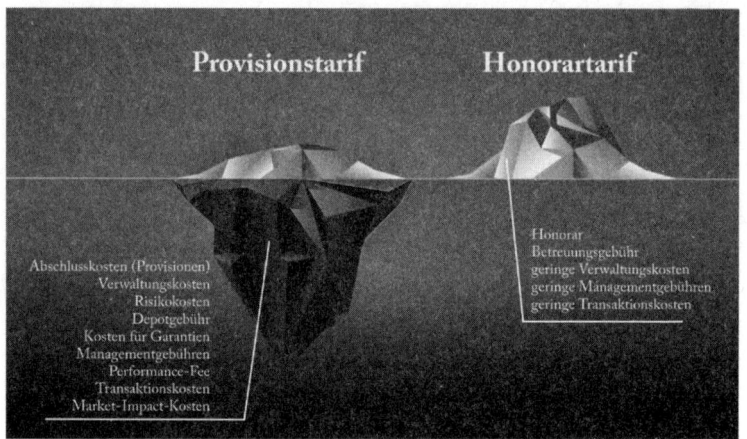

Provisionstarif

Abschlusskosten (Provisionen)
Verwaltungskosten
Risikokosten
Depotgebühr
Kosten für Garantien
Managementgebühren
Performance-Fee
Transaktionskosten
Market-Impact-Kosten

Honorartarif

Honorar
Betreuungsgebühr
geringe Verwaltungskosten
geringe Managementgebühren
geringe Transaktionskosten

Schlussbemerkung

Übrigens, nehmen wir mal an, mein Freund hätte als Berufsein-steiger eine Honorarberatung konsultiert, die ihn zwischen 375 € und 1000 € gekostet hätte. Selbst dann hätte mein Freund immer noch zwischen 5184 € und 6184 € mehr in der Tasche als jetzt.

Und weil ich sie schon angesprochen habe: Die Inflation, die unser Geld sprichwörtlich frisst, möchte ich dir im nächsten Kapitel erläutern.

X. Die Inflation und ihre Folgen – gekommen, um zu bleiben?

Wo wir in Sachen Preissteigerungen im täglichen Leben stehen

Liebe *Geld geht auch grün & nachhaltig*-Leser*innen, in dem Moment, in dem ich diese Zeilen schreibe, schießen die Inflationszahlen, die vermeldet werden, sowohl bei uns in Europa, aber vor allem in den USA durch die Decke. Das liegt nicht zuletzt auch an der kriegerischen Eskalation der Russland-Ukraine-Krise. Lag in den USA die Inflationsrate schon vor Ausbruch des Krieges im Dezember 2021 bei 7 %, so schnellte sie mit den steigenden Öl- und Rohstoffpreisen zu Beginn des Jahres weiter in die Höhe. Im Januar betrug sie 7,5 %, für Februar wird mit 7,8 % gerechnet, der höchste Stand seit 1982 und weit über den Erwartungen.

Zum Vergleich: In Deutschland lag die Inflation im Oktober 2021 bei 4,5 % und stieg in den Folgemonaten auf 5,2 % (November), 5,3 % (Dezember) und lag im März 2022 bei 7,3 %.

Wir haben solche Inflationsraten seit mehr als 30 Jahren nicht mehr erlebt. Im Juni 1992 lag die Inflation in Deutschland bei 5,8 %. Damals waren die Deutsche Einheit und die Mehrausgaben und Haushaltskonsolidierungen gepaart mit der allgemeinen Aufbruchsstimmung mit dafür verantwortlich, dass Dienstleistungen und Waren stärker nachgefragt wurden und die Verbraucherpreise rasant anstiegen.

Heute sehen wir statt einer Vereinigung eher eine Spaltung der Gesellschaften in Europa und die Coronapandemie hat deutliche Spuren im Vertrauen der Bevölkerungen hinterlassen. Wirtschaftlich sehen wir steigende Energiepreise, vor allem bei Öl (zeitweise um 100 % zum Jahr 2020) und Gas, die die finanzielle Situation von Geringverdienenden in erheblichem Maße belastet und zunehmend schwierig gestaltet haben. Leichte Linderungen haben in der Vergangenheit Anbieterwechsel gebracht, aber die kriegsbedingten Preissteigerungen bei Gas und Öl haben solche Ausmaße angenommen, dass der breite Trend bei allen Angeboten nur nach oben zeigt. Der ein oder andere Versorgungsbetrieb hat seine

Verträge sogar einseitig gekündigt und so manche Mieter*innen in der kalten Wohnung sitzen lassen.

In den zuletzt sehr herausfordernden Pandemiezeiten, in denen zu viele Arbeitnehmer*innen immer noch in Kurzarbeit sind, den Beruf gewechselt haben, besonders im Hotel-, Gaststätten- und Touristikgewerbe, aber auch in Kunst- und Kulturbetrieben, ist von vielen Seiten zu hören, dass die Sorgen und Nöte der Menschen teilweise existenziell sind.

Die Gründe für Inflationssteigerungen sind sehr vielfältig. Ich werde sie auf den folgenden Seiten erläutern und erklären. Der Mix aus Lieferengpässen, der Coronapandemie und ihren Folgen und die politische Bedeutung des Klimawandels spielen bei all diesen Fragen und Perspektiven eine entscheidende Rolle – früher genauso wie heute und in der Zukunft.

Wie es zur dynamischen Entwicklung der Inflation ab 2020 kommen konnte

Natürlich haben die Rohstoffpreise durch den Russland-Ukraine-Krieg nochmals massiv angezogen, aber auch vor dieser Sondersituation gab es Faktoren, die zu einer anziehenden Preissteigerung geführt haben. Der amerikanische Staat und die Notenbank der USA haben als Antwort auf die Coronapandemie in einem nie da gewesenen Maße die Wirtschaft und die Konsument*innen mit »Helikoptergeld« versorgt, um die Härten des Wirtschaftsabschwungs im Jahr 2020 abzufedern. Das war nötig geworden, da durch die Lockdowns in Asien, besonders in China, die globalen Lieferketten unterbrochen wurden. Viele Arbeiter*innen waren in Chinas Exporthäfen in Quarantäne, denn die Administration hatte von Beginn an eine Null-Covid-Strategie als Mantra zur Beherrschung der Situation ausgegeben. Das hatte drastische globale Folgen, denn durch die gestoppte Produktion von Vorprodukten und Fertigteilen lagen global Werke über Wochen still, kam der globalisierte Waren- und Dienstleistungsaustausch teilweise zum Erliegen. Mitarbeiter*innen konnten nicht reisen und Maschinen und Fahrzeuge nicht warten oder reparieren. Politiker*innen wie Unternehmensführer*innen wurde in dieser Situation die Fragilität des weltweiten Handels bewusst und wie abhängig man voneinander gewesen war.

Lieferungen und Produktionen »just in time« oder »just in sequence«[54], also ohne große Lagerhaltung und Produktion auf Halde, bedürfen einer extrem ausgefeilten und sehr gut getimten Logistik. Bei Medikamenten hatte man in Deutschland schon vor Corona zu spüren bekommen, wie abhängig man von den Produktionsstandorten in Indien war.

Die Folge dieser Lieferkettenproblematiken sind im ersten Schritt Lieferengpässe, dann Preissteigerungen und im übernächsten Schritt Produktionsverlagerungen aus den sogenannten Billiglohnländern zurück nach Europa, wo die Produktion teurer ist, dafür aber die Logistikrisiken geringer ausfallen.

Ökonomisch betrachtet also ein Abwägungsprozess von Ausfall-, Logistik- und Produktionskosten. Man kann deutlich erkennen, dass die Konsequenzen aus dieser sich verändernden Tektonik der globalen Logistik dazu führen, dass die Produktion von Gütern wieder stärker in Europa angesiedelt werden soll.

Ein weiteres Beispiel dafür ist die Chip-Industrie. Die zehn umsatzstärksten Unternehmen weltweit, zu denen die Nr. 1 Intel zählt, aber auch Nvidia und die deutsche Infineon AG, machen einen Jahresumsatz von rund 235 Milliarden US$.

Wirtschaftsexkurs China & die Konsequenzen politischer Einflussnahme

Die größten Chipfabriken befinden sich in Fernost, nämlich China, Taiwan und Südkorea. Die politischen Spannungen zwischen den USA und China hatten unter Präsident Trump nicht dazu geführt,

---

[54] reihenfolgesynchrone Produktion

dass sich die wirtschaftlichen Kooperationen zwischen den größten Wirtschaftsmächten der Welt intensiviert hätten.

Xi Jinping, Chinas Präsident, hatte mit seiner expansiven Außenpolitik und dem Projekt »Neue Seidenstraße« wiederholt Chinas Ansprüche und Macht demonstriert. Gleichzeitig hatte die kommunistische Partei den Privatunternehmen des Landes demonstriert, wie abhängig sie von der Politik sind. Besonders deutlich wurde das in den Jahren 2020/2021, in denen immer wieder Gesetzgebungen und Regularien im Reich der Mitte Einzug hielten, die zur Konsequenz hatten, dass chinesische Unternehmen und deren CEOs, wie im Fall von Alibaba und dem CEO Jack Ma beispielsweise, immer wieder beschränkt und mit Strafen belegt wurden, wenn sie nicht systemkonform agierten. Die damit aufkommenden globalen Vertrauensverluste in Teile der Tech-Industrie Chinas hatten zur Folge, dass ausländisches Kapital in großem Stil aus China abgezogen wurde. Es gab im Bildungsbereich Unternehmen, die verstaatlicht und von der Börse entfernt wurden. Auch die Menschenrechtsverletzungen, wie sie am Beispiel der Uigur*innen sichtbar werden, und der Umgang mit der ehemaligen Kolonie Hongkong sind Zeugnis davon, dass der Einparteienstaat ein stark abweichendes Verständnis von Demokratie und Wirtschaftsordnung hat, mit allen Konsequenzen für Unternehmen und Menschen, die eine offenere Haltung nach westlichen Vorbildern leben wollen. Dieses Potpourri an Entwicklungen hat Störungen bei Produktion und Dienstleistungen nach sich gezogen. Corona war für die chinesische Administration ein Teilchenbeschleuniger, Maßnahmen gegen die Bevölkerung schnell umzusetzen.

Die Folge all dieser Entwicklungen ist, dass China als Produzent für die Welt zu niedrigen Löhnen und attraktiven Konditionen mehr und mehr zur Achillesferse wird. Auch der Druck der chinesischen Führung auf Länder wie Taiwan und Japan nimmt zu und führt zu Verstimmungen, mit den entsprechenden ökonomischen Folgen. Gleichzeitig kommt China auch wirtschaftlich an seine Grenzen der Expansionspolitik.

Durch Corona, Lockdowns, Stromausfälle und Lieferengpässe kam es im Jahr 2021 zu den größten Anstiegen der Erzeugerpreise[55] der chinesischen Wirtschaftsgeschichte überhaupt. Zum Vergleich: 2020 waren die Erzeugerpreise noch negativ. Von Februar 2021 bis November 2021 stiegen die Erzeugerpreise auf monatlicher Basis zwischen 1,7 % im Februar und 13,5 % im Oktober bis auf sehr hohe 12,9 % im November an. Diese Kosten wirken sich auf die Preisentwicklung z. B. von Vorprodukten für die deutsche und europäische Wirtschaft aus. Solange dieser Trend nicht gebrochen ist, wird sich die Inflation in Europa nicht wirklich in den Griff bekommen lassen.

Zurück zur Chipproblemkatik. Die Reaktion auf den Chipmangel ist die innereuropäische Fertigung von Halbleitern und die gezielte Ansiedlung von Chipproduktionsstätten in Europa. Die Produktionskosten wären wegen höherer Löhne teurer, aber die Abhängigkeit von Fernost wäre geringer und die Lieferkettenproblematik erheblich reduziert. Auch politisch hat man aus der asymmetrischen Abhängigkeit Deutschlands von Russland bei Gas- und Öllieferungen gelernt und will diese Fehler bei den so wichtigen Halbleitern nicht wiederholen. Dieses Szenario wird allerdings im Zuge der China-Taiwan-Spannungen an Bedeutung gewinnen. Dadurch rückt neben dem rein wirtschaftlichen auch der politische Fokus auf mehr strategische Unabhängigkeit von Chiplieferungen aus der asiatischen Region in den Blickwinkel.

Denn auch asiatische Produktionsfirmen sollen – neben dem schon genehmigten Werk des US-Konzerns Intel in Magdeburg – durch milliardenschwere staatliche Subventionen angelockt werden, wenngleich in Europa die Genehmigungsverfahren für neue Fabriken und Produktionsstätten komplex und vergleichsweise schleppend verlaufen. Zu viel Bürokratie und Ausschreibungsverfahren als Hemmschuh einer so dringlichen Entwicklung und Entlastung.

---

[55] Preisentwicklungsmesser für Rohstoffe und Industrieerzeugnisse

Es gibt aber auch erfreuliche Entwicklungen. Beispielsweise hat die Infineon AG ein Werk im österreichischen Villach gebaut und Bosch lässt als Zulieferer künftig in Dresden seine Chips produzieren. Die Chipkrise wird dadurch aber nicht wirklich gelöst und neben den Chips selbst fehlt es an Vormaterialien, die zur Fertigung der unterschiedlichen Chips benötigt werden. Da die Abhängigkeit von Chips in PC, Autos, Maschinen usw. künftig noch steigen wird, ist die Folge eine gute und eine schlechte Nachricht. Ja, die Preise werden sich voraussichtlich weiter so entwickeln, dass die Chiphersteller ordentliche Margen einfahren werden, also sind ihre Aktienunternehmen weiter kaufenswert. Das Blöde ist nur, dass die von diesen Chips abhängigen Branchen, allen voran die Automobil- und Maschinenbauindustrie als wichtige Unternehmen für Deutschland, darunter leiden und wiederum Absatzrückgänge zu verzeichnen haben werden, so wie im Jahr 2021 von Volkswagen vermeldet. VW-Betriebsrätin Daniela Cavallo sieht bis 2024 Schwierigkeiten in diesem Marktumfeld.

Was bedeutet das für dich, für uns? Wenn du dich und deine Investments konkret gegen Inflation schützen möchtest, halte die Augen nach Profiteur*innen der Entwicklungen offen und verfolge regelmäßig, wie die Entwicklungen rund um das Thema voranschreiten. Wirtschaftsakteur*innen rechnen weltweit mit weiteren Preissteigerungen. Und nicht nur sie, auch ich habe gemerkt, dass ich bei einem so profanen Produkt wie einer PlayStation 5 nicht zum Zuge kam. Der Chipmangel hat mir schlicht meine Fifa-Laune verdorben, sodass ich statt 499 € für meine PS5 am Ende 630 € hinblättern musste, und das war nicht mal das Teuerste, was Menschen für ihre Hobbys zu zahlen bereit sind. Dieses Beispiel ist zwar nur aus dem Umfeld privaten Vergnügens, zeigt aber die globale Problematik ganz plastisch und realistisch auf. Was ist dein PS5-Beispiel der letzten 12 bis 24 Monate? Sind es die stark gestiegenen Brot- und Nudelpreise? Der frustrierende Weg zur Zapfsäule? Der Blick auf die Stromrechnung? Es ist traurig und für manche existenziell bedrohlich, wie sehr die galoppierende Inflation einem in den letzten Wochen und Monaten das Geld durch die Hände gleiten ließ.

Die Geldmengenausweitung der Notenbanken & Staaten als Inflationstreiber

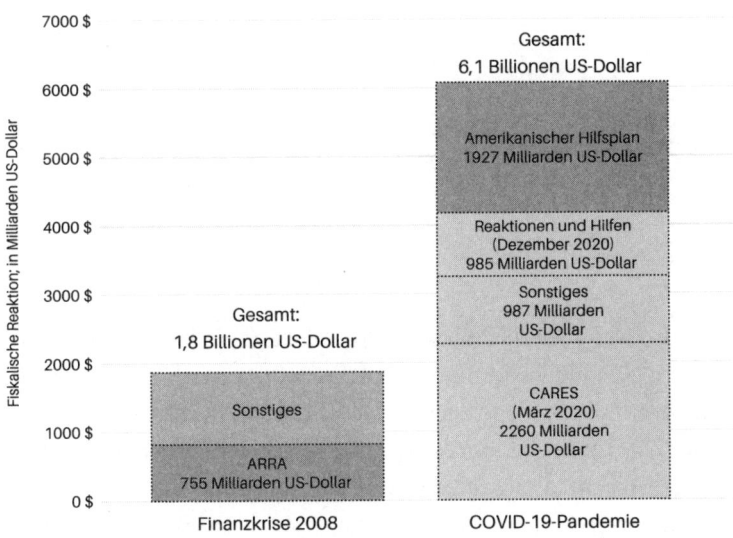

Ein weiterer Effekt auf die Inflation war die Menge an Liquidität, die die Notenbanken und Staaten in Form von finanziellen Hilfspaketen gegen Corona in die Märkte geblasen haben. Von einer »Bazooka« (Olaf Scholz, damals Finanzminister) war da öfter mal die Rede, und das Zur-Verfügung-Stellen von Kurzarbeitergeld, Krediten und Kapital für die vom Lockdown betroffenen Arbeitnehmer*innen führte zur besonderen Expansion der Geldmenge. Solche Hilfen waren in den USA besonders hoch ausgefallen, wie die Grafik (oben) des Committee for a Responsible Federal Budget zum Vergleich mit den fiskalischen Hilfen zur Bekämpfung der Lehman-Krise zeigt.

Arbeitslosenzahlen USA im Monatsdurchschnitt Oktober 2014 bis Oktober 2021

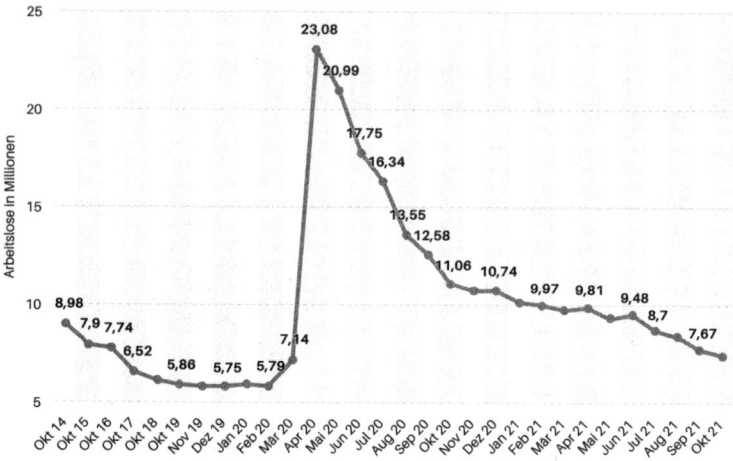

In den USA haben die Menschen sogar Bargeldschecks von der Regierung gesendet bekommen, weil die Arbeitslosenzahlen teilweise in astronomische Höhen geschnellt waren. Im Mai 2020 waren teilweise 39 Millionen Amerikaner*innen ohne Job.[56] Um dir ein Bild von der Arbeitslosenzahl, der Arbeitslosenquote und der prognostizierten Entwicklung zu geben, hier zwei Grafiken von Statista.

---

[56] https://www.dw.com/de/arbeitslosenzahl-in-usa-steigt-in-corona-krise-auf-fast-39-millionen/a-53526304

Arbeitslosenquote Durchschnitt USA 1980 bis 2026[57]

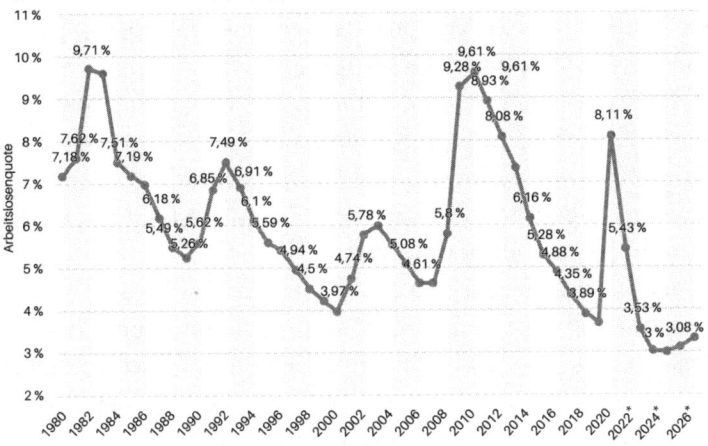

Die Zahlungen der US-Administration (erst unter Trump und später unter Präsident Biden) sollten den Konsum in den USA wieder anfachen. Du musst wissen, dass der private Konsum in den USA immerhin für rund 2/3 des Bruttoinlandsprodukts verantwortlich ist, in Deutschland sind es nur ca. 48 %. Erst waren es Schecks über 1200 US$ (März 2020), dann 600 US$ (Dezember 2020) und im März 2021 dann noch mal 1400 US$ pro betroffener Person.

Bei diesen Schecks gab es allerdings ein Problem. Menschen neigen in Krisen, auch in den USA, dazu, ihr Geld lieber zu sparen, als es auszugeben, denn sie wissen ja nicht, wann sie wieder einen sicheren Job haben und ob die nächste Krise nicht auf dem Fuße folgt. Das Ziel, die Wirtschaft zu stimulieren, ging also nicht unbedingt auf und die Sparquote der Amerikaner*innen stieg im April 2020 auf ein neues Rekordhoch seit den 1960er-Jahren. Gleichzeitig blieben Arbeitsstellen unbesetzt, weil schlicht der Anreiz fehlte, arbeiten zu gehen, denn die Gratisschecks deckten einen guten Teil der laufenden Kosten ab.

---

[57] geschätzt

Ich habe einen Freund, der als Lehrer in den USA arbeitet, und der erzählte mir, dass er mit Homeschooling und dem Konsumscheck der Regierung besser fährt, als wenn er »normal« arbeitet. Für das Mehr an Freizeit könne er gut auf 5 bis 10 % seines Gehalts verzichten.

Die Pandemie hatte und hat auch den Effekt, dass Menschen sich intensiver mit ihren Leben auseinandergesetzt haben – ihrem Hamsterrad – und ihre Jobs auch in Deutschland teilweise an den Nagel gehängt haben. So richten sich Menschen eben neu ein und manche Position bleibt unbesetzt.

Die Folge einer höheren Sparquote, nämlich weniger Geld im Wirtschaftskreislauf und mehr auf Konten und Depots, hat auch Auswirkungen auf die sogenannte Geldumlaufgeschwindigkeit. Diese verlangsamte sich im Jahr 2020 durch gebremsten Konsum und trotz des intensiveren Gelddruckens der Notenbanken. Das Problem daran war die – wie ich sie nenne – versteckte Inflation, die wir in manchen Teilbereichen gesehen haben, z. B. an den Börsen. Trotz einbrechender Gewinne und Umsätze in der Realwirtschaft boomten die Aktienmärkte seit Ende März 2020 wieder und erreichten im Herbst 2020 neue Rekordstände.

Als dann die Meldung über die Nachrichtenticker lief, dass es einen Impfstoff gegen Corona geben wird, schöpften viele Menschen wieder mehr Zuversicht und begannen, stärker zu konsumieren.

In den ersten Monaten des Jahres 2021 stiegen die Wirtschaftsdaten und Frühindikatoren global deutlich an – die Ökonomien nahmen weltweit wieder an Fahrt auf. Dadurch ergab sich ein zusätzliches Problem, denn Arbeitsmarkt und Unternehmen agieren teilweise recht träge, deshalb war die Folge, dass einer starken Nachfrage und einer großen Menge Geld kein ausreichendes Angebot an Waren und Dienstleistungen gegenüberstand. Das verteuerte weltweit die Preise.

Es begann mit der teurer werdenden Energie, erstreckte sich auf Lebensmittel und andere Konsumgüter und hatte entgegen erster Annahmen der Notenbanken und Staatslenker*innen keinen temporären, sondern zunächst einen anhaltenden Effekt. Wie lange die

Inflation uns begleiten wird, hängt von verschiedenen Faktoren ab. Zum Beispiel von der Erwartung der künftigen Preisentwicklungen und davon, wie sich das Lohnniveau in Deutschland entwickelt, wie Tarifabschlüsse ausgestaltet werden und wie sich das Warenangebot gegenüber der Nachfrage entwickeln wird. Last, but not least, stellt sich auch die Frage nach geeigneten Maßnahmen gegen zu starke Inflation durch die Notenbanken.

Was nur schwer zu vermitteln bleiben wird, ist der Strafzins, den Banken der EZB dafür zahlen müssen, dass sie ihr Geld dort »parken«, wenn sie für die Liquidität keine andere Verwendung haben als Kreditvergaben an Unternehmen und Privatkund*innen.

Die EZB und ihre Präsidentin Christine Lagarde hatten Ende 2021 bereits angedeutet, keine Zinsanhebungen im Jahr 2022 vorzunehmen. Die Gründe dafür sind unter anderem die nach unten revidierten Wirtschaftserwartungen des BIP in Deutschland, aber auch in Europa. Zeitgleich haben die globalen Finanzspritzen von Notenbanken und Staaten ein Ausmaß erreicht, das die europäischen Staaten höher verschuldet zurücklässt. Höhere Zinsen würden die Staaten in Rückzahlungsschwierigkeiten bringen. Deshalb ist die EZB fast schon genötigt, die Leitzinsen nahezu unangetastet zu lassen.

Die Ankündigung der Federal Reserve Bank

Als Reaktion auf die hohe Inflation in den USA hat die FED, die Federal Reserve Bank, die Anleihekäufe, die sie als Reaktion auf die Coronapandemie und den damit verbundenen Wirtschaftsrückgang eingeleitet hatte, seit Ende 2021 reduziert.

Die FED hat am 16. März 2022 den Leitzins um 0,25 % auf eine Spanne von 0,25 bis 0,50 % angehoben. Es war die erste Zinsanhebung seit Dezember 2018. Im Februar 2022 war in den USA eine Inflationsrate von 7,9 % vorausgegangen. Der höchste Zuwachs seit 40 Jahren.

In der folgenden Pressekonferenz stellte Jerome Powell in Aussicht, dass es sechs weitere Zinsschritte in 2022 geben könnte. Soweit die Projektion der Notenbanker. Damit würde der Leitzins dann zum Ende des Jahres bei einer Spanne zwischen 1,75 und 2 % liegen. Für das Jahr 2023 geht der Markt von vier weiteren möglichen Zinsschritten aus, sodass der Leitzins zum Ende 2023 bei 2,8 % liegen dürfte.

Der eskalierende Konflikt zwischen Russland und der Ukraine hatte es den Notenbankern und Weltwirtschaftsinstituten gleichermaßen schwer gemacht, ihre Zins- und Inflationsprojektionen zu präzisieren. Auch die unterschiedlichen Virusvarianten und der schlussendliche Umgang mit der Coronapandemie machen die Beantwortung der Frage, wohin genau sich die Inflation in den kommenden Monaten enwtickeln wird, schwierig. Bei den Ölpreisen sahen wir lediglich im Herbst 2021 eine leichte Entspannung der Notierungen (BRENT 86,70 US$). Der Krieg in der Ukraine hat den Preis pro Ölfass auf ein Sieben-Jahres-Hoch von 127,98 US$ gepusht.[58]

Logisch, steigende Öl- und Gaspreise sind das eine, aber es ist de facto alles viel teurer geworden, auch Lebensmittel und die Güter des täglichen Bedarfs. Was gehört eigentlich bei der Betrachtung der Inflation an Waren und Gütern dazu? Dem möchte ich mit dir gemeinsam mal auf den Grund gehen, damit aus der gefühlten Inflation eine sachlich nachvollziehbare und erklärbare wird. Ein ganz wichtiger Aspekt ist, zu verstehen, worauf sich die Inflations- und Verbraucherpreisaussagen beziehen. Und zu erkennen, was der Warenkorb in diesem Kontext ist, auf den sich die Preisveränderungen beziehen.

Der Verbraucherpreisindex – wie er funktioniert & erhoben wird

Der Verbraucherpreisindex für Deutschland misst die durchschnittliche Preisentwicklung aller Waren und Dienstleistungen,

---

[58] Stand 23. März 2022

die private Haushalte für Konsumzwecke kaufen. Dazu zählen Nahrungsmittel, Bekleidung und Kraftfahrzeuge, aber auch Mieten, Reinigungs- und Reparaturdienstleistungen. Das sogenannte Inlandskonzept erfasst neben den Ausgaben von Singles, Eheleuten, Rentner*innen und Familien ebenso die Ausgaben von ausländischen Tourist*innen in Deutschland.

Allgemeinsprachlich werden der Verbraucherpreisindex und seine prozentualen Veränderungen auch als Inflationsrate bezeichnet.

Es ist wichtig zu wissen, dass der Verbraucherpreisindex eine überragende Rolle in vielen Bereichen unseres Lebens und der Entscheidungsfindung der Politik, der EZB und bei Investor*innen für ihr jeweiliges Handeln und Agieren spielt. Er ist der zentrale Indikator zur Beurteilung der Geldwertentwicklung in Deutschland und gilt als Orientierungsmaßstab bei Lohn- und Tarifverhandlungen und Abschlüssen. Der VPI, wie er abgekürzt wird, dient als Orientierungsgrundlage zur Berechnung des realen Wirtschaftswachstums in Deutschland und hilft insbesondere der Europäischen Zentralbank bei der Beurteilung der Inflation.

Wie setzt sich der Verbraucherpreisindex zusammen – und wie wird er berechnet?

Als essenzieller Baustein zur Berechnung des VPI dient der bereits erwähnte Warenkorb. Er beinhaltet sämtliche von privaten Haushalten in Deutschland gekauften Waren und Dienstleistungen und lässt sich in zwei Säulen aufteilen. Die erste Säule enthält ca. 650 Güter und Waren wie beispielsweise Mehl, Kleidung, Busfahrten und Magazine und Zeitungen. Das bezeichnet man als die obere Warenkorbebene. Den Gütern werden Wägungsanteile mit entsprechenden Gewichtungen zugeordnet, schließlich fährst du nicht jeden Tag Taxi oder kaufst dir ein Fahrrad. Die Preise inklusive der Gewichtung fließen dann in die jeweiligen Kategorien und ihre Preisentwicklungen in den Gesamtindex mit ein. Diese Gewichtung bleibt über fünf Jahre konstant zusammengesetzt, damit die Vergleichbarkeit der Preise transparenter, nachvollziehbarer, schlicht einfacher ist.

Für die Güterarten der ersten Ebene im Warenkorb werden anschließend im jeweiligen Geschäft konkrete Einzelprodukte ausgewählt. Beispielsweise eine Packung mit 500 Gramm Mehl, die dann zur Preismessung dient. Konkrete Einzelprodukte bestimmter Firmen stellen die zweite Ebene des Warenkorbes dar. An diese Produkte wird der Warenkorb regelmäßig angepasst, weil es sein kann, dass das Konsumverhalten von uns Verbraucher*innen dazu führt, dass das eine Produkt an Einfluss und Bedeutung gewinnt, ein anderes verliert.

Über repräsentative Stichproben des Statistischen Bundesamtes erfolgt dann die Auswahl der Produkte des Warenkorbs. Eine recht komplexe Aufteilung der gesamten BRD in 94 Gebiete unter Einbeziehung von relevanten Gemeinden und Städten inklusive der dort meistverkauften Produkte und Dienstleistungen sichert die Repräsentanz der Daten zur Preisentwicklung.

Bleibt die Frage, wie die einzelnen Produktkategorien ausgewählt werden. Die Zahl der ausgewählten Produkte, die die jeweiligen Produktkategorien bilden, richtet sich nach deinem Konsumverhalten. Es wird berücksichtigt, welchen Anteil deiner Ausgaben du für eine bestimmte Produktkategorie ausgibst. Dabei gilt es auch die Notwendigkeit der Abdeckung der gesamten Bandbreite des privaten Konsums zu berücksichtigen, wofür auch solche Produkte aufgenommen werden müssen, die weniger konsumiert werden.

Das Preis-Kaleidoskop gibt dir einen guten Überblick:

Preis-Kaleidoskop

Die Inflationsrate lag im November 2021 bei 5,2 %. Die Teuerungsrate hängt nicht nur davon ab, wie sich die Preise verändern. Entscheidend ist auch, mit welchem Gewicht die Preisentwicklungen der einzelnen Waren und Dienstleistungen in den Verbraucherpreisindex eingehen.

Die Größe der Teilstücke spiegelt das Gewicht auf Basis 2015 wider. Die Farbe zeigt an, wie stark sich die Preise in der Güterklasse verändert haben.

November 2021 Preisänderung zum Vorjahresmonat

preis-
werter

-24% -12% -6% -2% 0% 2% 6% 12% 24%

teurer

**Nahrungsmittel und
alkoholfreie Getränke 9,7 %**
Preisänderung: 4,6 %

**Alkoholische Getränke
und Tabakwaren 3,8 %**
Preisänderung: 3,1 %

Bekleidung und Schuhe 4,5 %
Preisänderung: 1,9 %

**Wohnung, Wasser, Strom,
Gas und andere Brennstoffe 32,5 %**
Miete und Mietwert von selbst-
genutztem Wohneigentum, Haushalts-
energie, Nebenkosten etc.
Preisänderung: 3,9 %

**Möbel, Leuchten, Geräte
und anderes Haushaltszubehör 5,0 %**
Mobiliar, Heimtextilien, Haushaltsgeräte,
Geschirr, Waren und Dienstleistungen
für die Haushaltsführung etc.
Preisänderung: 4,3 %

**Andere Waren
und Dienstleistungen 7,4 %**
Körperpflege, persönliche Gebrauchsgegenstände, Dienstleistungen
sozialer Einrichtungen, Versicherungen, Banken etc.
Preisänderung: 4,1 %

**Gaststätten- und
Beherbergungsdienstleistungen 4,7 %**
Preisänderung: 4,0 %

Bildungswesen 0,9 %
Studiengebühren, Privatschule, Erwachsenenbildung,
Kindergarten etc.
Preisänderung: 1,9 %

Freizeit, Unterhaltung und Kultur 11,3 %
Pauschalreisen, Sport, Lesen, Garten, Kultur,
Unterhaltungselektronik, Computer etc.
Preisänderung: 4,5 %

**Post und
Telekommunikation 2,7 %**
Brief- und Paketdienstleistungen,
Telekommunikationsgeräte und -dienstleistungen
Preisänderung: 1,6 %

Verkehr 12,9 %
Kauf und Betrieb von Fahrzeugen,
Nutzung öffentlicher Verkehrsmittel etc.
Preisänderung: 14,9 %

Gesundheit 4,6 %
Preisänderung: 1,6 %

Weiterführende Informationen
Wägungsschema
Preismonitor
Persönlicher Inflationsrechner

Ein Blick auf die Preiserfassung

Zur Feststellung der jeweiligen Preisentwicklungen innerhalb des Warenkorbes werden monatlich über 300.000 Einzelpreise in Dienstleistungs- und Handelsunternehmen festgestellt. Diese Preiserhebung erfolgt deutschlandweit einerseits mithilfe einer dezentralen Preiserhebung durch Preiserheber*innen in Geschäften und andererseits mittels zentraler Preiserhebung über das Internet.

Da die Preiserhebung bei manchen Produktgruppen komplexer ist, also z. B. bei Pauschalreisen oder Kfz-Versicherungsbeiträgen, werden zusätzliche digitale Datenquellen mit hoher Beobachtungszahl genutzt. Darüber hinaus lassen sich Erhebungsmethoden wie das sogenannte Web-Scraping heranziehen – das automatisierte Auslesen von Internetdaten. Für den Onlinehandel ist eine solche Datenerhebung essenziell.

Wie werden oft gekaufte Artikel behandelt?

Wie du wahrscheinlich an deinen eigenen Kaufgewohnheiten feststellst, kaufst du nicht immer exakt die gleichen Artikel ein. Weil sich deine Konsumgewohnheiten von Zeit zu Zeit verändern, kommt es vor, dass du dein bisheriges Lieblingsprodukt schon mal durch ein neues ersetzt. Diese veränderte Zusammensetzung vollzieht sich auch im Warenkorb. Mengenveränderungen, also wenn z. B. eine Firma statt der 500-Gramm-Packung Mehl nur noch 400-Gramm-Packungen anbietet, werden natürlich in der Preisstatistik berücksichtigt. Im Supermarkt findest du zur besseren Preisorientierung oft den Preis pro Stück oder pro Kilogramm, ist dir das schon aufgefallen? Bei technischen Produkten gibt es Verfahren, um den technischen Fortschritt einzukalkulieren und entsprechend zu gewichten.

Macht der Statistik – das Wägungsschema

Wie erwähnt, wird der Warenkorb zunächst in rund 650 Güterarten eingeteilt, um den VPI zu berechnen. Die durchschnittliche Preisentwicklung gegenüber dem Basisjahr für eine

Güterart wird dann jeweils mit dem Ausgabenanteil gewichtet, den die privaten Haushalte in Deutschland für diese Güterart ausgeben. Das Gesamtergebnis ist ein gewichteter Mittelwert für die Preisentwicklung. Die damit verbundenen Gewichtungsinformationen sind im sogenannten Wägungsschema enthalten, das alle fünf Jahre aktualisiert wird. Mit ihm kann also die reine Preisentwicklung innerhalb eines Fünfjahreszeitraums dargestellt werden.

Die wesentliche Basis für die Berechnung des Wägungsschemas ist die Einkommens- und Verbrauchsstichprobe. Rund 60.000 Teilnehmer*innen partizipieren an dieser Haushaltsbudgeterhebung. Netterweise zeichnen die Teilnehmer*innen alle fünf Jahre für einige Monate ihre Ein- und Ausgaben auf und übermitteln diese Informationen an die statistischen Landesämter ihres jeweiligen Bundeslandes.

Ergänzt werden die so gewonnenen Basisinformationen um Daten aus laufenden Wirtschaftsrechnungen. Die Grundlage bei der Preisentwicklung für die einzelnen Güterarten basiert auf den Ausgaben aller Haushalte im Startjahr, also zu Beginn des Fünfjahreszyklus der Datenerhebungen.

In der Tabelle findest du einige Preisbeispiele, die teurer oder billiger geworden sind. Hättest du das erwartet?

Verbraucherpreisindizes Preisentwicklung ausgewählter Waren und Dienstleistungen[59]

Bezeichnung	Gewicht in Promille[1]	Veränderung gegenüber dem Vorjahr in %
Preiserhöhung		
Flüssiggas	0,52	83,4
Heizöl, einschließlich Umlage	11,54	59,1

---

[59] Dezember 2021

Bezeichnung	Gewicht in Promille[1]	Veränderung gegenüber dem Vorjahr in %
Dieselkraftstoff	8,64	48,5
Autogas	0,71	46,0
Superbenzin	25,66	41,2
Miete von Fahrzeugen, Garagen/Stellplätzen für Fahrzeuge	2,10	27,5
Kameras	0,59	16,2
Andere Speiseöle pflanzlichen Ursprungs	0,31	15,6
Eier	1,43	14,7
Trockengemüse und konserviertes Gemüse	1,73	12,7
Butter	1,19	12,3
Margarine u. a. pflanzliche Fette	0,51	12,3
Preissenkung		
Ton-, Bild- u. a. Datenträger, bespielt	1,46	−14,3
Computersoftware	0,45	−3,9
Versicherungsdienstleistungen für die Wohnung	1,82	−3,3
Gemüse (ohne Kartoffeln), frisch oder gekühlt	6,69	−1,9
Andere Empfangs-, Aufnahme- u. Wiedergabegeräte	0,45	−0,8
Entgelt für Glücksspiele	10,00	−0,6
Backmischung für Kuchen	0,31	−0,4
Andere Bekleidungsartikel	0,80	−0,3

[1] Anteil an den gesamten Ausgaben des Warenkorbs.

Die genannten Herangehensweisen bei der Berechnung der Inflation zeigen dir, wie objektiv und genau die Daten- und Preiserfassung ist. Das subjektive Gefühl, Waren seien noch teurer geworden, als es die Statistik widerspiegelt, kann also auch von einem leicht veränderten Konsumverhalten herrühren. Ich spreche da aus eigener Erfahrung, denn während der jeweiligen Lockdowns 2020 und 2021 haben wir bei uns zu Hause einige Güter für den Garten und unser Zuhause gekauft und Handwerksdienstleistungen in Anspruch genommen. Im Vergleich zu den Vorjahren waren die Stundenlöhne gestiegen, aber so teuer, wie es uns vorkam, war es am Ende bezogen auf die wirkliche Preissteigerung pro Jahr dann doch nicht.

Die Inflationsentwicklungen seit der Lehman-Krise, was Corona verändert hat & wie du dich vor den Folgen schützt

Im Dezember 2021 hatten die Notenbanken rund um den Globus ihre Inflationserwartungen nach oben korrigiert. Die Bundesbank beispielsweise erwartet in Deutschland statt 1,8 % Inflation jetzt 3,6 % im Jahresschnitt für 2022, in den USA liegen die Erwartungen bei 5,3 %. Die Folge sind gesenkte Wachstumsperspektiven der jeweiligen Wirtschaften.

Aber was bedeutet das Szenario für unser bzw. für dein Geld und wie kannst du es vor Inflation schützen? Inflation oder Geldabwertung sind gleichbedeutend mit dem Kaufkraftverlust. Wenn du dein Geld auf dem Girokonto oder deinem Sparbuch zu den aktuell sehr geringen Zinsen liegen lässt, kannst du dabei zusehen, wie es an Wert, an Kaufkraft verliert. Nehmen wir an, du hast 10.000 € für Eventualitäten auf dem Girokonto, dann verlierst du bei einer jährlichen Inflation von 3,6 % innerhalb von fünf Jahren so sehr an Kaufkraft, dass die 10.000 € nach heutigem Maßstab nur noch eine Kaufkraft von 8379,17 € haben. Oder andersherum betrachtet, bedeutet eine Inflation von 3,6 % jährlich nichts anderes, als dass du für eine Investition oder einen Kauf statt 10.000 € künftig 11.934,35 € bezahlen müsstest.

Bei den Preissteigerungsraten aus Herbst und Winter 2021 sind 3,6 % nicht zu hoch gegriffen. Natürlich spielen auch Basiseffekte[60] eine Rolle und die Energiekosten, aber durch politische Entscheidungen wie die CO_2-Bepreisung von fossilen Brennstoffen durch die Ampelregierung werden die Preise bei Energie und Kraftstoff in den kommenden Jahren nicht wirklich stark sinken. Während ich diese Zeilen schreibe, ist noch völlig unklar, wie lange der Russland-Ukraine-Konflikt noch die Rohstoffpreise anheizen wird, genauso wie die Verschärfung von Angebotsengpässen im Zuge dieser eskalierenden Entwicklung. Ähnlich wie in meinem

---

[60] Basiseffekt ist z. B. die coronabedingte Senkung des Mehrwertsteuersatzes auf 16 % und 5 % im Jahr 2020.

Erstlingswerk stellt sich an dieser Stelle die Frage, wie du dein Portfolio und dein Geld insgesamt gegen die Inflationsrisiken absichern kannst. In Deutschland lagen bis Ende Juni 2021 insgesamt 2,9 Billionen € auf unseren Giro- und Tagesgeldkonten.

Es ist wichtig zu verstehen, dass – selbst wenn es mal wieder höhere Zinsen auf diese Konten geben sollte – der Zinssatz mit an Sicherheit grenzender Wahrscheinlichkeit unterhalb der Inflation liegen wird und du der Geldentwertung real ausgesetzt sein wirst. Und zwar wegen des negativen Realzinses.[61]

Spätestens zu dem Zeitpunkt solltest du beginnen, das Geld von deinem Konto aktiv zu nutzen. Das Schlimmste, was du jetzt machen kannst, ist, ihm dabei zuzusehen, wie es an Wert verliert. Es gibt nun unterschiedliche Möglichkeiten, und ich will nicht bestreiten, dass auch ein gewisser Konsum Spaß machen kann, solange die Preise für so manches Stück Musik, Urlaub, Kleidung oder Buch noch bezahlbar sind.

Den überwiegenden Teil deiner Ersparnisse solltest du mit Blick auf die Inflation möglichst in Sachwerte »sinnvestieren«. Das bedeutet, dass du ETFs, Aktien und Aktienfonds, Anleihen, Rohstoffe, Gold, Immobilien, Streuobstwiesen, Luxusuhren, seltene Spielzeugwaren (originalverpackt), Sneaker oder Weine kaufen kannst, um der Geldentwertung sinnvoll zu begegnen. Auch Oldtimer wären ein lohnenswertes Investment, diese benötigen aber einen sicheren Stellplatz, um im Wert wirklich zu steigen.

Du kannst auch entsprechende Finanzinstrumente zu den jeweiligen Anlageklassen kaufen und brauchst weder Scheune noch Schließfach oder Bunker, um etwas Gold zu lagern. Wenn du keine Bauchschmerzen mit den stark schwankenden Preisen hast, kannst du dein Geld auch in die ein oder andere Kryptowährung investieren, wenngleich du immer darauf achten solltest, dass deine Investments gut ausbalanciert sind. Das kann einen gewissen Aufwand bedeuten,

---

[61] Zinssatz auf deinem Konto abzüglich Inflationsrate, z. B.: 1 % Zinsen – 3,6 % Inflation → neg. Realzins –2,6 %.

andererseits bietet diese Strategie langfristig einen Kapitalschutz, der unvorhersehbaren Risiken bestmöglich Rechnung trägt. Einen Restbestand an Bargeld bzw. Liquidität, um kurzfristig gute Investmentgelegenheiten nutzen zu können, solltest du grundsätzlich aber haben.

PaTrick: Ich gebe in diesem Buch nur Anregungen und keine Anleitungen, mich in meinem Handeln zu kopieren. Meine Erfahrungen allerdings teile ich mit dir, um dir meine Gedanken und Überlegungen zu unterschiedlichen Situationen an den Finanz- und Kapitalmärkten zu verdeutlichen und herzuleiten. Beispielsweise habe ich im März und April 2020 meine Aktienquote mit Einzelaktien und über Aktien-ETFs deutlich erhöht und kann Ende 2021 auf eine sehr erfolgreiche Anlagezeit zurückblicken.

Zum Ende des Jahres 2021 habe ich die »Gewinneraktien«-Unternehmen, die von der Pandemie profitiert haben, wie Amazon, BioNTech, Moderna, Merck, Delivery Hero und Hello Fresh, größtenteils in meinem Portfolio reduziert und durch sogenannte Value-Aktien ergänzt. Da ich möglichst klimaneutral investieren möchte, habe ich Unternehmen gewählt, die Produkte und Dienstleistungen so ökologisch wie möglich herstellen bzw. diese positive Entwicklung mithilfe ihrer Rohstoffe fördern. Freeport-McMoRan ist der größte Kupferproduzent. Unter anderem beim Bau von Windkrafträdern spielt Kupfer eine wichtige Rolle. Gleichzeitig habe ich Gelder in Unternehmen wie Allianz SE, Apple, die Deutsche Telekom AG und Unilever umgeschichtet. Für 2022 bleibt die spannende Frage, wie es mit ThyssenKrupp oder so manchem Automobilunternehmen weitergeht, national wie international. Genauso mit den Elektroautoproduzenten wie Tesla, BYD, Hyundai, aber auch Nikola, Rivian und Lucid Motors.

Was du dabei bedenken solltest
Leider gibt es immer noch zu wenige Aktien-, ETF- und Fonds-Investor*innen in Deutschland. Ca. 25 % der Bürger*innen haben gar keine Chance zu sparen. Zudem liegt die Quote der Immobilienbesitzer*innen in Deutschland nur bei 40 %, unter anderem weil

die Rahmenbedingungen bei selbst genutzten Immobilien sehr schlecht sind. Beispielsweise muss eine Privatperson die komplette Grunderwerbsteuer beim Kauf einer Immobilie zahlen. In Städten wie Frankfurt, München, Düsseldorf, Hamburg, Köln und Stuttgart kosten Wohnungen und Häuser leider mittlerweile astronomische 500.000 bis 1.000.000 €. Allein die Grunderwerbsteuer verteuert z. B. in Frankfurt den Immobilienerwerb in so einem Fall um 30.000 bis 60.000 €.

In Deutschland erhebt jedes Bundesland einen eigens festgelegten Grunderwerbsteuersatz. Dieser liegt in Bayern und Sachsen bei 3,5 %, in Hamburg bei 4,5 %, in Bremen, Niedersachsen, Rheinland-Pfalz und Sachsen-Anhalt bei 5 %, in Berlin, Hessen und Meckpomm bei 6 % und in Brandenburg, NRW, dem Saarland, Schleswig-Holstein und Thüringen bei 6,5 %. Von den anderen Nebenkosten wie Honoraren für Notar*innen und Makler*innen nicht zu sprechen.

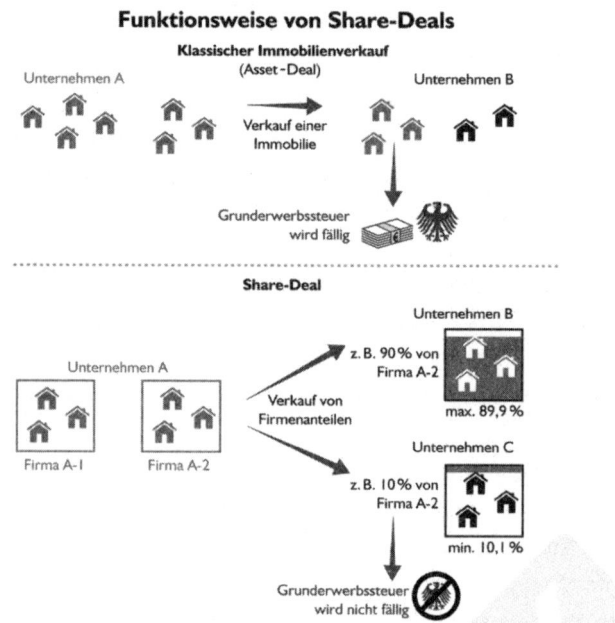

Funktionsweise von Share-Deals

Unternehmen können im Gegensatz zu Privatpersonen die Möglichkeit eines sogenannten Share-Deals zur Steuerersparnis nutzen. Bei einem Share-Deal werden nicht die eigentlichen Immobilien erworben und veräußert, sondern Firmenanteile, zu denen vereinfacht formuliert auch Immobilien gehören. Im Anschluss daran werden die Immobilien in die Firma überführt und können auch wiederverkauft werden. Dadurch ist das ganze grunderwerbsteuerfrei.

Das ist nur einer der Aspekte, die den Kapitalschutz für Privatpersonen in Deutschland ungleich teurer machen und die Immobilienpreise weiter steigen lassen.

Die unteren Einkommensschichten trifft die steigende Inflation auf dem völlig falschen Fuß, und nicht selten ist sie ein Faktor für ein konkreter werdendes Armutsrisiko. Die Menschen, die der unteren Einkommensschicht angehören, geben nahezu all ihr Geld für lebensnotwendigen Konsum aus, also Energie, Mieten, Lebensmittel.

Ich appelliere an die Politik im Allgemeinen, das zu berücksichtigen, denn steigende Preise sind in diesem Kontext tatsächlich sozialer und gesellschaftlicher Sprengstoff mit weiteren sozialen und gesellschaftlichen Folgen.

Die Grünen wollen zwar die Share-Deals stärker begrenzen, aber abschaffen werden auch sie diese nicht. Mein Plädoyer wäre, für die erste selbst genutzte Immobilie die Steuer abzuschaffen, um die Erwerbskosten spürbar zu senken.

Natürlich gibt es Kritiker*innen meiner Perspektive, die der Auffassung sind, dass die Abschaffung der Grunderwerbsteuer vom Markt absorbiert und in eine allgemeine Preissteigerung münden würde, mit entsprechenden Konsequenzen, die ich in der aufgeführten Beispielrechnung andeuten möchte, wenngleich ich das für nicht ausgemacht halte. Richtete sich bei der Investition in ein Eigenheim die Gesamtinvestitionssumme derzeit nach dem maximal möglichen Kapitaldienst, würde sie nicht zwingend geschmälert.

Beispielrechnung

500.000 € Kaufpreis

30.000 € Grunderwerbsteuer (6 % Hessen)

10.000 € (2 % Notar/Grundbuch)

= 540.000 € Investition

540.000 € Investition

− 40.000 € Eigenkapital

= 500.000 € Fremdkapital

Belastung im ersten Jahr (ca.)

5000 €, 1 % (anfängliche Zinsen)

15.000 €, 3 % (anfängliche Tilgung)

= 20.000 € p. a.

= 1666,67 € pro Monat

Schöpft der Markt – infolge der nunmehr gesteigerten Nachfrage nach Eigenheimen – den Grunderwerbsteuervorteil ab, ergibt sich folgendes Bild:

500.000 € Kaufpreis (vor Preissteigerung)

0 € Grunderwerbsteuer

30.000 € (6 % Preissteigerung aufgrund höherer Nachfrage)

10.000 € (2 % Notar/Grundbuch auf Kaufpreis)

600 € (2 % Notar/Grundbuch auf Preissteigerung)

= 540.600 € Investition

540.600 € Investition

− 40.000 € Eigenkapital

= 500.600 € Fremdkapital

Belastung im ersten Jahr (ca.)

5006 €, 1 % (anfängliche Zinsen)

15.018 €, 3 % (anfängliche Tilgung)

= 20.024 € p. a.

= 1.668,67 € Belastung pro Monat

Aus Sicht der Erwerbenden, die aufgrund ihres Einkommens eine gewisse Zahlungsbereitschaft pro Monat haben, ergibt sich gegenüber der gesetzgeberischen Intention also keine Entlastung. Im vorherrschenden Verkäufermarkt ist die Idee, dass der Preisvorteil aus dem Wegfall der Grunderwerbsteuer final den Steuerpflichtigen zugutekommt, eher illusorisch und romantisch. Zudem bleibt abzuwarten, an welche Hürden die Begünstigung geknüpft wird (Behaltensfristen etc.) und wie mit einem Wegfall (bspw. unverschuldeter Umzug bei Wechsel des Arbeitgebers) umgegangen wird. Erfahrungsgemäß wird sich auch ein Missbrauch nicht vermeiden lassen. Ich ahne bereits, dass Ehegatten nicht mehr in einem gemeinsamen Haushalt leben werden, sondern temporär – zufälligerweise genau bis zum Ablauf der Behaltensfrist – plötzlich zwei Haushalte unterhalten. Die Kosten des faktischen Leerstandes würden durch Spareffekte aus der Grunderwerbsteuer subventioniert oder gar überkompensiert.

Die geäußerte Intention, die Mindereinnahmen durch das abermalige Schließen sogenannter Schlupflöcher aufzufangen, ist im Hinblick auf die ohnehin erst kürzlich erfolgte Verschärfung der Grunderwerbsbesteuerung im Rahmen sogenannter Share-Deals keine vielversprechende Idee. Staatliche Mindereinnahmen sollten nicht um jeden Preis ausgeglichen, sondern auch – wie in jedem gesunden privatwirtschaftlichen Unternehmen – durch Kosteneinsparungen kompensiert werden können. Eine derartige Überlegung scheint jedoch gegen die Denklogiken des Koalitionsvertrages zu verstoßen.

Man sollte nicht vergessen, dass der Staat an den Entwicklungen auf dem Immobilienmarkt (ungeachtet der parallelen Erhöhung der Grunderwerbsteuersätze) stets mitverdient. Das in Form einer Steuerbefreiung zumindest in Teilen an die Steuerzahler*innen zurückzugeben, wäre – ungeachtet des Eingangs erwähnten gesetzgeberischen Verständnisses – wohl tatsächlich gerecht.

Inflation als Armutsrisiko & die Folgen

In Sachen Inflation stecken wir aktuell in einem wirklich großen Dilemma. Beim Blick auf die wirtschaftlichen Zusammenhänge der globalisierten Welt und auf uns selbst als Arbeitnehmer*innen, Unternehmer*innen und Konsument*innen ergeben sich so viele unterschiedliche Bilder, Wahrnehmungen und Wahrheiten, dass es nicht den einen objektiven Sachverhalt gibt, der für uns alle gilt, sondern parallel existierende Wahrheiten, die richtig sind, die aber für die Einzelnen unterschiedliche Konsequenzen haben und Folgen nach sich ziehen. Wow, das klingt sehr komplex und unkonkret, bedeutet aber nichts anderes, als dass es wirklich schwierig ist, die Lebenssituation eines Bremer Singlehaushalts am Stadtrand mit der eines Landwirts und seiner fünfköpfigen Familie in Nordhessen und der einer jungen Familie mit einem Kind im Münchener Umland zu vergleichen. Trotzdem sehen sich alle den objektiv gleichen wirtschaftlichen Phänomenen ausgesetzt, die ihr Leben bestimmen. Alle können die gleichen Inflations- und Preisstatistiken nachlesen, aber für die drei beschriebenen Haushalte fällt die persönliche Interpretation und die Tatsache, wie sich die objektiven Daten und Fakten konkret bemerkbar machen, völlig unterschiedlich aus. Warum das so ist? Weil diese Beispielhaushalte voneinander abweichende Lebenswirklichkeiten haben.

Nehmen wir mal den Singlehaushalt am Bremer Stadtrand. Sein Bewohner hat durchschnittlich ein Bruttoeinkommen von knapp 30.000 € im Jahr bzw. 1720 € pro Monat netto zur Verfügung. Er wohnt in einer 2,5-Zimmer-Wohnung für 425 € zzgl. Nebenkosten. Sie belaufen sich auf rund 180 €/Monat und er bezahlt für weitere Lebenshaltungskosten wie Lebensmittel, Kleidung, aber auch Versicherungen, Internet, Mobilfunk und die Unterstützung seiner Mutter insgesamt 1638 €. Für ihn sind Preissteigerungen von über 5 %, wie sie aktuell zu sehen sind, ein wirkliches finanzielles Risiko, denn er hat kaum einen finanziellen Puffer. Außerdem belastet die Inflation nicht nur seine Kaufkraft, sondern auch die seiner Mutter, die als Rentnerin auf die Unterstützung des Sohnes angewiesen ist.

Für den Landwirt, der über zu bewirtschaftende Landflächen verfügt sowie über selbst genutztes Wohneigentum und ein ansehnliches Vermögen, steigen die Preise statistisch natürlich genauso stark, aber weil er wirtschaftlich besser aufgestellt ist, Vermögen und die Perspektive hat, weitere Teile seines Landes zu vermieten, zu verpachten oder sogar zu verkaufen, werden ihn künftige Preissteigerungen zwar objektiv weniger vermögend machen, aber es trifft ihn nicht so existenziell wie den Single aus Bremen. Ein höheres finanzielles Risiko stellen für ihn politische Entscheidungen zu den Themen Agrarsubventionen, höhere CO_2-Preise und dadurch steigende Kraftstoffpreise dar. Kurzum: Durch seine größeren finanziellen Spielräume und Reserven kann er eine über dem Zielkorridor der EZB von 2 % liegende jährliche Inflation recht gut verkraften.

Die dreiköpfige Familie aus dem Münchener Umland, die ich betrachte, lebt in einer absoluten Boomregion mit einem hohen Angebot an Berufsmöglichkeiten vor allem in der IT-Branche und sieht sich durch steigende Benzinpreise und höhere Lebensmittelkosten mit monatlich sinkendem zur Verfügung stehenden Realeinkommen konfrontiert. Als Arzthelferin in Teilzeit und als Lagerist in einem Hochregallager verdienen die Eltern zusammen gut 2500 € netto monatlich. Allerdings sind die seit mehr als einer Dekade stark steigenden Mietpreise in der Region auf einem Niveau angekommen, das das sprichwörtliche Fass demnächst zum Überlaufen bringen könnte. Als der Vermieter ihrer Wohnung Eigenbedarf anmeldet, ist klar, dass in absehbarer Zeit ein Wohnungswechsel anstehen wird. Und das bei einer um 8 bis 15 % höheren Anschlussmiete als bisher.

Es ist vor allem das mulmige Gefühl, diesen Entwicklungen nichts entgegensetzen zu können. Die Menschen fühlen sich von schleichender Armut bedroht und geraten tatsächlich in finanzielle Not. Das Einkommen der Familie ist nicht im gleichen Maß steigerbar wie aktuelle und künftige Lebenshaltungskosten.

Die Folge ist häufig ein sozialer Abstieg. Alternativ muss die Familie nach zusätzlichen Einkommensmöglichkeiten suchen und möglicherweise weitere Jobs annehmen, um die steigenden Kosten zu kompensieren.

Hemmschuh: Gender-Pay-Gap & Subunternehmertum

Neben der Inflation ist es vor allem das Gender-Pay-Gap, also die unterschiedliche Bezahlung von Männern und Frauen, die sozialen Sprengstoff mit sich bringt.

Die Steigerung des Mindestlohns auf 12 € pro Stunde könnte vor allem einkommensschwächeren Familien helfen, aber nicht selten werden Bezahlungsmodelle so vereinbart, dass diese Mindestlohnanforderungen nicht greifen. Beispiele dafür lieferte in Deutschland die Fleischproduktionsindustrie, die durch die hohen Corona-Infektionszahlen und den ein oder anderen Lebensmittelskandal in den Fokus des medialen Interesses rutschte. Es zeigte sich, dass in dieser Industrie nicht selten Subunternehmerstrukturen zu einer systematischen Unterbezahlung und sehr fragwürdigen Unterbringungsverhältnissen der Arbeitnehmer*innen führten.

→ Zu den Rahmenbedingungen, die beim Thema Armutsrisiko also auch betrachtet werden sollten, gehört neben der Inflation die Art der geschlossenen Beschäftigungsverhältnisse. Auch im Gesundheits- und Bausektor arbeiten sehr viele Menschen, die bei gleicher Arbeit unterschiedlich bezahlt werden. Die Ursache liegt in dem systemischen Fehler der Anstellungsform und der Beauftragung von Subunternehmen und Zeitarbeitsfirmen. Dadurch sparen Auftraggeber wie Pflegeeinrichtungen und Zeitarbeitsfirmen Lohnnebenkosten und Sozialversicherungsbeiträge ein, zulasten der festangestellten Belegschaften in den jeweiligen Betrieben.

Dadurch verfestigt sich die Ungleichbehandlung bzw. die abweichende Entlohnung im Niedriglohnsektor in Deutschland, der ohnehin schon einer der größten Europas ist. 7,8 Millionen Menschen arbeiten unter der statistischen Niedriglohnschwelle von 12,27 € pro Stunde. Die gute Nachricht ist, dass die Zahl der Menschen im Niedriglohnsektor gegenüber 2018 um gut 250.000 gesunken ist und von der Anhebung des Mindestlohns auf 12 € pro Stunde mehr als 92 % der Niedriglohnbezieher*innen profitiert haben.

Aber reicht diese Lohnanhebung aus, um den steigenden Lebenskosten durch Inflation und Klimawandel zu begegnen? Befördert die Lohnanhebung nicht vielleicht vielmehr die Inflation, weil Unternehmen sich genötigt sehen könnten, die gestiegenen Lohnkosten wieder reinzuholen und ihre Preise anzuheben?

Ich sehe noch ein weiteres Problem und das heißt Stagflation. Darunter versteht man wirtschaftliche Stagnation auf der einen Seite, welche durch die Lieferkettenproblematik verschärft wird, und gleichzeitige Inflationsrisiken durch den Energiepreisschock am Öl- und Gasmarkt auf der anderen. Die Folge könnte eine sogenannte Lohn-Preis-Spirale sein, bei der sich Preise und Löhne immer weiter nach oben entwickeln. In der historischen Betrachtung hilft gegen solch eine Entwicklung nur eine besonnene Geldpolitik, also Zinspolitik, und eine behutsame Lohnpolitik seitens der Gewerkschaften und Arbeitnehmer*innen. Ein weiterer entscheidender Faktor ist auch die künftige Erwartung an die Preisentwicklung. Diese Erwartung beeinflusst die spätere Inflation ebenso. Die Finanzmarktteilnehmer*innen versuchen diese zu antizipieren und positionieren sich dann entsprechend ihrer eigenen Erwartung. Wenn das psychologische Momentum für weitere Preissteigerungen wieder abflacht, werden mit einer gewissen zeitlichen Verzögerung auch die Preise tendenziell sinken. Beobachten solltest du auf jeden Fall die weiteren politischen Entwicklungen der Lieferketten und Rohstoffversorgung.

Das Inflationstrauma der Deutschen

Die Inflation ist eine von künftigen Preiserwartungen bestimmte Konvention zwischen Politik, Unternehmer*innen, Notenbanken und Gesellschaften.

Die historischen Erfahrungen des 20. Jahrhunderts mit zwei Weltkriegen, Inflation und Deflation zwischen den Weltkriegen, der Hyperinflation ab 1923 und der Wahrungsreform nach 1948 haben dazu geführt, dass vor allem wir Deutschen eine fast traumatische Beziehung zur Inflation haben. Die Deutsche Bundesbank hatte, bevor die EZB die Hüterin des Euro und der Finanzen wurde, in der BRD die Sicherung der Preisstabilität als höchstes Gut und Mantra inne, und das führte seit den 1970er-Jahren dazu, dass nach der Ölkrise und dem Ölschock das Vertrauen in die Institution Bundesbank und die D-Mark stark zunahm und den Wohlstand dauerhaft sicherte. Die deutsche Wiedervereinigung befeuerte dann erneut die Inflation. Das lag zum einen daran, dass die BRD Verbindlichkeiten der DDR übernahm sowie Sozialleistungen zahlte, also Renten etc., und gleichzeitig ein riesiges Infrastrukturprogramm und die Förderung von Unternehmen etablierte. Der sogenannte Aufbau Ost kostete bislang, so Schätzungen, ca. 2,1 Billionen €.

Die zunehmende politische und wirtschaftliche Annäherung der Länder Europas durch die EU und die Einführung des Euro schuf unter anderem durch eine expansivere Geldpolitik der EZB und der europäischen Staaten nach den Immobilien- und Staatskrisen weiteren Nährboden für Inflation. Es waren weniger die politischen Reformen als vielmehr das billige Geld der EZB, das die strukturellen Probleme der EU und die Schwächen des Eurosystems überdeckt hat. Die Inflation beschränkte sich zunächst auf die unterschiedlichen Anlage- und Assetklassen wie Immobilien, Aktien und Rohstoffe. Das Übergreifen der Preissteigerungen auch auf Güter und Dienstleistungen des täglichen Bedarfs hat seine Ursache in der beschleunigten Ausweitung der Geldmenge in der

EU und der Welt als Reaktion der Staaten und Notenbanken auf die Coronapandemie und die globalen Lieferengpässe.

Wir alle bekommen zu spüren, wie teuer der Besuch im Friseur-salon ist, der Restaurantbesuch und der Espresso zwischendurch.

Die größten strukturellen Inflationstreiber sind:
→ Trend zur Deglobalisierung
→ Kosten der Dekarbonisierung
→ demografischer Wandel in fast allen Industrieländern
→ sprunghaft angestiegene Staatsverschuldung

Mein Buch beschäftigt sich in erster Linie mit den klimaneutralen Perspek-tiven unserer Zeit und damit, wie wir mehr Klimafreundlichkeit wagen und leisten können. Nicht zuletzt deshalb stelle ich mir die Frage, ob die Preis-  steigerungen auch positive Effekte haben. Cem Özdemir sagte Anfang 2022, er wolle sich gegen Lebensmittelpreisdumping ein-setzen, um die Landwirtschaft fair zu entlohnen und das Tierwohl besser zu gewährleisten.

Doch wie soll man sich das künftig in den von mir skiz-zierten Szenarien leisten können? Ich bin ein durch und durch lösungsorientierter Mensch, der lokal handelt und global denkt. Wie steht es mit dir? Ich bin zuversichtlich, dass wir auch mittel-fristig mit höheren Inflationsraten leben werden können, viel-leicht müssen.

Die Positionierung und Ausrichtung deiner persönlichen Investmentstrategie ist im Jahr 2022 vielen schwierigen Fakto-ren ausgesetzt, aber die langfristige Konstante, die du beobachten wirst, ist der Mittelzufluss in ETFs ganz allgemein. Denn auch 2021 haben die passiven ETFs die großen Indizes wie z. B. den S&P 500 und die aktiven Fondsmanager*innen in 85 % der Fälle wieder geschlagen und sich besser entwickelt.

Denn wenn die Frage nach der richtigen Anlagestrategie schwerer einschätzbar wird, dann glaubt die Mehrheit der Sparer*innen, dass der Gesamtmarkt es schon irgendwie richten wird. In der überwiegenden Zahl der Fälle ist das statistisch zutreffend. Bleibt die Frage, welche ETFs man auswählt und wie du es mit der Streuung der Anlagerisiken auf verschiedene Finanzinstrumente und Assetklassen hältst. Meine Haltung kennst du ja bereits, das ändert auch die wahrscheinlich dauerhaftere Inflation nicht.

Ein wichtiger Faktor für den Anlagehorizont werden die politischen Entwicklungen der jeweiligen Länder und Bündnisse in Sachen Klimaschutz in den kommenden Jahren sein. Außerdem kommt es darauf an, wie sich Russlands Energie- und Außenpolitik nach dem Krieg in der Ukraine und den drastischen Sanktionen der westlichen Welt verändern wird. Die Verschiebungen der Sicherheitslage in Europa und ein neuer Kalter Krieg zwischen Ost und West würden die Ziele einer klimaneutraleren Weltordnung erheblich beeinflussen. Sind die USA mit ihren Investitionsprogrammen in Infrastruktur und Green Tech die Treiber der grünen Innovation? Wie geht China mit dem steigenden Strombedarf um und wie sehr wird das Land künftig seine CO_2-Bilanz aktiv gestalten und den Ausbau erneuerbarer Energien forcieren? Welche politischen Fragen und Weichenstellungen ergeben sich für Deutschland aus der Neuausrichtung und Neuaufteilung von Ministerien hierzulande und wie sehr können Außenministerin Baerbock und Wirtschaftsminister Habeck nationale und internationale Nachhaltigkeitsaspekte auf die globale Agenda von Staaten und Unternehmen setzen? Der Green Deal der EU ist das eine, aber wo stehen die USA und China und was wird Russlands Energie- und Außenpolitik künftig für eine Rolle in einer klimaneutraleren Weltordnung spielen?

Diesen Fragen widme ich mich im letzten Kapitel.

XI. Klima-politik in Deutschland & der Welt

Mehr Fortschritt wagen – die Ampelregierung

Seit dem 8. Dezember 2021 ist Olaf Scholz der neue Bundeskanzler der Bundesrepublik Deutschland. Er ist der 4. SPD-Kanzler nach Brandt, Schmidt und Schröder. Als erster Regierungschef in der Geschichte der BRD führt er eine Koalition aus SPD, Bündnis 90/ Die Grünen und der FDP an.

Zum ersten Mal ist die Bundesregierung quasi paritätisch mit Männern und Frauen besetzt. Ein klares Zeichen und Bekenntnis zur Abbildung unserer Gesellschaft. Auch wenn Bayerns Ministerpräsident Markus Söder einen Bayern bzw. eine Bayerin im Kabinett vermisst, wird klar, dass die aktuelle Regierung schon in der Besetzung ein klares Zeichen der gesellschaftlichen Ausrichtung, der Sichtbarkeit von Frauen und einer weiblicheren Perspektive setzt. Zum ersten Mal hat Deutschland eine Außenministerin und eine Innenministerin, zum ersten Mal gibt es im Ressort Wirtschaft den Schwerpunkt Klimaschutz, geleitet vom grünen Vizekanzler Robert Habeck. All das ist völlig neu und gleichzeitig so überfällig gewesen.

Ich weiß nicht, wie es dir dabei geht, aber ich finde diese gesellschaftsnähere Ausrichtung der Regierung bemerkenswert und ausgesprochen mutig in einer immer noch zu männlich geprägten Gesellschaft. In den Vorstandsetagen der größten Unternehmen in Deutschland sind lediglich 21 % der Unternehmenslenker*innen Frauen. Mit Belén Garijo López gibt es gar nur eine einzige DAX-CEO, also eine Vorstandschefin, und zwar beim Darmstädter Pharma- und Life-Sciences-Unternehmen Merck.

Auch in der Politik sieht es trotz eines überproportionalen Anteils von Parlamentarierinnen bei den Grünen (59,3 %) und der Partei Die Linke (53,8 %) insgesamt ausbaufähig aus.[62] Von 735 Abgeordneten sind nur 255 Frauen, was einem Anteil von 34,9 % entspricht. Da geht noch mehr. Größter Frauenbremsklotz in

---

[62] https://de.statista.com/statistik/daten/studie/1063172/umfrage/frauenanteil-im-bundestag-nach-fraktionen-in-deutschland

der Politik ist die AfD mit einem Frauenanteil von geringen 13,4 %. Auch die eher konservativen Parteien FDP und CDU/CSU haben mit einem Frauenanteil von 25 und 23,4 % noch eine Menge Hausaufgaben zu erledigen. Ob der neu gewählte Partei- und Fraktionsvorsitzende von CDU/CSU Friedrich Merz diesen nötigen Wandel vollziehen kann und wird, muss sich noch herausstellen.

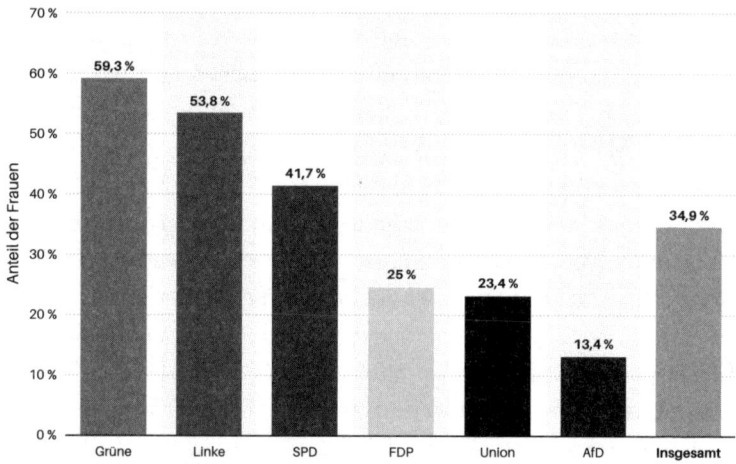

Warum Deutschland Vorreiter im Kampf gegen den Klimawandel sein kann & sein muss

Natürlich ist der Russland-Ukraine-Konflikt eine Zäsur in vielen Belangen. Menschlich eine Tragödie, wirtschaftlich mit Rohstoffpreissteigerungen und anziehender Inflation verbunden und mit einer sich veränderten Tektonik des Wirtschaftens und der Öl- und Gasgewinnung verknüpft. Weltweit distanzierten sich Unternehmen vom Einmarsch Russlands in sein Nachbarland und kappten viele Wirtschaftsbeziehungen zu russischen Unternehmen.

Schon vor der militärischen Eskalation war klar, dass die Abhängigkeit Deutschlands von Russlands Energielieferungen und die Entwicklungen um Nord Stream 2 mit möglichen Sanktionen und Risiken verbunden waren. Umso wichtiger ist deshalb, dass

Deutschland beim Ausbau der erneuerbaren Energien und den dazugehörigen Genehmigungsverfahren Tempo macht.

Auch beim Thema Atomstrom wird deutlich, dass Frankreichs Präsident Macron durch das Festhalten an ihm als Brückentechnologie einen Vorstoß vollzogen hat, der die energiepolitische Isolationspolitik Deutschlands konstruktiv beeinflusst.

Oder wie schätzt du die aktuelle politische und wirtschaftliche Notwendigkeit der aktiven und erfolgreichen Bekämpfung des Klimawandels ein? Gehörst du auch zu denen, die all den Bemühungen und Initiativen, wie sie beispielsweise die Regierungsparteien im Koalitionsvertrag formuliert haben oder wie sie durch die Klimakonferenz in Glasgow festgehalten wurden, eher skeptisch gegenüberstehen?

Ich höre in unterschiedlichen Kontexten, privat und manchmal auch beruflich, dass wir als Deutsche uns ins Knie schießen würden, wenn wir alleine Klimaschutz betreiben würden und damit unsere führenden Industrien zerstörten, allen voran die Automobil- und Maschinenbauindustrie. Als Argument höre ich immer wieder, dass Deutschland ja nur für 2 % des globalen CO_2-Ausstoßes verantwortlich sei und eine Reduktion der klimaschädlichen Gase in Deutschland, z. B. durch den Ausbau erneuerbarer Energieerzeugung durch Wind- und Sonnenenergie, global betrachtet nur ein Tropfen auf dem heißen Stein wäre. Wie schätzt du das ein?

Ich habe dazu eine klare Haltung. Jede Anpassung und Veränderung benötigt positive Beispiele und Vorbilder. Im Großen wie im Kleinen. Das ist auch beim globalen Klimawandel und dem Klimaschutz nicht anders. Und dazu leistet jede*r Einzelne mit achtsamem Handeln einen größeren oder kleineren Beitrag.

Das beginnt bei uns selbst. Darin, Verantwortung zu übernehmen und Vorbild zu sein, liegt die wahre Chance, die wir als Individuen, aber auch als Gesellschaft haben, um die Welt zu verändern. Das beginnt bei Kleinigkeiten wie allgemeiner Höflichkeit. Anderen Menschen den Vortritt lassen, ihnen in den Mantel helfen oder sich entschuldigen. Diesen Knigge des sinnvollen, umsichtigen und respektvollen Miteinanders sollte man beherzigen, vor allem dann, wenn man will, dass möglichst viele um einen herum sich ebenso höflich und zuvorkommend benehmen – das gilt auch beim globalen Klimaschutz.

Es wäre töricht anzunehmen, dass deutsche Politiker*innen den Administrationen anderer Länder Vorschriften beim CO_2-Ausstoß oder anderen Klimathemen machen könnten, ohne selbst einen signifikanten Beitrag zur Erhaltung der Umwelt zu leisten oder sich auf den Weg dorthin gemacht zu haben. Ganz im Gegenteil, erst wenn wir als hoch industrialisiertes Land und als gebildete und kultivierte Gesellschaft anderen Nationen aufzeigen, dass die Einhaltung von Menschenrechten, Arbeitsschutz und Klimanormen einander bedingen und befördern, können andere Länder und ihre Gesellschaften sich unser Beispiel als Ansporn nehmen, um Ähnliches zu erreichen.

Selbst in einem Land wie China, wo gänzlich andere politische und gesellschaftliche Voraussetzungen herrschen als in der EU. Sobald die Menschen merken, dass es auch ein menschenwürdiges Leben geben kann, in dem die grundlegenden menschlichen Bedürfnisse gedeckt sind, in dem gleichzeitig deutlich weniger Umweltverschmutzung existiert, werden sie sich auf den Weg machen, um dieses Ziel mit ihren Mitteln ebenfalls zu erreichen. Darauf, wie die großen Weltmächte wie China und die USA den Transformationsprozess gestalten, werde ich im Laufe dieses Kapitels einen genaueren Blick werfen.

Um den Umbau unseres Landes und unserer Gesellschaft hin zur Klimaneutralität nachhaltig und dauerhaft zu gewährleisten, ist es von großer Wichtigkeit, unternehmerische und politische Rahmenbedingungen zu schaffen, die uns weiterhin ein Leben ermöglichen, das den Wohlstand und den allgemeinen Lebens- und Bildungsstandard sichert und weiterentwickelt. Das kann und wird, wie es sich aktuell darstellt, nur durch einen Mix aus Innovationen und Verzicht möglich sein, bei gleichzeitiger Anpassung von Strukturen und Arbeitsprozessen. Wie bereits in Kapitel VI erwähnt, spielt die Digitalisierung eine signifikante Rolle im Dreiklang der ökonomisch-ökologisch-sozialen Wirtschaftsstärke von morgen.

Die Regierung Deutschlands hält die Fäden für vernünftige und sinnvolle Rahmenbedingungen bei der Weichenstellung für die Zukunft in der Hand, und deshalb will ich mir mit dir ansehen, was der Koalitionsvertrag der Ampelregierung für uns in Sachen Wirtschaft, Klimaschutz und Innovationen parat hält. Das Wichtigste, laut vielen Aussagen der aktuellen Regierung, ist der Umbau unserer Gesellschaft von der sozialen Marktwirtschaft nach Ludwig Erhards Vorbild hin zu einer sozial-ökologischen Marktwirtschaft. Wie die Regierung sich diese vorstellt, schauen wir uns jetzt mal gemeinsam an.

Welche Vorgaben der Koalitionsvertrag macht & welche Anregungen er gibt

Um dir ein Gefühl dafür zu geben, was im Koalitionsvertrag steht, habe ich ihn hier auszugweise angefügt, dort heißt es u. a.:

III. Klimaschutz in einer sozial-ökologischen Marktwirtschaft
Unsere Wirtschaft legt mit ihren Unternehmen, den Beschäftigten sowie Verbraucherinnen und Verbrauchern die Grundlage für unseren Wohlstand. Als größte Industrie- und Exportwirtschaft Europas steht Deutschland in den 2020er-Jahren jedoch vor tiefgreifenden Transformationsprozessen im globalen Wettbewerb – von der Dekarbonisierung zur Einhaltung des 1,5-Grad-Pfads über die digitale Transformation bis hin zum demografischen Wandel. [...] Wir stellen die Weichen auf eine sozial-ökologische Marktwirtschaft und leiten ein Jahrzehnt der Zukunftsinvestitionen ein. Damit legen wir die Grundlagen, um nachhaltigen Wohlstand zu sichern und schaffen Raum für Innovation, Wettbewerbsfähigkeit und mehr Effizienz, für gute Arbeit, sozialen Aufstieg und neue Stärke.
Wir denken ökonomische Entwicklung und ökologische Verantwortung zusammen. Es gilt, zu erhalten, was uns erhält und unsere Ressourcen zu schützen. Der Schutz von Umwelt und Natur ist daher essenzieller Bestandteil unseres

politischen Handelns, die 17 Nachhaltigkeitsziele der Vereinten Nationen (SDG) sind Richtschnur unserer Politik. [...] Wir wollen eine nachhaltige, barrierefreie, innovative und für alle alltagstaugliche und bezahlbare Mobilität ermöglichen. Mobilität ist Teil der Daseinsvorsorge und Voraussetzung für gleichwertige Lebensverhältnisse in Stadt und Land.

Wirtschaft
Nach der Coronapandemie braucht Deutschlands Wirtschaft einen neuen Aufbruch. Dafür muss die öffentliche Hand Impulse setzen und faire Rahmenbedingungen national und im europäischen Binnenmarkt schaffen. Wir wollen mehr Innovation, mehr Wettbewerbsfähigkeit, mehr Effizienz, gute Arbeit und klimaneutralen Wohlstand. Dafür brauchen wir ein Jahrzehnt der Zukunftsinvestitionen und mehr Tempo. Unser Ziel ist eine sozial-ökologische Marktwirtschaft.

Der Industrie kommt eine zentrale Rolle bei der Transformation der Wirtschaft mit Blick auf Klimaschutz und Digitalisierung zu. Wir werden die Innovations-, Investitions- und Wettbewerbsfähigkeit der Industrie stärken, um weiter Hochtechnologieland zu bleiben. Wir fördern regionale Transformationscluster und werden strukturschwache Regionen unterstützen. Wir erarbeiten eine Industriestrategie, die in Verbindung mit dem European Green Deal in eine europäische Lösung eingebettet ist und durch geeignete Maßnahmen Carbon Leakage verhindert. [...] Wir unterstützen die Einführung eines europaweit wirksamen CO_2-Grenzausgleichsmechanismus oder vergleichbar wirksame Instrumente. Entscheidend ist, dass dieser WTO konform ausgestaltet ist, die Exportindustrie nicht benachteiligt, Greenwashing verhindert und unbürokratisch innerhalb des bestehenden Emissionshandelssystems umgesetzt wird.

Wir setzen uns für die Gründung einer Europäischen Union für grünen Wasserstoff ein. Dazu wollen wir das IPCEI

*Wasserstoff schnell umsetzen und Investitionen in den Auf-
bau einer Wasserstoffnetzinfrastruktur finanziell fördern. So
wollen wir bis 2030 Leitmarkt für Wasserstofftechnologien
werden und dafür ein ambitioniertes Update der nationalen
Wasserstoffstrategie erarbeiten.*

[...]

*Die Bundesregierung wird dafür Sorge tragen, dass die
Wirtschaft wettbewerbsfähige Strompreise für Industrieunternehmen am Standort Deutschland unter konsequenter Nutzung der eigenen Potenziale Erneuerbarer Energien bekommt,
die sie auf dem Weg in die Klimaneutralität braucht. Neben
dem Ausbau der Infrastruktur werden wir die Ziele zur Elektro-
lyseleistung deutlich erhöhen, europäische und internationale
Klima- und Energiepartnerschaften für klimaneutralen Wasserstoff und seine Derivate auf Augenhöhe vorantreiben und
Quoten für grünen Wasserstoff in der öffentlichen Beschaffung
einführen, um Leitmärkte zu schaffen. Wir fördern in Deutschland die Produktion von grünem Wasserstoff. [...] Grüner
Wasserstoff sollte vorrangig in den Wirtschaftssektoren genutzt
werden, in denen es nicht möglich ist, Verfahren und Prozesse
durch eine direkte Elektrifizierung auf Treibhausgasneutrali-
tät umzustellen. Deutschland soll zu einem Zentrum für Forschung, Fertigung und Recycling von Batteriezellen werden.*

*[...] Wir wollen Deutschland zum globalen Standort der
Halbleiterindustrie machen. Dazu soll die deutsche Halb-
leiterbranche entlang der gesamten Wertschöpfungskette
auch finanziell hinreichend unterstützt werden, um diese
Schlüsseltechnologie in Europa zu sichern, zu stärken und
zukunftssicher auszubauen.*

Transformation der Automobilindustrie

*Wir unterstützen die Transformation des Automobilsektors,
um die Klimaziele im Verkehrsbereich zu erreichen, Arbeitsplätze sowie Wertschöpfung hierzulande zu erhalten. Wir*

machen Deutschland zum Leitmarkt für Elektromobilität, zum Innovationsstandort für autonomes Fahren und beschleunigen massiv den Ausbau der Ladesäuleninfrastruktur. Unser Ziel sind mindestens 15 Millionen vollelektrische Pkw bis 2030. [...] Die Fortführung und Weiterentwicklung der Europäischen Batterieprojekte (IPCEI) sowie die Ansiedelung weiterer Zellproduktionsstandorte einschließlich Recycling in Deutschland sind von zentraler Bedeutung. Dazu ist die Stärkung der Forschung an neuen nachhaltigen Batterie-Generationen entscheidend. [...]

Quelle: Mehr Fortschritt wagen. Bündnis für Freiheit, Gerechtigkeit und Nachhaltigkeit. Koalitionsvertrag zwischen SPD, BÜNDNIS 90/DIE GRÜNEN und FDP

Ich bin ganz ehrlich: Auch ich habe die Zeilen ein paarmal lesen müssen, um zu verstehen, was genau die Pläne und Ziele der Regierung sind, um geeignete Rahmenbedingungen zu schaffen.

Die wichtigsten 10 Punkte sind:

→ Dekarbonisierung der Industrie und Wirtschaft

→ Einhaltung des 1,5-Grad-Zieles mithilfe eines Maßnahmenpfades

→ Ermöglichung nachhaltiger Mobilität

→ Höheres Tempo beim Umbau in eine nachhaltige, digitale Industriegesellschaft

→ Vermeidung des Greenwashings

→ Ausbau und Implementierung einer Wasserstoffstrategie mit entsprechender Infrastruktur bis 2030

→ Weiterhin wettbewerbsfähige Strompreise in Deutschland

→ Deutschland soll zum Zentrum für Forschung, Fertigung & Recycling von Batteriezellen werden

→ Deutschland soll Standort der globalen Halbleiter- und Chipindustrie werden

→ Bis 2030 sollen mindestens 15 Millionen Elektrofahrzeuge auf der Straße unterwegs sein

Im Grunde hat die Regierung mit dem Koalitionsvertrag ein deutliches Bekenntnis zu mehr Klimaschutz gegeben, wenngleich es auch Stimmen gibt, vor allem bei den Vertreter*innen von Fridays for Future, denen er nicht konsequent genug die Einhaltung des 1,5-Grad-Zieles des Pariser Klimaabkommens verfolgt. Was ich persönlich sehr wichtig finde, ist das Zusammenwirken von Politik und Zivilgesellschaft und ihren jeweiligen Playern, wie eben Fridays for Future. Es wäre für den Gesamtdiskurs nicht zuträglich, wenn Luisa Neubauer und ihre Mitstreiter*innen sich mit einem politischen Rahmenvertrag zufriedengeben würden oder aufhören würden, auf die Straße zu gehen, wenn sie die Bemühungen der politischen Parteien für nicht ausreichend halten. Als Mahner*innen und Bindeglied zwischen wissenschaftlichen Erkenntnissen und politischem Handeln sind sie eine treibende Kraft des Transformationsprozesses.

Richtig ist aber auch, dass innerhalb dieser Prozesse die Menschen, wir als Gesellschaft, mitgenommen werden müssen. Wir und unsere Perspektiven müssen gehört und gesehen werden. Mahnungen und Kritik dürfen nicht als auf reinen Prinzipien basierend wirken oder als reiner Selbstzweck missverstanden werden.

Eine respektvolle sachliche Auseinandersetzung mit sensiblem Blick auf die Fakten, aber eben auch auf die Menschen, die durch die Transformation vielleicht in ihrer Lebensweise beeinträchtigt werden, vielleicht ihren Job aufgeben müssen, ist eine wichtige Grundvoraussetzung, um gemeinsam den so wichtigen Klimazielen und der Einhaltung der notwendigen Vorgaben gerecht zu werden, ohne jemanden bewusst auszugrenzen und zurückzulassen. Wir sollten vermeiden, mit dem erhobenen Zeigefinger zu dozieren oder gar uns über andere zu erheben, nur weil sie anderer Meinung sind. Gleichberechtigte und gleichwürdige Kommunikationswege können Brücken der Begegnung sein und sind auch innerhalb kontroverser Auseinandersetzungen und beim Ringen um konkrete Fakten und Ziele ein wichtiges Mittel, um Kompromisse und Konsens zu erzielen.

Ein wichtiges Gesetz in diesem Kontext ist das vom Karlsruher Verfassungsgericht gekippte Klimaschutzgesetz. Dieses wurde überarbeitet, da es in der ersten Novellierung nicht verfassungskonform war.

Die praktische Umsetzung des Koalitionsvertrags zum Regierungsstart

Mein lila Farbstreifen des Finanzregenbogens, Paul, du erinnerst dich aus Kapitel II, hatte u. a. gegen das Klimaschutzgesetz geklagt, denn in seiner damaligen Ausgestaltung berücksichtigte das Gesetz die Bedürfnisse der jungen Generation eben nicht in ausreichendem Maße und ließ zu viele Fragen offen. Anbei ein Auszug[63] aus der Begründung des Karlsruher Verfassungsgerichts, das der Klage in Teilen entsprochen hatte:

> *Die zum Teil noch sehr jungen Beschwerdeführenden sind durch die angegriffenen Bestimmungen aber in ihren Freiheitsrechten verletzt. Die Vorschriften verschieben hohe Emissionsminderungslasten unumkehrbar auf Zeiträume nach 2030. Dass Treibhausgasemissionen gemindert werden müssen, folgt auch aus dem Grundgesetz. Das verfassungsrechtliche Klimaschutzziel des Art. 20a GG ist dahingehend konkretisiert, den Anstieg der globalen Durchschnittstemperatur dem sogenannten »Paris-Ziel« entsprechend auf deutlich unter 2 °C und möglichst auf 1,5 °C gegenüber dem vorindustriellen Niveau zu begrenzen. Um das zu erreichen, müssen die nach 2030 noch erforderlichen Minderungen dann immer dringender und kurzfristiger erbracht werden. Von diesen künftigen Emissionsminderungspflichten ist praktisch jegliche Freiheit potenziell betroffen, weil noch nahezu alle Bereiche menschlichen Lebens mit der Emission von Treibhausgasen verbunden und damit nach 2030 von drastischen Einschränkungen bedroht sind.*

---

[63] https://www.bundesverfassungsgericht.de/SharedDocs/Pressemitteilungen/
DE/2021/bvg21-031.html

Das war ein Etappensieg für den Klimaschutz, aber wie sieht es momentan in der politischen Wirklichkeit aus? Denn die FDP sitzt jetzt in der Regierung und hat durch Volker Wissing als Verkehrsminister eines der Schlüsselministerien in der Hand, wenn es um die Klimawende in der Automobilindustrie geht.

Während des Wahlkampfes gab es die Forderung eines allgemeinen Tempolimits von 130 km/h auf deutschen Autobahnen, das die FDP im Koalitionsvertrag bereits kassiert hatte. Auch beim Thema steigender CO_2-Preis hat Wissing angekündigt, die Autofahrer*innen über eine sinkende Kfz-Steuer zu alimentieren. Damit verpufft auch dieser Hebel auf dem Weg zu mehr Klimaschutz, denn er lässt einen bei der Abwägung, auf den ÖPNV umzusteigen, sich ein Elektroauto zuzulegen oder Carsharing zu betreiben, im gleichen Verhaltensmuster der Gewohnheit verharren. Sind wir ehrlich, wer ändert schon gerne lieb gewonnene Gewohnheiten, vor allem in Zeiten, in denen einen eine Pandemie und die Politik quasi täglich mit neuen Verhaltensweisen konfrontieren?

Beim Klimaschutz geht es aber eben nicht um die Einschränkung und Gängelei der Einzelnen, sondern um die Freiheit der Gemeinschaft, und das auch in Zukunft. Die FDP hat bisher noch nicht bewiesen, dass sie es mit dem Klimaschutz so ernst meint, wie es vor der Regierungsbildung in ihrem Wahlprogramm stand. Beim Thema CO_2-Ausstoß hatte sie folgende Haltung, ich zitiere aus »German Engineered Klimaschutz«:[64]

Wir wollen beim Klimaschutz Druck machen. Darum fordern wir ein striktes Limit für CO_2. Das Ziel legt die Politik fest, den Weg dorthin überlassen wir dem Erfindergeist von Ingenieurinnen, Technikern und Wissenschaftlerinnen.

Das Prinzip ist einfach: Der Staat gibt vor, wie viel CO_2 im Jahr ausgestoßen werden darf. Bis 2050 wird diese Vorgabe schrittweise auf null gesenkt. Wer CO_2 ausstoßen will,

---

[64] https://www.fdp.de/german-engineered-klimaschutz

muss Zertifikate erwerben, die von Jahr zu Jahr weniger und damit teurer werden. Wer hingegen besonders viel CO₂ spart, muss weniger Zertifikate kaufen und spart Geld.
Dieser Mechanismus wird dazu führen, dass in klimafreundliche Technologien investiert wird. Gleichzeitig fördert und belohnt er die Kreativität der Ingenieure und Erfinderinnen, die klimafreundlichsten Technologien zu entwickeln.

Es sind in Sachen Klimapolitik und bei den konkreten Anwendungen und Umsetzungen noch Fragen offen und es fehlen weitreichende Gesetzesvorlagen. Vor allem im Hinblick auf die dringliche Coronalage Anfang 2022. Denn trotz der Tatsache, dass Bundestag und Bundesrat noch in der ersten Jahreshälfte des Jahres 2021 auf den Beschluss des Karlsruher Verfassungsgerichts reagierten und das Klimaschutzgesetz am 24./25. Juni in den Parlamenten novellierten, fehlt es an ganz Handfestem, worauf sich die Bürger*innen einstellen können. Oder wie empfindest du das?

Steffis Erfahrungen mit klimafreundlicher Mobilität
Für Steffi, unsere blaue Farbe auf dem Finanzregenbogen der klimafreundlichen Geldanlage, sieht es bei den Plänen zum E-Auto-Kauf besser aus. Viele Aspekte, wie die Förderungen, sind geregelt, und es gibt ein paar interessante Fahrzeugangebote, allerdings ist es nicht leicht, sich durch den Bürokratiewust durchzuarbeiten, sich das passende Auto auszusuchen und zu verstehen, wie die steuerlichen Faktoren die Investition begünstigen können, abgesehen von weiteren Vor- und Nachteilen.

Um ihrem Wunsch nach einem Stromer erfolgreich zu begegnen, hat sie sich zunächst schlaugemacht. Der Chipmangel hat das Angebot von Neuwagen bei gleichzeitig gestiegenen Preisen drastisch reduziert. Eigentlich hatte Steffi ein Budget von ca. 20.000 € für den neuen Flitzer angedacht und wollte sich die besonderen Subventionen des Staates zunutze machen. Die Vergünstigung, aber auch die Bürokratie beim E-Auto-Kauf ist nicht zu unterschätzen.

Die gute Nachricht ist, dass die Ampelkoalition die BAFA-Prämie für Elektro- und Hybridfahrzeuge noch bis Ende 2022 verlängert hat. Die Prämie ist aber nicht für alle Autos die gleiche.

- **9000 €** Förderung für <u>Elektroautos</u> mit einem Listenpreis < 40.000 €
- **7500 €** Förderung für <u>Elektroautos</u> mit einem Listenpreis > 40.000 € bis max. 65.000 €
- **6750 €** Förderung für <u>Plug-in-Hybrid</u> mit einem Listenpreis < 40.000 €
- **5625 €** Förderung für <u>Plug-in-Hybrid</u> mit einem Listenpreis > 40.000 € bis max. 65.000 €

Nicht alle Fahrzeuge profitieren von der Förderprämie, denn:
1. gibt es eine Liste von geförderten Pkw und
2. muss sich der Hersteller am Prämienprogramm beteiligen.

Als Hemmschuh ist zu beachten, dass der Geldtopf des Prämienprogramms endlich ist. Für den Kaufbonus gilt grundsätzlich das Sprichwort: »Wer zuerst kommt, mahlt zuerst!« Das heißt, die Prämie wird so lange gezahlt, bis der Fördertopf leer ist oder das Programm endet. Voraussichtlich soll das 2025 der Fall sein. Ab dem 1. Januar 2023 werden zudem die Rahmenbedingungen neu verhandelt. Das betrifft zum Beispiel die Auswahl der geförderten Fahrzeugtypen. Die 1,2 Milliarden € im Topf reichen jedoch aus, um 300.000 bis 400.000 E- und Hybridautos zu fördern. Meiner Einschätzung nach werden auch künftig finanzielle Anreize geschaffen werden müssen, um mehr Elektrofahrzeuge auf die Straße zu bringen. Erste Ansätze dazu gibt es bereits, aber ich empfehle dir, dich tagesaktuell im Internet zu informieren. Diese grundlegenden Infos und Anregungen kann ich dir aber schon mitgeben:

Es gibt in Sachen E-Autos ein paar Vor- und Nachteile, die ich Steffi bei ihren Überlegungen zum Autokauf an die Hand gegeben habe. Aus meiner Sicht sollte sie, solltest du, beim Kauf eines Elektrofahrzeugs Folgendes berücksichtigen:

Fahrzeugtyp	Plug-in-Hybrid	Elektrofahrzeug
Vorteile	Verringerte Umweltbelastung beim Fahren, z. B. Feinstaub, Stickoxid, CO_2	Keine Umweltbelastungen beim Fahren
	Geringere Kfz-Steuer, keine Pkw-Maut	Keine Kfz-Steuer für 10 Jahre – keine Pkw-Maut
	Geringere Versicherungskosten 10–20 %	< Versicherungskosten 10–20 %
	Busspurnutzung	Busspurnutzung
	geringere Parkgebühren	Nachlässe Parkgebühren
Nachteile	Geringe rein elektrische Reichweite → höherer Spritverbrauch bei schwereren SUVs	Reichweiten nach WLTP-Standard können von realen Erfahrungen abweichen
	Förderung erst ab einer rein elektrischen Reichweite von 60 km ab 2022, voraussichtlich 80 km ab 2023 und < 50 Mikrogramm CO_2-Ausstoß auf 100 km	Keine Förderung bei SUV über 65.000 €
	Ladestationinfrastruktur ausbaufähig, AdBlue-Betankung	Ladestationinfrastruktur nicht einheitlich
	Profitieren von Steuervorteilen nur, wenn Nutzung > 50 % elektrisch erfolgt	Keine ausreichenden Ladeplätze

Da der Neuwagenmarkt wie leer gefegt ist, könnte der Kauf eines gebrauchten E-Autos in Betracht gezogen werden. Dabei gibt es Folgendes zu beachten:

Förderung gebrauchter E-Fahrzeuge & Plug-in-Hybride

Auch der Kauf und das Leasing gebrauchter E-Autos und gebrauchter Plug-in-Hybride werden vom Staat bezuschusst. Für die Förderhöhe gelten bei der Zweitzulassung die Fördersätze entsprechend dem Neuwagenkauf und den von mir aufgeführten Zahlen, allerdings gibt es ein paar Einschränkungen.

Um einen Gebrauchten bezuschusst zu bekommen, ist die Voraussetzung, dass eine Erstzulassung nach dem 4. November 2019 erfolgt sein muss.

Bei einer Zweitzulassung nach dem 3. Juni 2020 bekommen die Fahrzeuge auch den doppelten Bundesanteil der Innovationsprämie. Außerdem darf das Gebrauchtfahrzeug nicht länger als 12 Monate erstzugelassen gewesen und maximal 15.000 km gefahren sein. Zusätzlich dürfen Erstkäufer*innen nicht bereits eine Förderung beantragt haben.

Üblicherweise handeln Gebrauchtwagen mit reduzierten Preisen gegenüber Neuwagen. Es werden 80 % des Bruttolistenpreises des Neufahrzeugs als Kalkulationsgröße für die Förderungen angesetzt. Der Kaufpreis darf maximal diesen Schwellenwert betragen.

Bei der Zweitzulassung muss ein Nachweis über den Listenpreis des Neufahrzeugs in Form eines Gutachtens der Deutschen Automobil Treuhand (DAT) oder eine Neufahrzeugrechnung samt einer Erklärung über die maximale Laufleistung des Fahrzeugs von 15.000 km zum Kaufzeitpunkt hochgeladen werden. Die Erklärung ist durch eine amtlich anerkannte Prüforganisation oder durch amtlich anerkannte Sachverständige zu bestätigen. Weitere Informationen dazu gibt es beim ADAC, VDA oder bei Händler*innen deines Vertrauens.

Es ist wichtig, dass zum Zeitpunkt der Vorstellung des Fahrzeuges bei Sachverständigen die maximale Fahrleistung von 15.000 km nicht überschritten ist, denn ein Nachweis durch den Kaufvertrag allein reicht dem Bundesamt für Wirtschaft und Ausfuhrkontrolle (BAFA) nicht aus.

Ein weiterer Fallstrick liegt in der Tatsache, dass ein gebrauchtes Elektrofahrzeug mindestens sechs Monate auf den*die Antragsteller*in in der Bundesrepublik Deutschland zugelassen bleiben muss. Damit will der Staat die Einstreichung der Förderungen durch Gebrauchtwagenhändler*innen umgehen.

Solltest du an ein Leasinggeschäft statt eines Kaufs denken, gelten hier leicht veränderte Eckdaten. In der folgenden Tabelle findest du dazu ein paar hilfreiche Informationen. Bei Leasingautos gilt die Förderung nämlich basierend auf der Leasingvertragslaufzeit. Ab 23

Monaten und mehr bekommst du die volle Förderprämie des Staates, bei Laufzeiten darunter wird sie gestaffelt, und zwar wie folgt:[65]

Fahrzeugtyp	Netto-listenpreis Basismodell	Leasing-laufzeit	Bundesanteil (verdoppelt)	Herstelleranteil (netto)	Gesamt (netto)
Elektroauto	bis 40.000 €	6–11 Monate	1500 €	750 €	2250 €
Elektroauto	bis 40.000 €	12–23 Monate	3000 €	1500 €	4500 €
Elektroauto	über 40.000 € bis 65.000 €	6–11 Monate	1250 €	625 €	1875 €
Elektroauto	über 40.000 € bis 65.000 €	12–23 Monate	2500 €	1250 €	3750 €
Plug-in-Hybrid	bis 40.000 €	6–11 Monate	1125 €	562,50 €	1687,50 €
Plug-in-Hybrid	bis 40.000 €	12–23 Monate	2250 €	1125 €	3375 €
Plug-in-Hybrid	über 40.000 € bis 65.000 €	6–11 Monate	937,50 €	468,75 €	1406,25 €
Plug-in-Hybrid	über 40.000 € bis 65.000 €	12–23 Monate	1875 €	937,50 €	2809,50 €

Was bei Beantragung und Steuerregelungen zu beachten ist
Steffi ist mittlerweile unschlüssig, ob sie nicht vielleicht lieber ein Auto leasen sollte. So könnte sie bei der schnellen Entwicklung der Technologie von den steigenden Reichweiten profitieren und würde bei einem möglichen Wiederverkauf nicht in die Röhre schauen, weil ihr Auto technologisch schon zu oldschool ist.

Bei der Frage, wie viel Geld man vom Staat bekommt, sind das Datum der Zulassung und der Zeitpunkt der Antragsstellung entscheidende Faktoren. Der Förderantrag kann erst nach der Zulassung des Pkw gestellt werden. Fördermittel können Privatpersonen ebenso beantragen wie Unternehmen, Stiftungen etc. Das Ganze vollzieht sich vollelektronisch. Logisch ist, dass das Auto, bevor der Antrag beim BAFA gestellt werden kann, in deinem Besitz sein muss und du es bereits zugelassen hast. Anschließend hast du wie bereits erwähnt ein Jahr Zeit für die Beantragung. Den

---

[65] Es gilt der Nettolistenpreis in Deutschland.

Antrag stellst du direkt über eine eigene Internetseite.[66] Dort ist auch ausgewiesen, welche Unterlagen man elektronisch einreichen muss, wenn man das E-Auto entweder gekauft oder geleast hat. Es ist nicht möglich, Dokumente per E-Mail einzureichen.

Welche Fahrzeuge schon jetzt förderfähig sind

Auf der Website des BAFA findest du eine Liste von förderfähigen Elektrofahrzeugen. Sie umfasst wegen der gesonderten Auflistung von technischen Spezifikationen rund 1000 Modelle. Darunter rund 100 Baureihen mit reinem Elektroantrieb, eine Baureihe mit Brennstoffzellen sowie rund 90 Baureihen mit einem Plug-in-Hybrid-Antrieb. Modelle, von denen du bestimmt schon mal gehört hast, sind: VW ID.3 und ID.4, Renault Zoe, Nissan Leaf, i3 von BMW, Ioniq von Hyundai, das Auto des Jahres 2022. Berühmte Marken sind Tesla – Model 3, Y und S, Lucid, aber auch Ford, die sich auf dem Wachstumsmarkt erfolgreich tummeln. Der US-Hersteller Rivian baut vornehmlich SUVs und Minitrucks.

Einordnung: Fahrzeuge mit einem Grundpreis von mehr als 65.000 € netto stehen nicht auf der Liste und sind daher nicht förderfähig. Man kann also mit Fug und Recht sagen, dass sich wohlhabendere Menschen, die sich teurere Autos leisten können, auf ihre Art am Umbau der Mobilität beteiligen, denn dadurch, dass sie die vollen Preise der Fahrzeuge bezahlen, »subventionieren« sie, wenn du so willst, auch die Förderungen der kleineren und mittleren Plug-in-Hybride und Vollelektrofahrzeuge mit.

Werfen wir mal einen Blick auf die steuerliche Behandlung der Elektrofahrzeuge, denn auch hier gibt es abweichende Regelungen gegenüber den Fahrzeugen mit Verbrennungsmotoren.

---

[66] https://www.bafa.de/DE/Energie/Energieeffizienz/Elektromobilitaet/Neuen_Antrag_stellen/neuen_antrag_stellen_node.html

Für neu zugelassene batterieelektrische Fahrzeuge muss zehn Jahre lang keine Kfz-Steuer gezahlt werden. Diese Regelung gilt bis 31.12.2030. Zu beachten ist, dass bei einem Halterwechsel innerhalb von zehn Jahren den neuen Fahrzeughalter*innen die Steuerbefreiung für den dann noch verbleibenden Zeitraum zusteht.

Seit dem 1. Juli 2020 wird die Privatnutzung von Elektrodienstwagen, die mehr als zur Hälfte dienstlich genutzt werden, mit einem Bruttolistenpreis von < 60.000 € monatlich nur noch mit 0,25 % des Bruttolistenpreises als geldwerter Vorteil besteuert. Da Steffi ihr künftiges Auto > 50 % betrieblich nutzen will, ist das ein wichtiger Faktor. Alternativ könnte sie anstelle der steuerlichen Belastung von 0,25 % des Bruttolistenpreises auch ein Fahrtenbuch führen, in dem sie ihre einzelnen Fahrten finanzamtkonform auflistet.

Für Elektrofahrzeuge mit einem jeweils höheren Bruttolistenpreis und Hybrid-Elektrofahrzeuge bleibt es bei der bisher geltenden 0,5%-Regelung. Plug-in-Hybride müssen dafür eine rein elektrische Mindestreichweite von 60 km vorweisen oder dürfen höchstens 50 Gramm CO_2 pro Kilometer emittieren. Laut Koalitionsvertrag soll die Regelung der rein elektrischen Reichweite von 80 km ab dem 1. August 2023 in Kraft treten.

Für Plug-in-Hybride sieht der Koalitionsvertrag noch eine weitere Änderung vor: Sie sollen von der 0,5%-Regelung nur noch dann profitieren, wenn das Fahrzeug > 50 % im rein elektrischen Fahrbetrieb genutzt wird. Wird das Fahrzeug überwiegend nicht im elektrischen Fahrbetrieb genutzt, greift die 1%-Besteuerung.

Verbrenner-Pkw müssen ebenfalls mit 1 % des Bruttolistenpreises beim Finanzamt besteuert werden. Für einen Pkw mit einem Bruttopreis von 50.000 € sind das monatlich 500 €, die auf das zu versteuernde Einkommen der Arbeitnehmer*innen bzw. der Selbstständigen hinzugerechnet werden.

Als geldwerter Vorteil werden Sachleistungen bezeichnet, die ein Unternehmen seinen Angestellten zur Nutzung zur Verfügung stellt. Das können neben Pkws auch die private Nutzung von IT-Ausstattung oder das kostenlose Mittagessen in der Kantine sein. Ein kleiner Vorteil beim E-Auto ist, dass das Laden am Arbeitsplatz nicht als geldwerter Vorteil versteuert werden muss. Obwohl das streng genommen eine Sachleistung wäre. Der Staat subventioniert das durch die Ausnahmeregelung quasi mit. Last, but not least, sei noch erwähnt, dass man sich die Ladestation zu Hause bezuschussen lassen kann bzw. konnte. 900 € gab es bei Ladestationen, die eine Ladeleistung von 11 kW haben. In dem Moment, in dem ich diese Zeilen tippe, ist die private Förderung von Ladestationen mit einem Volumen von 800 Millionen € auf Bundesebene erschöpft. Wenn du Förderungen suchst, wirst du vermutlich auf regionaler Ebene in deiner Kommune fündig.

Ob dieser Fördertopf noch einmal aufgefüllt wird, ist strittig, zumal es bisher möglich war, die Ladestation gefördert zu bekommen, ohne ein entsprechendes E-Auto zu haben. Ob das noch einmal möglich sein wird, ist fraglich.

Ein kleiner Wermutstropfen ist, dass es ein 350 Millionen € schweres Förderprogramm für Unternehmen geben soll. Auch hier mein Tipp: Informiere dich tagesaktuell, wenn du deine Anschaffung wirklich planst. Sprich mit deinem Arbeitgeber oder deiner Arbeitgeberin und Kolleg*innen darüber, viele werden bereits Erfahrungen im Elektrofahrzeugdschungel haben.

→ Für Steffi heißt es jetzt auch ganz konkret, sich durch diese vielen Informationen zu arbeiten und dann final zu entscheiden. Kaufen oder leasen? Neuwagen oder Gebrauchtfahrzeug? Welche Förderprogramme gibt es und wie beantrage ich sie? Sie liebäugelt mit dem Model 3 von Tesla, da es ihr gut gefällt und sie Tesla-Aktien besitzt.

Mit diesen ausführlichen Tipps & Tricks der Mobilität endet mein Ratgeberanteil des Buches und ich hoffe, du hast ausreichende Anregungen und Inspirationen für deinen eigenen Klimaweg bekommen.

Die Welt im Wandel – Nachhaltigkeitsziele & Visionen

Worauf ich zum Abschluss einen etwas detaillierteren Blick mit dir werfen möchte, sind die innen- und außenpolitischen Fakten, die u. a. in den USA und China geschaffen werden. Denn wenn diese beiden Länder nicht bei der Bekämpfung des globalen Problems mitziehen, wird es auf unserem geliebten Planeten doch bald sehr ruppig und ungemütlich zugehen.

Lichtblicke gibt es glücklicherweise zahlreiche. Weltweit stehen Menschen jeden Tag auf, setzen sich ein und riskieren viel, damit wir auch morgen noch lebensfreundliche Bedingungen auf der Erde vorfinden: Ärzte ohne Grenzen, Unicef, Amnesty International, World Vision, WWF, Greenpeace, Care International usw. Der Schlüssel des konkreten Handelns ist in den 17 UN-Nachhaltigkeitszielen formuliert.

Was sind die Visionen und ganz konkreten Pläne in den Industrien, Wirtschaften und Gesellschaften unserer Welt und welche angemessenen Antworten auf die vielfältigen Klimaprobleme gibt es bereits? In Deutschland warten wir nicht zuletzt wegen sehr hoher bürokratischer Hürden weiterhin auf große Würfe, aber wie sieht es bei den Hauptverantwortlichen der CO_2-Emission aus? Welche Ziele die Supermächte China und USA in Sachen Klimaschutz verfolgen und wie die so unterschiedlichen politischen Systeme diese Ziele erreichen wollen, schauen wir uns genauso an wie die Herausforderungen, mit denen sie sich konfrontiert sehen.

USA: Wie der zweitgrößte CO_2-Emittent der Welt grüner werden will

Als Donald Trump in seiner Präsidentschaft ankündigte, dass die USA das Pariser Klimaabkommen von 2015 verlassen, erzeugte diese Meldung tektonische Schockwellen der Entrüstung auf der gesamten Welt. Laut Trump habe »das Pariser Abkommen die amerikanische Energieproduktion mit unvorstellbaren regulatorischen Beschränkungen zum Stillstand gebracht und gleichzeitig ausländischen Firmen erlaubt, ungestraft die Umwelt zu verschmutzen.« Zitat Ende. Formell hatten die USA das Abkommen zum 4. November 2020 dann auch wirklich verlassen, einen Tag nach der Wahl, die bekanntermaßen von Trump verloren wurde.

Wie ich finde, muss man dem Ex-Präsidenten retrospektiv in Teilen sogar dankbar sein für seine ungefilterte Polemik, denn damit hat er der Klimabewegung in den USA einen enormen Schub verschafft. Gleichzeitig hatten die Demokraten bereits während des Wahlkampfes immer wieder betont, zum Abkommen zurückkehren zu wollen, sobald das formell wieder möglich sei. Bereits am 20. Januar, dem ersten Tag Bidens im Amt, unterschrieb er unterschiedliche Anordnungen, u. a. die Rückkehr nach Paris, die 30

Tage später vollzogen wurde. Im weiteren Verlauf des Jahres 2021 legte Joe Biden noch ein paar Schippen drauf, wie ich gleich bei seinen Infrastrukturprogrammen auflisten werde.

Wer eine Veränderung will, sollte mit gutem Beispiel voranschreiten. So weit der Volksmund. In den USA mit der aktuellen Regierung unter Präsident Joe Biden ist genau das der Fall. Die Regierung schreitet stellvertretend mit gutem Beispiel voran, indem sie bis 2035 ausschließlich Elektrofahrzeuge für die Regierungsflotte anschaffen wird. Bis 2035 will sie zudem ihren Strom komplett CO_2-neutral erzeugen und genau wie die EU ab 2050 die gesamte USA auf netto null CO_2-Ausstoß senken.

Doch bei seinen sehr ambitionierten Vorhaben hat der Präsident das Problem, dass er sich nur auf eine hauchdünne Mehrheit im Repräsentantenhaus stützen kann und diese ausgerechnet aus den eigenen Reihen heraus wackelt. Sein erstes, 1,9 Billionen US$ schweres Hilfsprogramm gegen Covid, der American Rescue Plan, wurde im März 2021 unterzeichnet. Das 2. Infrastrukturpaket von 1,2 Billionen US$ wurde am 6. November 2021 erfolgreich von Senat und Repräsentantenhaus verabschiedet, Biden lobte die Kooperation zwischen Demokratischer und Republikanischer Partei. Gleichzeitig knüpfte das linke Lager seiner Demokratischen Partei die Zustimmung zu diesem Investitionspaket an ein weiteres noch zu verabschiedendes Infrastrukturpaket für Soziales und Umwelt.

Die nötigen 3,5 Billionen US$ sollen teilweise mit Steuererhöhungen finanziert werden. So richtig grün ist das bisher beschlossene Paket in Höhe von 1,2 Billionen US$ noch nicht. Werfen wir mal einen Blick auf die geplanten Projekte, in die es fließen soll:

→ Ein Großteil der geplanten Investitionen konzentriert sich auf klassische Infrastruktur wie Straßen & Brücken, die mit 110 Milliarden US$ ausgestattet werden sollen. Schiffshäfen erhalten 17 Milliarden US$, Flughäfen 25 Milliarden US$ und der

Eisenbahn- und Schienenausbau 66 Milliarden US$ als Geldspritze des Staates.

→ Ein 65-Milliarden-US$-Paket steht für den Breitbandausbau bereit. Dazu musst du wissen, dass in den USA ca. 20 Millionen Haushalte keinen zuverlässigen Internetzugang haben, was sich auf den digitalen Schulunterricht und das Homeoffice natürlich negativ auswirkt.

→ 14 Milliarden US$ des Pakets stehen als Subvention der Internetkosten für US-Amerikaner*innen mit niedrigem Einkommen zur Verfügung.

→ Für den Bau von bleifreien Wasserleitungen stehen 55 Milliarden US$ und weitere Umweltsanierungen mit 21 Milliarden US$ zur Verfügung. Damit soll u. a. die Entgiftung von Seen und kontaminiertem Wasser wie in der Kleinstadt Flint[67] finanziert werden.

→ Der Ausbau moderner Stromnetze wird mit 73 Milliarden US$ gefördert,

→ 47 Milliarden US$ werden in die Abwehr von Cyberattacken investiert und 50 Milliarden US$ in Umgang mit und Abwehr von Naturkatastrophen.

→ Dem öffentlichen Nahverkehr & Zügen fließen 49 Milliarden US$ zu.

→ 7,5 Milliarden US$ fließen jeweils in E-Ladestationen & E-Schulbusse. Die USA verfügen Ende 2021 über ca. 42.800 E-Ladestationen – dieser Anteil soll in den kommenden Jahren vervielfacht werden. Ursprünglich sollten Elektromobilität und grüne Innovationen mit 174 Milliarden US$ gefördert werden, die Summe ist im Verhandlungsprozess allerdings geschrumpft. Du siehst, es hakt gewaltig beim grünen Umbau der USA.

→ Atomkraft bleibt – anders als in Deutschland – Teil des Energiemixes und wird mit 6 Milliarden US$ gefördert. Das Geld soll Kernreaktoren zugutekommen, die von der Stilllegung bedroht sind. Etwa ein Fünftel des in den USA produzierten Stroms wird

---

[67] https://www.tagesschau.de/ausland/amerika/wasserskandal-flint-einigung-101.html

in Kernkraftwerken erzeugt, der teure AKW-Betrieb kann etwa mit Erdgasanlagen allerdings nicht mithalten. Auch sauberer Wasserstoff wird unterstützt. Immerhin ein Zeichen in die richtige Richtung.

Einordnung: Die Summe, die die USA in nachhaltige Projekte investieren wollen, scheint enorm zu sein, aber so richtig grün ist das Ganze noch nicht. Dafür müssten die anderen Infrastrukturpakete, die eine stärkere ökologische Komponente aufweisen, unbedingt politisch umgesetzt werden. Ob es wirklich so weit kommt und die Demokrat*innen das Repräsentantenhaus halten können, halte ich momentan für äußerst fragwürdig. Sollte die Republikanische Partei die Mehrheit gewinnen, wird es noch schwieriger, die politische Agenda der Demokratischen Partei mit klarer Handschrift für mehr ESG, mehr Soziales und mehr ökologische Prägung des Staates und der Unternehmen in den USA umzusetzen.

Unabhängig von Washington gibt es in den USA eine breite Bewegung und starke Bekenntnisse der Zivilgesellschaft zu ökologischerem und klimasensiblerem Wirtschaften und nachhaltigem Konsum. Wahrscheinlich hast du gerade Bilder von dicken SUV-Spritschleudern, Kohlekraftwerken und dem Fracking der Ölindustrie im Kopf oder denkst noch an Katastrophen wie die Explosion der Deepwater Horizon. Aber erinnerst du dich noch an den ehemaligen US-Vizepräsidenten Al Gore? Bereits 2006 gründete er die Alliance for Climate Protection, eine Non-Profit-Organisation, die sich zur Aufgabe gemacht hatte, die Weltgemeinschaft über Klimathemen zu informieren und den dringlichsten Problemen mit konkreten Lösungen zu begegnen.

Die USA haben den steigenden Elektrizitätsbedarf mit ihrem enormen Energiehunger durch Effizienzsteigerungen bisher gut im Griff behalten, aber die Frage ist, wie sie den enormen CO_2-Ausstoß signifikant drosseln werden. Die aktuelle Antwort ist ein Mix aus erneuerbaren Energien, Atomkraft und synthetischen Energieträgern.

Folgende Grafik zeigt die Entwicklung der Energiegewinnung &
des Verbrauchs:

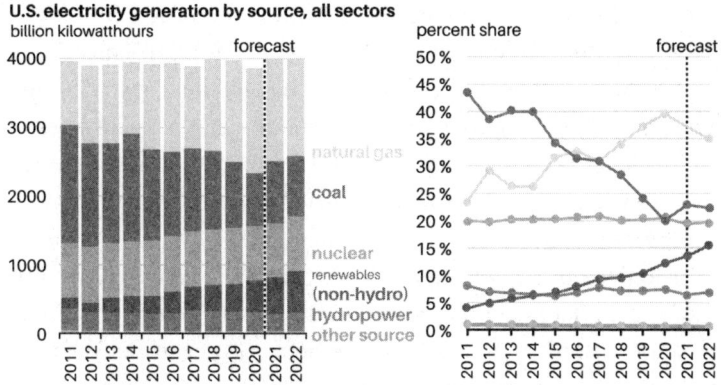

Im linken Teil der Grafik kannst du sehen, wie sich die Anteile der
Energieträger seit dem Jahr 2011 verändert haben. Von 2011 bis
2015 war es vor allem die Kohle, also Braun- und Steinkohle, die
den Hauptteil der Energiegewinnung ausgemacht hat. Auf Rang
zwei rangiert Gas als Energieträger. Atomkraft liegt konstant mit
20 % auf Platz drei, gefolgt von Wasserkraftwerken und erneuerbaren Energieträgern wie PV, Windkraft und Gasthermeanlagen.
Ab dem Jahr 2015 veränderte sich die Energiegewinnung etwas
und Gas löste Kohle als Primärenergieträger ab. 2020 lag der Anteil des Gases an der gesamten Energiegewinnung in den USA auf
dem Höhepunkt bei 40 %. Kohle lag zu dem Zeitpunkt bei 20 %.

Der letzte Kohlebaron der USA – wie ein Mann den Fortschritt ausbremst

Das 3,5-Billionen-US$-Klimapaket scheiterte Ende 2021 am Veto
des 74-jährigen Senators Joe Manchin, der in West Virginia lebt,
einem Staat, der von der Kohleindustrie unmittelbar abhängig ist.
Manchin ist dadurch zum mächtigsten Mann der USA geworden,
denn die Zeit drängt.

Und dabei haben Biden und die aktuelle Administration schon viele Eckpfeiler der geplanten Gesetzgebung aufgegeben und sich gegenüber Manchin kompromissbereit gezeigt – erfolglos, wie es scheint. Biden hatte geplant, Strafzahlungen auf Methan zu erheben und Firmen, die ihre nachhaltige Produktion jährlich um 4 % erhöhen, finanziell zu entlohnen. Alles gescheitert an der One-Man-Show. Die Ereignisse waren absehbar, denn Manchin besitzt direkte Beteiligungen an Kohleunternehmen und erhält zudem seit Jahren aus dieser Industrie finanzielle Zuwendungen für seine Wahlkämpfe.

Trotzdem gibt es aus meiner Sicht weiterhin sehr positive Entwicklungen. Bereits unter Donald Trump hatte sich in den einzelnen Staaten der USA teils heftiger Widerstand gegen das Verlassen des Pariser Klimaabkommens geformt. In einer Koalition namens We Are Still In (dt. *Wir sind noch dabei*) hatte eine Gruppe, die von New Yorks Ex-Bürgermeister Michael Bloomberg angeführt wurde, Unterzeichnende aus 125 Städten, 9 Bundesstaaten, 183 Colleges und Universitäten sowie 902 Unternehmen zusammengetrommelt. Nach eigenen Angaben repräsentiert diese Bewegung 120 Millionen US-Amerikaner*innen und trägt mit 6,2 Billionen US$ zur US-Wirtschaft bei. Zusätzlich dazu hatten 274 Bürgermeister*innen der USA, die 58 Millionen Amerikaner*innen repräsentieren, eine Erklärung der Mayors National Climate Action Agenda (MNCAA) unterschrieben, sich an das Pariser Klimaschutzabkommen zu halten.

Die USA waren immer ein Land der Ambivalenzen und Polarisierung. Das liegt auch in historischen Tatsachen begründet, wie den unterschiedlichen ökonomischen Interessen der verschiedenen Einwanderungsgruppen im Laufe der Jahrhunderte. »Money makes the world go round« – Geld regiert die Welt – lautet das Credo des amerikanischen Traums. Gott sei Dank wächst aber eine immer größere Zahl von jungen Amerikaner*innen heran, denen Geld nicht so viel bedeutet und für die Menschenrechte und

Klimagerechtigkeit höher wiegen als individuelle Erfolgsstorys auf Kosten der Allgemeinheit. Drücken wir beide Daumen, dass der kurzfristige finanzielle Erfolg der Minderheit dem ökologischen Erfolg der Mehrheit weicht und wir gemeinsam das 1,5-Grad-Ziel einhalten können.

Im Gegensatz zu den USA zählt das Individuum im Land der Mitte nicht viel. Geht man gerade deswegen besser mit dem Klima um oder wird der weltgrößte Umweltverschmutzer den Umschwung zu einer klimafreundlicheren Wirtschaftsmacht noch bewerkstelligen? Politische Entscheidungen hängen auch in China an einem einzigen Mann, aber der ist eben kein Senator, sondern der Staatspräsident des bevölkerungsreichsten Landes der Erde, Xi Jinping.

Chinas Weg zur Klimaneutralität

Ich muss vorwegschicken, dass ich noch niemals in China gewesen bin und mein Wissen über den Exportweltmeister der vergangenen Jahre tatsächlich ausschließlich über Dokumentationen im westlichen TV, über Zeitungen und Magazine und diverse Social-Media-Angebote bezogen habe.

Mit China verbinde ich vielfältige Assoziationen. Vom Bauernstaat über den Kommunismus zum Exportweltmeister bis hin zu den schlimmen Menschenrechtsverletzungen gegen die Uigur*innen sowie die nicht freien Wahlen in Hongkong. Gleichzeitig schaffte das Land aber auch den Wandel zu einer hoch technologisierten Gesellschaft mit der Schaffung einer Mittelschicht von mehr als 500 Millionen Menschen, die überwiegend in Mega-Citys lebt und arbeitet. Zudem gründeten sich in diesem Land sehr erfolgreiche Unternehmen wie Alibaba, Tencent, JD.com, Baidu und Nio, um nur ein paar zu nennen. Gleichzeitig gehören dem Staat die größten Unternehmen des Landes, gemessen am Umsatz, wie z. B. Sinopec (Öl & Gas), ICBC (Bank) und State Grid Corporation (Energie).

China hat viele seiner Unternehmen in den letzten Jahren in der Fortune-Global-500-Liste etabliert, die Parameter wie Marktkapitalisierung und Umsatz misst. In den Top 10 sind mittlerweile drei chinesische Unternehmen. Das zeigt, wie weit das riesige Land mittlerweile ist, zumindest wirtschaftlich.

Wie sieht das Ganze in Sachen Energiegewinnung aus? Der wirtschaftliche Aufstieg des Landes hat einen ökologischen Preis. Umweltverschmutzung, Müllberge, Smog, die Liste der Dinge, die das Leben umwelttechnisch belasten, ist enorm und die Folgen sind vor allem durch den extremen CO_2-Ausstoß und die Erwärmung der Atmosphäre deutlich sichtbar. Eines der jüngeren Beispiele des Klimawandels waren in China die enormen Regenfälle Mitte Juli 2021 in der zentralchinesischen Provinz Henan. Mehr als 300 Menschen kamen bei den schlimmen Überschwemmungen ums Leben.

Die Administration Chinas ordnet dem wirtschaftlichen Aufschwung fast alles unter, aber zusehends erkennt man auch in der kommunistischen Partei, dass Klimaschutz langfristig auch den Schutz der wirtschaftlichen Erfolge bedeutet. Deshalb hat man sich trotz aller Schwierigkeiten, diese Pläne umzusetzen, ehrgeizige Ziele gesetzt. Vor allem wenn man sich die Größe und die Bevölkerungszahl des Landes ansieht. Von einer Überalterung der arbeitenden Bevölkerung und den damit verbundenen gravierenden Folgen völlig abgesehen.

Schafft China bis 2060 die Klimaneutralität?

Noch vor 2030 werde der CO_2-Ausstoß Chinas seinen Höhepunkt erreichen, betonte Staatspräsident Xi Jinping bei der virtuellen Generaldebatte der Vereinten Nationen in New York 2021. Gleichzeitig bekräftigte Ursula von der Leyen, dass die EU ihren Ausstoß an klimaschädlichem CO_2 nicht bloß um 40 % im Vergleich zu

1990 reduzieren wird, sondern um 55 %. Sie war es auch, die Druck aufbaute, damit China sich zu einer Prognose bereit erklärte.

Im Jahr 2021 stammten 60 % des chinesischen Stroms aus schmutzigen Kohlekraftwerken. Mehr als 200 neue sind sogar im Bau und 150 Kohleminen werden erschlossen und aktiviert. Trotzdem stimmen die Pläne des Ausbaus der erneuerbaren Energiequellen einen skeptischen Europäer wie mich zumindest in Ansätzen positiv. Die Grafik von Global Data aus London zeigt die ambitionierten Ausbaupläne Chinas bei der klimafreundlichen Stromerzeugung.

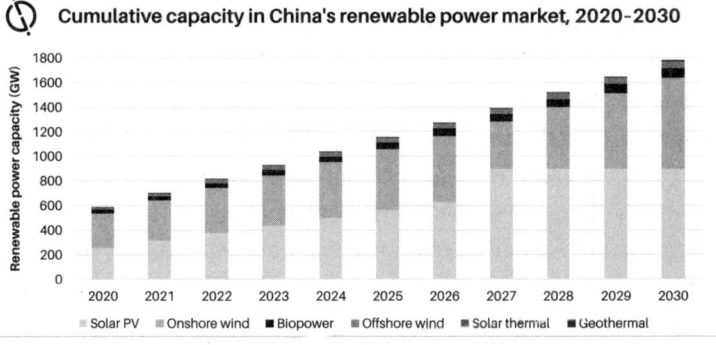

Cumulative capacity in China's renewable power market, 2020-2030

Eine durchschnittliche jährliche Wachstumsrate von 12 % erwarten die Analyst*innen von Global Data in China für die erneuerbaren Energien. Ohne Wasserkraft sollen dem aktuellen China Power Market Outlook für 2030 zufolge die Erneuerbaren-Kapazitäten von 572,89 Gigawatt im Jahr 2020 auf 1772,05 Gigawatt im Jahr 2030 wachsen. Am stärksten soll der Zubau bei der Photovoltaik ausfallen, von 253,69 Gigawatt im Jahr 2020 auf 890,31 Gigawatt im Jahr 2030. Bei Windkraft an Land rechnet Global Data im gleichen Zeitraum mit einem Anstieg von 279,04 auf 742,62 Gigawatt. Wenn man genauer hinsieht, erkennt man momentan hauptsächlich einen angestiegenen Ausbau von Kohlekraftwerken, um den Energiehunger des Landes zu stillen.

Auch Indien, das Land mit den zweitmeisten Einwohner*innen der Welt, folgt zwar einer Rhetorik des Klimaschutzes, doch die Kohleverstromung wird auch dort massiv ausgebaut. Indiens Kohlekraftwerke generieren zwei Drittel des Stroms. China will offiziell zum Jahr 2060 klimaneutral werden, Indien erst 2070. Das Problem für die Welt ist schlicht die ungeheure Zahl der Menschen, die in beiden Ländern lebt, arbeitet, heizt, Strom verbraucht. China ist mit rund 1,44 Milliarden Menschen das bevölkerungsreichste Land der Welt und Indien folgt dicht dahinter mit 1,39 Milliarden Einwohnern. Das hat für das Klima und unser Leben signifikante Konsequenzen.

Anders als in Europa genießt Klimapolitik keine hohe Priorität in diesen Ländern. Solange in diesen politischen Systemen der Druck der Menschen nicht signifikant wächst und ein massives Umdenken stattfinden lässt, so lange muss man auch hierzulande das 1,5-Grad-Ziel eher als ein Märchen bezeichnen.

Aber sollten wir deswegen in Europa unsere Umweltziele aufgeben? Ich denke nein, denn im Wettstreit der Systeme, der Konzepte und Entwicklungen geht es auch darum, das Individuum zu stärken. Die Zügel, die die Staatsführung in China, speziell in Hongkong und Taiwan gerade anzieht, werden nicht dauerhaft angezogen bleiben können. Es sei denn, wir schauen kommentarlos zu und leiten keine wirtschaftlichen Konsequenzen ein. Wer Menschenrechte und Klimaschutz wirklich will, muss mit gutem Beispiel vorangehen. Das bedeutet auch, wirtschaftliche Beziehungen nicht um jeden Preis aufrechtzuerhalten, nur um Profite zu maximieren.

Die Deglobalisierung als Klimaschutzfaktor

So schräg das klingen mag, Donald Trump hat mit seinen Strafzöllen gegen China in gewissen Sphären der Unternehmenslenker*innen und Wirtschaftsstrateg*innen auch Kopfschütteln

ausgelöst, weil die Art der Kommunikation eher gewöhnungs-
bedürftig war und ist. Aber inhaltlich hat Trump insofern einen
Punkt, als die Abhängigkeit von China, seinen billigen Fachkräften
und der Werkbank der Welt eine gefährliche Achillesferse der
westlichen Demokratien ist.

Die Deglobalisierung hat eben erst begonnen, und war sie anfangs ein vermeintlich politisch getriebenes Irrgespenst, das offen
und liberal denkenden Menschen eher emotionales und ethisches
Ungemach bereitete, so freunden sich immer mehr Menschen mit
der Rückholung von Produktion und Fertigung an. Denn wenn
wir wollen, dass Menschenrechte geachtet werden, dass klimafreundlicher produziert wird, dass Kreislaufwirtschaft ein wichtiger wirtschaftlicher und umweltschonender Faktor wird, bleibt uns
nichts anderes übrig, als die konsequente Umsetzung in den Ländern, die uns in ihrem Werteverständnis und in ihrer politischen
Agenda näher stehen als China oder Indien, mit voranzutreiben
und zu befeuern. Also in der EU, den USA und Großbritannien.

Die Suche nach einem großen gemeinsamen Narrativ fürs Klima

Die Abwägung von Preissteigerungen zu Klimaschutz und von
Lieferkettenkonformität zu Produktverfügbarkeiten wird künftig
in Europa, in Deutschland, in unserem Supermarkt, dem Baumarkt
und beim Shopping-Erlebnis einen Umbruch erleben, ähnlich wie
das in der Lebensmittelproduktion mit Biosiegeln der Fall ist. Ich
bin davon überzeugt, dass wir mit breiter Brust und konkreten
Umweltzielen auch wirtschaftlich profitabel agieren können. Wichtig ist, dass wir bei der EU-Taxonomie in den kommenden Jahren Kompromisse suchen, also bei Atomenergie und Gasnutzung,
und gleichzeitig weitreichende Ziele für die kommenden Jahre und
Jahrzehnte ausgeben. Neben den ökologischen und ökonomischen
Faktoren kommen als Folge des Russland-Ukraine-Konflikts auch

weitreichende politische Überlegungen hinzu. Die Frage, ob der Energielieferant auch mit meinem Demokratieverständnis in Einklang zu bringen ist, wird bei künftigen Entscheidungen nicht zu vernachlässigen sein.

Wie heißt es so schön, Rom wurde nicht an einem Tag erbaut, und ich denke, das ist mit einem klimaneutralen Europa und einer klimaneutralen westlichen Welt nicht anders. Die Frage wird sein, welches Narrativ wir unseren Mitmenschen, unseren Kindern vermitteln. Die Millennials und die Generation Z haben im Gegensatz zu den Babyboomer*innen längstens verstanden, dass ein »Höher, schneller & weiter!« nicht per se erstrebenswert ist, sondern dass Glücklichsein etwas Lohnenswertes ist. Dabei steht der Grundsatz »Meine Freiheit endet da, wo die Freiheit meines Gegenübers beginnt« ganz vorn.

Wir leben in Deutschland in einer Demokratie, genießen die Meinungsfreiheit und das Privileg freier Wahlen, aber so mancher Autokrat empfindet genau diese Demokratie und demokratische Strömungen als Feind. Sich für die Demokratie stark zu machen und aktiv einzusetzen, ist uns spätestens seit dem russischen Einmarsch in die Ukraine ganz plastisch vor Augen geführt worden.

Wir sind vom Leben in einer freien und rechtsstaatlich organisierten Gesellschaft überzeugt. Sie wird künftig nur Bestand haben, wenn wir auch bereit sind, dieses System kämpferisch zu verteidigen.

Ich empfinde es als unsere wichtigste Aufgabe, uns gemeinsam durch Bildung, Weiterbildung und Entwicklung den disruptiven Veränderungsprozessen in Gesellschaft, Ökonomie und Ökologie zu stellen und diesen konstruktiv zu begegnen. Dazu gehört auch, sich nicht nur auf die Probleme zu fokussieren, sondern auf Lösungen und Lösungswege, die konsens- und mehrheitsfähig sind. Mein Leitmotiv im Leben und meine Erfahrungen als Unternehmer, Autor, Vater & Ehemann haben mir bewiesen, dass wir mit unseren Aufgaben wachsen. Die Voraussetzung ist, wachsen zu wollen und ein Umfeld, eine Gesellschaft vorzufinden, die uns dabei unterstützt.

Wir werden alle Potenziale und Chancen, die sich uns als Individuen und Gesellschaft bieten, nutzen können, wenn wir das große gemeinsame Ziel formulieren und anstreben, nämlich in einer weltoffenen, technikfreundlichen und von Vielfältigkeit geprägten, zugewandten Umgebung zu leben und aufzuwachsen. Dort, wo das noch nicht der Fall ist, sollten wir füreinander einstehen und gemeinsam Verantwortung übernehmen. Wir alle miteinander, so gut, wie wir es jeweils können. Ich halte es da mit dem Film *Der kleine Lord*, wo es heißt: »Jeder Mensch sollte mit seinem Leben die Welt ein ganz klein wenig besser machen.« Schauen wir doch einfach, dass es genug ist, um den Herausforderungen des Klimawandels und den Folgen angemessen zu begegnen. Spürbare Effekte für den ganzen Planeten wird es jedoch nur geben, wenn wirklich alle mitmachen. Voraussetzung dafür sind nachhaltige Friedenslösungen in der Welt.

Ich möchte mich ausdrücklich bei dir bedanken, dass du mir über die vielen Seiten meines Buches deine Aufmerksamkeit geschenkt hast, und hoffe, dass wir uns bei der gemeinsamen Sache, den Planeten zu retten, wiedersehen, vielleicht sogar mal persönlich begegnen. Wenn dir mein Buch gefallen hat, freue ich mich über deine Empfehlung, und falls du für das Thema Finanzbildung jetzt so richtig Feuer gefangen hast, wirf doch mal einen Blick in mein Erstlingswerk, *Geld kann jeder & du jetzt auch*. Mach es gut und bleib weiterhin verantwortungsvoll.

Dein Patrick

Danksagung

Ich bedanke mich herzlich bei meinem Verlag Edel Books und seinen kompetenten, empathischen und herzlichen Mitarbeiterinnen und Mitarbeitern, die dieses Buch ermöglicht und begleitet haben.

Bedanken möchte ich mich auch bei Simone Gemmer für Lektorat und Teamplay sowie bei Rita Schmitt und Tobias Hoffmann für ihre Begleitung und Unterstützung.

Für das Vorwort zu diesem Buch bedanke ich mich ausdrücklich bei dir, mein lieber Kollege Markus Koch.

Für die geführten Interviews in diesem Buch gilt mein herzlicher Dank meinen Gesprächspartnern:

- Ingo Speich, Head of Sustainability & Corporate Governance Deka Investment
- Prof. Dr. Philipp Sandner, Blockchain Center, Frankfurt School of Finance and Management

Mein Dank für Insight & Input gebührt auch:
Dr. Christine Bortenländer, Manuel Heyden, Prof. Dr. Michaela Hönig, Alexander Ihl, Andreas Kern, Steven Leonhardt, Stefan Riße und Volker Schilling.

Ein besonderer Dank geht an meine Familie, meinen ganz persönlichen Regenbogen: Cornelia, Lenny Patrick, Leslie Rose und Levin Lewis.

Glossar

Asset-Allocation
Die Vermögensaufteilung auf verschiedene Anlageklassen wie Anleihen, Aktien, Immobilien, Währungen & Edelmetalle.

Augmented Reality
Reale & virtuelle Welt verschmelzen miteinander; die Realität wird um digitale Elemente erweitert.

Bad Bank
Ein Kreditinstitut, das eigens zu dem Zweck geschaffen wird, notleidende Kredite einer anderen Bank in ihre Bilanz aufzunehmen, um die Kreditrisiken und mögliche Ausfallrisiken vom Rest der Bilanz dieser anderen Bank zu trennen.

Best-in-Class-Ansatz
Benchmarking-Instrument, das den Wettbewerb innerhalb einer Branche in Bezug auf ein bestimmtes Qualitätsmerkmal fördern soll.

Best Practice
Vorbildliche Lösungen oder Verfahrensweisen in Unternehmen oder Banken, die zu Spitzenleistungen führen.

Bewertungsreserven
Ergeben sich aus der Differenz des aktuellen Kurswertes eines Wertpapiers gegenüber dem ursprünglichen Kaufpreis.

BGH
Bundesgerichtshof in Karlsruhe.

Blase
Übertreibungen an Immobilien-, Aktien- oder anderen Märkten mit extremen Preisen.

CFD
Hochrisikoprodukt im Finanzkontext; Hebelprodukt Differenzkontrakt, auf unterschiedliche Basisinstrumente, Aktien, Währungen, Anleihen, Rohstoffe etc.

Corporate Sustainability Reporting Directive
Richtlinienvorschlag zur Nachhaltigkeitsberichterstattung der Unternehmen; Ziel des Legislativ-Akts ist, mit einer verbesserten Berichterstattung über Umwelt-, Sozial- und Governance-Aspekte zum Übergang in ein nachhaltiges und integratives Finanz- und Wirtschaftssystem im Einklang mit dem europäischen Green Deal und den UN-Zielen für nachhaltige Entwicklung beizutragen.

Crowdfunding
Schwarmfinanzierung; es wird – meist im World Wide Web – zur Spende oder Beteiligung aufgerufen; Künstler*innen, Aktivist*innen, Veranstalter*innen und Unternehmer*innen stellen ihre Projekte dar und nennen die benötigte Summe sowie die erwartbare Gegenleistung.

Daytrader*in
Kauft Wertpapiere und veräußert sie innerhalb eines sehr kurzen Zeitraums, meist innerhalb eines Tages; die Differenzen aus An- und Verkaufspreisen ergeben den Erlös.

Deglobalisierung
Umkehr des Prozesses der Internationalisierung (Globalisierung), Rückführung von Wirtschaftsleistungen auf nationales Niveau.

Dekarbonisierung
Die Abkehr der Energiewirtschaft von der Nutzung kohlenstoffhaltiger Energieträger.

Derivat
Termingeschäfte auf der Grundlage von bestimmten Basiswerten.

Devise
Zahlungsmittel in ausländischer Währung; darunter fallen täglich fällige Guthaben bei ausländischen Kreditinstituten, Schecks und Wechsel, die auf ausländische Währungen lauten und im Ausland zahlbar sind.

Einlagensicherungsfonds
Der Einlagensicherungsfonds des Bundesverbandes deutscher Banken schützt die Guthaben auf Girokonten, Sparkonten, Tagesgeldkonten, Festgeldkonten von Kund*innen bei den privaten Banken in Deutschland.

Einspeisevergütung
Vergütung, die jemand für das Einspeisen von aus erneuerbaren Energien gewonnenem Strom in das öffentliche Stromnetz bekommt.

Employer-Branding
Beschreibt alle Maßnahmen, die ein Unternehmen ergreifen kann, um die eigene Marke zu stärken und sich gegenüber potenziellen Bewerbenden als passend und attraktiv darzustellen.

Energieeffizienzhaus
Ein energetischer Standard für Wohngebäude; setzt sich aus zwei Kriterien zusammen: Wie hoch ist der Gesamtenergiebedarf der Immobilie? Und wie gut ist die Wärmedämmung der Gebäudehülle? Das wird mit den Werten Primärenergiebedarf und Transmissionswärmeverlust angegeben.

Erzeugerpreise
Preisentwicklungsmesser für Rohstoffe und Industrieerzeugnisse.

ESG-Score
Je höher der ESG-Score, desto nachhaltiger ist die Geldanlage; um den ESG-Score für unsere grünen Investment-Portfolios zu bestimmen, werden u. a. unterschiedliche Nachhaltigkeitsanalysen angewandt.

ETC
Schuldverschreibung des ETC-Anbieters; es gibt ETCs (Exchange Traded Commodities) auf Edelmetalle, Industriemetalle, Öl, Erdgas, Agrarrohstoffe und Lebendvieh; ETCs werden wie ETFs an der Börse gehandelt und bieten die gleichen Vorteile.

ETF
Passives Anlageprodukt, das einen zugrunde liegenden Index nachbildet.

ETP
Ein Finanzinstrument, das wie Aktien an einer Börse gehandelt wird; ETPs bieten durch das Engagement in einer Benchmark oder einer Anlageklasse eine kostengünstige und sichere Möglichkeit zur Diversifizierung eines Investmentportfolios.

FAANG-Aktien
Facebook (heute Meta), Apple, Amazon, Netflix & Google (Alphabet)

Family-Office
Der Ausdruck ist gesetzlich nicht definiert; die Bundesanstalt für Finanzdienstleistungsaufsicht (BaFin) versteht darunter Unternehmen, die sich mit der bankenunabhängigen Verwaltung großer privater Vermögen befassen.

Fiskalpolitik
Alle Maßnahmen des Staates, mit denen über die Veränderung der öffentlichen Einnahmen und Ausgaben die konjunkturelle Entwicklung gelenkt werden soll.

Gamification
Die Übertragung von spieltypischen Elementen und Vorgängen in spielfremde Zusammenhänge mit dem Ziel der Verhaltensänderung und Motivationssteigerung bei Anwender*innen.

Gläubiger*in
Person oder Institution, die einen Kredit gewährt hat.

Green Deal
Die politische Selbstverpflichtung und das Ziel der EU aus dem Jahr 2019, bis 2050 die Netto-Treibhausgasemissionen auf null zu reduzieren und als erster Kontinent klimaneutral zu werden.

Grid Edge
Um die erwünschte Dekarbonisierung der Energienetze voranzutreiben, können Stadtwerke dort ansetzen, wo Energieerzeugung und Energieverbrauch zusammenkommen – am »Netzrand«, auch »Grid Edge« genannt.

Hebelprodukt
Finanzinstrument, das Trader*innen ein größeres Engagement am Markt ermöglicht, ohne dass sie dafür ihr Investitionskapital erhöhen müssen, sie nutzen stattdessen die Hebelwirkung; jedes Finanzinstrument, das ihnen ermöglicht, eine Position zu eröffnen, die mehr Wert ist als ihr Investitionsaufwand, ist ein Hebelprodukt; Hebelprodukte vergrößern das Gewinn- und Verlustpotenzial der Trader*innen.

Helikoptergeld
Frisch gedrucktes Zentralbankgeld, das direkt an die Bevölkerung verschenkt bzw. überwiesen wird.

Hyperinflation
Besondere Art der Inflation mit gigantischen Preissteigerungen; die Inflationsraten liegen mindestens bei 50 %.

Index
Wertpapier-Korb, der den Anlagemarkt eines Landes oder einer Region repräsentiert.

Inflation
Allgemeiner Preisanstieg und Teuerung von Waren & Dienstleistungen einer bestimmten Region über einen bestimmten Zeitraum.

Insights
1) Einblicke von anderen in einen Sachverhalt oder ein Thema; 2) tiefes Verständnis eines Sachverhaltes.

Internet of Things
Internet der Dinge; System von über das Internet miteinander vernetzten Maschinen, Anlagen & Geräten.

ISIN
Internationale Wertpapierkennnummer, zwölfstellige Buchstaben- und Zahlenkombination.

IWF
Internationaler Währungsfonds; hat die Aufgabe, die Stabilität des internationalen Finanzsystems zu stärken, die internationale Zusammenarbeit in der Währungspolitik zu fördern, das Wachstum des Welthandels zu erleichtern sowie seinen Mitgliedern in Währungs- und Finanzkrisen durch Kredite zu helfen.

KfW
Kreditanstalt für Wiederaufbau; deutsche Förderbank und eine der führenden Förderbanken der Welt ohne Filialen und Kundeneinlagen; refinanziert ihr Fördergeschäft fast vollständig über die internationalen Kapitalmärkte.

KI
Künstliche Intelligenz, mit der Maschinen menschenähnliche Intelligenzleistungen erbringen.

Kickback-Zahlungen
Rückvergütung oder Provision eines Teils des gezahlten Betrages aus einem Geschäft mehrerer Beteiligter durch eine*n Beteiligte*n an eine*n andere*n Beteiligte*n.

Konsortium
Meist zeitweilige Vereinigung von Unternehmen zu gemeinsamen Handels- oder Finanzoperationen oder zur Schaffung größerer Investitionsaufkommen, z. B. eines Börsengangs.

Kurzarbeitergeld
Entgeltersatzleistung der Bundesagentur für Arbeit bei vorübergehender Herabsetzung der betriebsüblichen Arbeitszeit.

Lieferketten
Netzwerk von Verkehrsträgern und Transportmitteln in der Logistik.

Machine-Learning
Unterschiedliche Formen des Selbstlernens bei Systemen der künstlichen Intelligenz und der Robotik.

Marktkapitalisierung
Gesamtwert der Unternehmensanteile auf dem Markt und damit der Wert einer AG; ergibt sich aus der Multiplikation von aktuellem Aktienkurs und der gesamten Aktienanzahl; unterliegt dadurch ständigen Veränderungen.

Meme
Ein in der Netzkultur verbreiteter, kreativer humoristischer Bewusstseinsinhalt, der als eine Art »Zeitzeuge« von kulturellen Strömungen im Netz verstanden werden kann.

Narrativ
Unter anderem eine sinnstiftende Erzählung zur Vermittlung und Herleitung von komplexen Sach- und Gesellschaftszusammenhängen einer Kultur bzw. Gesellschaft.

Neobroker
Neue Generation von Onlinebrokern, die Finanzgeschäfte neuartig abwickeln.

Nettovertrag/Nettopolice
Provisionsfreie Versicherungsverträge.

Neuer Markt
Deutsches Börsensegment für Wachstumsaktien zwischen 1997 und 2003; sollte innovativen Unternehmen auf einfache Weise zu Risikokapital verhelfen, wurde aber wegen zu vieler Unregelmäßigkeiten und Skandale von der Deutschen Börse wieder geschlossen.

New Work
Sammelbegriff, mit dem verschiedene, meist alternative Arbeitsmodelle und -formen umschrieben werden; geht auf den Sozialphilosophen Frithjof Bergmann zurück, der das Theoriekonzept Mitte der 1970er-Jahre entwickelte.

NFT, non fungible token
Tauchte erstmals im Bereich der Kryptowährungen auf: nicht ersetzbare oder nicht austauschbare Werteinheit; digitales Gut, das reale Objekte wie Kunst, Musik, Gegenstände im Spiel und in Videos repräsentiert.

Ölkrise
Phase eines starken Ölpreisanstieges mit gravierenden gesamtwirtschaftlichen Auswirkungen; z. B. 1973 und 1979/1980.

OPEC, Organization of the Petroleum Exporting Countries
Organisation Erdöl exportierender Staaten; gegründet am 14. 9. 1960 in Bagdad von Irak, Iran, Kuwait, Saudi-Arabien und Venezuela, um eine gemeinsame Erdölpolitik zu

betreiben und das Preisdiktat der multinationalen Erdölgesellschaften zu durchbrechen.

Photovoltaik
Zweig der Energietechnik, der sich mit der Gewinnung von elektrischer Energie besonders aus Sonnenenergie befasst.

Portfolio
Im Finanzzusammenhang eine Zusammenstellung von Finanzinstrumenten und Anlagegütern.

Prospektpflicht
Unternehmen, die öffentlich Kapital einwerben, unterliegen grundsätzlich einer Reihe von Transparenz- und Informationspflichten gegenüber Anleger*innen, die helfen sollen, Investor*innen zu schützen; vonseiten des Gesetzgebers ist detailliert definiert, wie das Unternehmen seinen Verpflichtungen in Form eines Wertpapierprospekts nachzukommen hat.

Public Address
Öffentliche Adresse oder öffentlicher Schlüssel; kryptografischer Code, mit dem Kryptowährungen auf einem Konto empfangen werden können.

Realzins
Gibt per Definition an, wie sich der Wert einer verzinsten Geldanlage oder Forderung unter Berücksichtigung der Veränderung der Kaufkraft (das heißt von Inflation und Deflation) tatsächlich entwickelt; anders als der Nominalzins im Vorhinein nicht bekannt, sondern muss im Nachhinein aus

der Nominalverzinsung und der ermittelten Veränderung der Kaufkraft berechnet werden.

Rentenlücke
Allgemein gesprochen entsteht die Renten- bzw. Vorsorgelücke durch die Differenz zwischen dem letzten Gehalt und der staatlichen Altersrente.

Rentenpunkte
Werden auf unterschiedliche Arten angesammelt; der größte Teil wird durch Einkommen während des Erwerbslebens aufgebaut; rentenversicherten Personen, die im Jahr genau das deutsche Durchschnittseinkommen verdienen, steht jeweils exakt ein Entgeltpunkt auf dem Rentenkonto zu.

Robo-Advisor
Intelligentes System, das unter Einsatz von Algorithmen und regelmäßig ohne menschliche Beteiligung Anlageempfehlungen für ein optimiertes Portfoliomanagement gibt.

Sabbatical
Sonderurlaub, den sich manche Erwerbstätige nehmen, um Dinge zu tun, die während der Regelarbeit zeitlich nicht möglich sind; Kindererziehung, Elternpflege, Erholung & Wiederaufbau der eigenen Leistungsfähigkeit.

Schwarze Null
Bezeichnung für einen ausgeglichenen öffentlichen Haushalt, bei dem die Ausgaben die Einnahmen nicht übersteigen und kein Anstieg der öffentlichen Schulden notwendig ist, also keine Neuverschuldung.

Smart Home
Umfasst verschiedene Automationsverfahren zur Vernetzung von technischen Geräten aller Art im häuslichen Wohnumfeld; alternativ werden zum Teil die verwandten Begriffe Smart Living, Connected Home, Hausautomation oder auch eHome verwendet.

Solaranlage
Wandelt Sonnenstrahlung in nutzbare Energie in Form von Wärme oder Strom um; Warmwasserunterstützung der Heizung ist ein gebräuchliches Anwendungsgebiet.

SPO, Second Party Opinion
Gibt analog zum Kreditrating objektiv und unabhängig Auskunft über die ökologische oder im weiteren Sinne nachhaltige Bonität eines Finanzinstruments, also Anleihen, Fonds oder ETFs.

SRI, Socially Responsible Investment
Werteorientiertes bzw. ethisches Investment, das über finanzielle Aspekte hinaus auch soziale, umweltbezogene Nachhaltigkeitskriterien berücksichtigt und gesellschaftliche Verantwortung insbesondere durch Verhinderung negativer Auswirkungen von Aktivitäten anstrebt.

Taxonomie, EU-Taxonomie
Vereinheitlichtes Verfahren, mit dem Objekte klassifiziert und in Kategorien eingeordnet werden; die EU-Nachhaltigkeitstaxonomie ist eine Liste von Wirtschaftstätigkeiten und relevanten Kriterien zur Überprüfung ihres Beitrags zu Klima

und Umwelt; stellt ein detailliertes Klassifikationssystem für alle Akteur*innen des Finanzsystems dar, mit dem Ziel, Investitionen in ökologisch nachhaltige Aktivitäten zu fördern.

Volatilität
Ausmaß der Schwankung von Preisen, Aktien- und Devisenkursen, Zinssätzen oder auch ganzen Märkten innerhalb einer kurzen Zeitspanne.

Weltbank
Gegründet im Juli 1944 auf der Währungs- und Finanzkonferenz der Gründungsmitglieder der Vereinten Nationen in Bretton Woods, zusammen mit dem Internationalen Währungsfonds (IWF); ursprünglich mit dem Ziel, nach dem Zweiten Weltkrieg den Wiederaufbau zu fördern und in Zusammenarbeit mit dem IWF stabile Währungen zu schaffen; seit den 1960er-Jahren ist die Hauptaufgabe, die Armut in der Welt zu bekämpfen.

Wirkungsgrad
Gibt an, welcher Anteil der zugeführten Energie bei einer Umwandlung in die gewünschte Energieform umgewandelt wird.

WKN
Wertpapierkennnummer; WKN und ISIN sind eindeutige alphanumerische, nationale und internationale Wertpapierkennnummern für den Wertpapierhandel.

Work-Life-Balance
Angestrebtes Gleichgewicht zwischen Privatleben und Beruf, beides soll miteinander im Einklang sein.

Zombieunternehmen
Unrentabel wirtschaftendes Unternehmen, das durch billige Kredite nicht Insolvenz anmelden muss.

Quellenver-
zeichnis
Grafiken und
Tabellen

Treibhausgas-Emissionen in Deutschland, Seite 66: Bundesumwelt-ministerium, Stand 1. November 2021

CO_2-Konsumemissionen, Seite 68: Oxfam, Confronting carbon inequality, September 2020

Konsumausgaben der privaten Haushalte, Seite 69: Statistisches Bundesamt 2020, Inlandsproduktionsberechnungen – Erste Jahres-ergebnisse, Fachserie 18 Reihe 1.1, Tabelle 3.6, Stand Januar 2021

Nachhaltige Indizes, Seite 84/85: www.ecoreporter.de, Stand 2. November 2021

Beispiele aktiv gemanagter grüner Fonds + ETFs, Seite 89: www.test.de/Ethisch-oekologische-Fonds-So-legen-Sie-sauber-an-4741500-0

Die besten Impact-Investing-Fonds und -ETFs des Zeitraumes Oktober 2020 bis Oktober 2021, Seite 90-93: Greiff Capital Management AG – V. Schilling – Mitglied des Vorstandes

Strompreisentwicklung in Deutschland seit 2000, Seite 102: Bundes-verband der Energie- und Wasserwirtschaft e. V., 2021 https://www.tech-for-future.de/strompreisentwicklung/

Absatz Durchschnittlicher Gasverbrauch, Seite 104: www.Check24.de/gas, Stand 9. November 2021

Heizungsförderung, Seite 121/122: Angaben von: www.energieheld.de/heizung/foerderung, Stand 15. November 2021

CO_2-Ausstoß in Deutschland, Seite 138: https://www.bitkom.org/sites/default/files/2021-10/20211010_bitkom_studie_klimaeffekte_der_digitalisierung.pdf

CO₂e-Einsparpotenzial digitaler Technologien, Seite 139: Bitkom, Digitalisierungsstudie
https://www.bitkom.org/sites/default/files/2021-10/20211010_bitkom_studie_klimaeffekte_der_digitalisierung.pdf

CO₂e-Einsparpotenzial im Jahr 2030, Seite 140: bitkom e.V /Accenture – KBA

Berufsgruppen offene Arbeitsstellen, Seite 145: Bundesagentur für Arbeit
https://de.statista.com/statistik/daten/studie/310264/umfrage/verteilung-der-offenen-arbeitsstellen-in-deutschland-nach-berufsklassen/

Blockchain, Seite 160: Fotolia/Weissblick

Seriöse Kryptobörsen & Plattformen, Seite 181: Wirtschaftswoche, Stand November 2021

Bitcoin-Stromverbrauch, Seite 185: Statista, University of Cambridge | Bitcoin Electricity Consumption Index

Kryptos und ihre Transaktionen pro Kilowattstunden, Seite 186: https://de.beincrypto.com/lernen/gruene-coins-top-9-umweltfreundliche-kryptowaehrungen/

Investor*innen nach Alter, Seite 196: Deutsches Aktieninstitut e. V.
https://www.dai.de/fileadmin/user_upload/210225_Aktionaerszahlen_2020.pdf

Anleger*innen in Deutschland, Seite 197: Deutsches Aktieninstitut Dezember 2021

Geschlechterverteilung Aktien, Seite 198: Deutsches Aktieninstitut

Beziehung Anleger*innen und Trader*innen, Seite 214: https://www.ls-tc.de/de/wikifolio

Performanceanalyse, Seite 220: https://www.etoro.com/de/people/imbolex/stats, beispielhafte Performanceübersicht, Stand Dezember 2021

Tradingangebot, Seite 221: https://www.nextmarkets.com/de/home

Provisions- und Honorartarif, Seite 258: https://www.stenner-harders.de/mehr-vermoegen-durch-honorarberatung

Vergleich fiskalische Hilfen zur Bekämpfung der Lehman-Krise, Seite 267: Committee for a Responsible Federal Budget

Arbeitslosenzahlen USA, Seite 268: https://de.statista.com/statistik/daten/studie/17332/umfrage/arbeitslosenquote-in-den-usa, Bruno Ummersbach, Stand 10. November 2021

Arbeitslosenquote Durchschnitt USA, Seite 269: https://de.statista.com/statistik/daten/studie/412605/umfrage/arbeitslosenzahl-in-den-usa-nach-monaten, Bruno Ummersbach

Preis-Kaleidoskop, Seite 275: Statistisches Bundesamt, Wiesbaden, Michael Balzer, Uni Koblenz 2009

Funktionsweise von Share-Deals, Seite 282: https://www.kreditvergleich.net/ratgeber/share-deals

Bild Inflation, Seite 291: shutterstock_gOd4ather

Frauenanteil im Bundestag, Seite 296: https://de.statista.com/statistik/daten/studie/1063172/umfrage/frauenanteil-im-bundestag-nach-fraktionen-in-deutschland

Leasingvertragslaufzeiten Fahrzeuge, Seite 310: BAFA

UN-Nachhaltigkeitsziele, Seite 314: https://www.unesco.de/bildung/
agenda-bildung-2030/bildung-und-die-sdgs

Energiegewinnung und Verbrauch, Seite 319: US-Energieminis-
terium, Dezember 2021

Chinas Weg zur klimafreundlichen Stromerzeugung, Seite 323:
https://www.pv-magazine.de/2021/08/27/global-data-installierte-
photovoltaik-kapazitaet-in-china-wird-bis-2030-auf-890-gigawatt-
wachsen/

Alle anderen Grafiken wurden nach Vorlagen von Patrick Dewayne
erstellt.

Liebe Leser*innen,
liebe Finanzaufsichtsbehörden,

meine in diesem Buch beschriebenen Erfahrungen und die gemachten Recherchen und Aussagen, Interviews und die Erläuterungen zu meinem persönlichen Anlageverhalten dienen ausschließlich der allgemeinen Information. Es handelt sich dabei explizit nicht um Kauf- oder Veräußerungsempfehlungen bestimmter Finanzinstrumente und somit um keinerlei Anlageberatung. Der Autor, aber auch der Verlag Edel Books, kann nicht einschätzen, inwieweit die im Buch beschriebenen Finanzprodukte den Anlagezielen der Leser*innen entsprechen. Ihm ist nicht bekannt, wie hoch die Risikobereitschaft und die Verlusttragfähigkeit der Leser*innen ist. Daraus ergibt sich, dass, wer auch immer Anlageentscheidungen basierend auf diesem Buch trifft, diese auf eigene wirtschaftliche und juristische Verantwortung und eigene Gefahr betreibt. Weder der Verlag Edel Books noch der Autor Patrick Dewayne haften für etwaige Verluste, die dadurch entstehen könnten, dass sie die Informationen und Sachverhalte wie in diesem Buch beschrieben zum Anlass nehmen, Anlageentscheidungen zu tätigen.

Herzlich, Patrick Dewayne

Cradle to Cradle Certified® ist eine eingetragene Marke des Cradle to Cradle Products Innovation Institute.

Edel Books
Ein Verlag der Edel Verlagsgruppe

© 2022 Edel Verlagsgruppe GmbH
Neumühlen 17, 22763 Hamburg
www.edelbooks.com

Projektkoordination: Svetlana Romantschuk
Lektorat: Simone Gemmer
Coverfoto: Michael Philipp Bader
Layout und Satz: Datagrafix GSP GmbH, Berlin | www.datagrafix.com
Umschlaggestaltung: Rothfos & Gabler, Hamburg
Lithografie: Frische Grafik, Hamburg
Druck und Bindung: GGP Media GmbH, Pößneck
Das beigelegte Lesezeichen ist von der Cradle-to-Cradle-Produktion ausgenommen.

Printed in Germany

ISBN 978-3-8419-0799-8